For Greenpeace Cologne

Vandana Sh

Vandana Shiva

Erd-Demokratie

Alternativen zur
neoliberalen Globalisierung

Aus dem Englischen
von Lotta Suter

Rotpunktverlag

Die englische Originalausgabe erschien 2005 unter dem Titel *Earth Democracy: Justice, Sustainability, and Peace* bei South End Press, 7 Brookline Street #1, Cambridge, MA 02139-4146. www. southendpress.org

Umschlagfoto: Dorfschule bei Karur in Tamil Nadu/Indien,
© agenda / Jörg Böthling
Druck und Bindung: fgb · freiburger graphische betriebe · www.fgb.de
ISBN 10: 3-85869-327-8
ISBN 13: 978-3-85869-327-3
1. Auflage

Inhaltsverzeichnis

Einleitung
Die Erde gehört nicht dem Menschen

Erd-Demokratie ist sowohl eine uralte Weltanschauung als auch eine neu entstehende politische Bewegung für Frieden, Gerechtigkeit und Nachhaltigkeit: Erd-Demokratie verbindet das Besondere mit dem Allgemeinen, das Verschiedenartige mit dem, was wir alle gemein haben, und das Lokale mit dem Globalen. Sie beinhaltet das, was wir in Indien *vasudhaiva kutumbkam* (»Erdfamilie«) nennen – die Gemeinschaft aller Lebewesen, die von der Erde getragen und genährt werden. Seit je haben die amerikanischen Ureinwohner und die indigenen Kulturen auf der ganzen Welt das Leben als ein Kontinuum zwischen Menschen und anderen Spezies sowie zwischen gegenwärtigen, vergangenen und zukünftigen Generationen erlebt und verstanden. Eine Rede aus dem 19. Jahrhundert, welche Häuptling Seattle zugeschrieben wird, beschreibt das Kontinuum des Lebens so: »Wie kann man den Himmel kaufen oder verkaufen – oder die Wärme der Erde? Diese Vorstellung ist uns fremd. Wenn wir die Frische der Luft und das Glitzern des Wassers nicht besitzen – wie könnt ihr sie von uns kaufen? [...] Jeder Teil dieser Erde ist meinem Volk heilig, jede glänzende Tannennadel, jeder sandige Strand, jeder Nebel in den dunklen Wäldern, jede Lichtung, jedes summende Insekt ist heilig in den Gedanken und Erfahrungen meines Volkes. Der Saft, der in den Bäumen steigt, trägt die Erinnerung des roten Mannes. [...] Denn das wissen wir, die Erde gehört nicht den Menschen, der Mensch gehört zur Erde – das wissen wir: Alles ist miteinander verbunden, wie das Blut, das eine Familie vereint. Alles ist verbunden.« (Seattle 1997, 8–26)

Erd-Demokratie steht für das Bewusstsein dieser Verbindungen und der Rechte und Pflichten, welche daraus erwachsen. Häuptling Seattles Protest – »die Erde gehört nicht dem Menschen« – findet Widerhall in der ganzen Welt, wenn Menschen sich gegen die Vermarktung ihrer Nahrung, ihres Wassers, ihres Saatgutes und ihrer Diversität wehren. Dieser Widerstand gegen die Privatisierung im Namen der unsinnigen Ideologie, die sich Wirtschaftsglobalisierung nennt, ist ein Grundstein der Erd-Demokratie. Die Wirtschaftsglobalisierer sehen die Welt als etwas, das man besitzen kann, und nutzen den Markt als reine Profitmaschine. Demgegenüber beschlossen 1993 in Bangalore eine halbe Million indischer Bauern, sich der Klassifikation von Saatgut als Privateigentum zu widersetzen, welche von den TRIPS (Trade-Related Aspects of Intellectual Property Rights) verlangt wurde, dem Abkommen der Welthandelsorganisation WTO über handelsbezogene Rechte an geistigem Eigentum. 1993 in Seattle und 2003 in Cancún stoppten Proteste die Ministertreffen der Welthandelsorganisation. Millionen von Menschen haben kreativ, fantasievoll und mutig auf die Pläne der Wirtschaftsglobalisierer reagiert, weil sie die Erde als Familie sehen, als Gemeinschaft aller Lebewesen und als Gemeinschaft von Menschen aller Hautfarben, Glauben, Klassen und Länder.

Global operierende Konzerne wollen sich die Welt als Privatbesitz aneignen. Im Gegensatz dazu verteidigen soziale Bewegungen auf lokalem wie globalem Niveau den Planeten als Gemeingut. Privatunternehmen verstehen die Welt als globalen Supermarkt, in dem Güter und Dienstleistungen mit hohen – aber externalisierten – ökologischen, sozialen und ökonomischen Kosten produziert und zu lächerlich tiefen Preisen verkauft werden. Im Gegensatz dazu wehren sich Kulturen und Gemeinschaften überall gegen die Zerstörung ihrer biologischen und kulturellen Diversität, ihrer Lebensweisen und ihres Lebensunterhaltes. Die selbstmörderische globalisierte freie Marktwirtschaft beutet die lebenswichtigen Ressourcen der Erde aus. Sie übernutzt und verschmutzt die Umwelt und marginalisiert Millionen von Bäuerinnen, Handwerkern und Arbeitern. Im Gegenzug verteidigen und entwickeln viele Gemeinschaften resolut eine lebendige Wirtschaft, welche das Leben auf dieser Erde schützt und der Kreativität förderlich ist.

Die Globalisierung der Wirtschaft bedingt neue Einhegungen der Allmende; Zäune und Mauern, welche Menschen ausgrenzen, wo nötig mit Gewalt. Statt einer Kultur der Fülle schafft die profitgetriebene Globalisierung eine Kultur des Ausschlusses, der Enteignung und der Knappheit. Wenn die Globalisierung alle Lebewesen und Ressourcen in Waren verwandelt, besetzt sie in Wirklichkeit die ökologischen, kulturellen, ökonomischen und politischen Räume, auf die alle einen Anspruch haben. Das »Eigentum« der Reichen ist in der Enteignung der Armen begründet – es sind die gemeinschaftlichen, öffentlichen Ressourcen der Armen, die privatisiert, und die Armen selbst, die wirtschaftlich, politisch und kulturell enteignet werden.

Patente auf Leben und die Rhetorik der »Eigentümer-Gesellschaft« *(ownership society)*, in welcher alles – Wasser, Biodiversität, Zellen, Gene, Tiere, Pflanzen – zum Besitz wird, sind Ausdruck einer Weltsicht, in der Lebensformen keinen inneren Wert und keinen eigenen Status haben. Es ist eine Weltsicht, in welcher das Recht der Bauern zu säen, das Recht der Patienten auf erschwingliche Medizin und das Recht der Produzenten auf einen fairen Anteil an den Naturressourcen ohne weiteres verletzt werden können. Der Begriff »Eigentümer-Gesellschaft« beschönigt die lebensfeindliche Philosophie derer, die – auch wenn sie »Ja zum Leben!« schreien – alle Gaben dieser Erde und alle menschliche Kreativität zu kontrollieren und zu monopolisieren suchen. Die Einhegungen der Allmenden, welche in England begannen, haben Millionen von überflüssigen Menschen geschaffen. Während mit diesen ersten Einzäunungen bloß Land gestohlen wurde, werden heute alle Aspekte des Lebens eingehegt – Wissen, Kultur, Wasser, Biodiversität und öffentliche Dienste wie das Gesundheits- und das Bildungswesen. Dabei sind Gemeingüter der höchste Ausdruck einer ökonomischen Demokratie.

Die Privatisierung öffentlicher Güter und Dienstleistungen und die Monetarisierung und Kommerzialisierung der lebenswichtigen Netze der Armen ist ein doppelter Diebstahl, welcher die Menschen sowohl ihrer wirtschaftlichen wie auch ihrer kulturellen Sicherheit beraubt. Millionen, die ihre sichere Existenz und ihre Identität verlieren, werden in die Arme von extremen, terroristischen und fundamentalistischen Bewegungen getrieben. Diese Bewegungen identifizieren den anderen als Feind und konstruieren gleichzeitig exklusive, abschottende Identitäten, um sich von denen abzugrenzen, mit denen sie in Wirklichkeit ökologisch, kulturell und ökonomisch verbunden sind. Diese falschen Abspaltungen bewirken ein feindseliges und gleichsam kannibalistisches

Verhalten. Der Aufstieg des Extremismus und Terrorismus ist eine Antwort auf die Grenzziehungen und die wirtschaftliche Kolonisation im Rahmen der Globalisierung. Unter agroindustriell gehaltenen Tieren hört der Kannibalismus auf, sobald Hühner und Schweine ins Freie gelassen werden. Auch Terrorismus, Extremismus, ethnische Säuberungen und religiöse Intoleranz sind unnatürliche Zustände, verursacht durch die Globalisierung; sie haben keinen Platz in der Erd-Demokratie.

Einhegungen schaffen Ausgrenzungen, und ebendiese Ausgrenzungen machen die versteckten Kosten der Wirtschaftsglobalisierung aus. Unsere erfolgreichen Bewegungen gegen die Biopiraterie von Neem, Basmati und Weizen hatten alle ein Ziel: Wir verlangten unser kollektives biologisches und intellektuelles Erbe als Gemeingut zurück. Bewegungen wie der schließlich siegreiche Kampf, den ein paar einheimische Frauen zunächst in einem winzigen Weiler namens Plachimada im indischen Staat Kerala gegen einen der weltgrößten Konzerne, Coca-Cola, aufgenommen hatten, bilden den Kern der entstehenden Erd-Demokratie.

Neue handelsbezogene Rechte des geistigen Eigentums stecken heute die biologischen, intellektuellen und digitalen Allmenden ab. Die Privatisierung schränkt beispielsweise Wasserrechte ein. Die Einhegung jedes dieser Allgemeingüter vertreibt und entrechtet Menschen. Für die meisten bedeutet das Mangel und Entbehrung. Bloß ein paar wenigen bringt es »Wachstum«. Aus marginalisierten Menschen werden überflüssige; in der schlimmsten Form führt die herbeigeführte Knappheit von lebenswichtigen Gütern zur Aberkennung der Existenzberechtigung selbst. Wenn der Gebrauch von genetisch modifiziertem Saatgut und die Praxis der geschlechtsbedingten Abtreibungen zunehmen, verschwinden ganze Gruppen von Menschen – zuerst die Frauen und Kleinbauern. Das Ausmaß und die Geschwindigkeit dieses Verschwindens sind proportional zum »ökonomischen Wachstum« unter dem Diktat der neoliberalen Wirtschaftsglobalisierung.

Auf den Straßen von Seattle und Cancún, in Häusern und auf Höfen der ganzen Welt wird in diesem Moment eine ganz andere menschliche Zukunft geboren. Eine Zukunft, die auf Einbezug, nicht auf Ausgrenzung basiert; auf Gewaltlosigkeit, nicht auf Gewalt; auf der Rückeroberung der Allmenden, nicht auf ihrer fortschreitenden Einhegung; darauf, dass wir die Schätze der Erde freigiebig teilen und sie nicht monopolisieren und privatisieren. Weltentwürfe wie das militaristische rechtskonservative »Projekt für das neue amerikanische Jahrhundert« (Project for the New American Century) werden von engstirnigen Menschen hinter geschlossenen Türen ausgebrütet. Demgegenüber entfaltet sich das Volksprojekt, das ich Erd-Demokratie nenne, in einer Atmosphäre des Dialogs und der Vielfalt, des Pluralismus und der Partnerschaft, des Teilens und der Solidarität. Dank unseren Fähigkeiten zur Selbstverwaltung, unserer mannigfachen Verbundenheit mit der Erde und unserer Vielzahl und Vielfalt betrifft der Erfolg der Erd-Demokratie nicht bloß das Schicksal und Wohlergehen aller Menschen, sondern aller Lebewesen überhaupt. Erd-Demokratie handelt nicht bloß vom nächsten Protest oder vom nächsten World Social Forum; es geht auch darum, was wir in der Zwischenzeit tun. Erd-Demokratie spricht das Globale in unserem Alltag und in unserer alltäglichen Wirklichkeit an und schafft globalen Wandel, durch lokale Veränderungen. Diese Eingriffe mögen klein scheinen, aber ihr Einfluss ist weit reichend – sie betreffen die Evolution der Natur und unser menschliches Potenzial. Mit diesen Veränderungen brechen wir den Teufelskreis der Gewalt, in dem eine selbstmörderische Gesellschaft, eine selbstmörderische Wirtschaft und eine selbstmörderische Politik sich gegenseitig füttern. Erd-Demokratie führt uns hin zu einem positiven Kreis der kreativen Gewaltlosigkeit, in welchem eine lebendige Kultur eine lebendige Demokratie und eine lebendige Wirtschaft nährt.

Erd-Demokratie ist nicht nur ein theoretisches Konzept, sie ist geformt durch die vielen und verschiedenartigen Tätigkeiten der Menschen, die ihre Allmenden zurückfordern, die ihre Ressourcen, ihre Lebensgrundlage, ihre Freiheiten, ihre Würde, ihre Identität und ihren Frieden wiederhaben wollen. Diese Tätigkeiten, Bewegungen und Aktionen sind facettenreich und vielfältig. In diesem Buch schreibe ich über Gruppen, welche Idee und Praxis einer lebendigen Demokratie, einer lebendigen Kultur und einer lebendigen Wirtschaft beispielhaft umsetzen können. Wirtschaft, Politik und Kultur sind nicht voneinander zu trennen. Die Wirtschaftsformen, mittels deren wir Güter und Dienstleistungen produzieren und handeln, werden durch kulturelle Werte und die Machtverteilung in der Gesellschaft beeinflusst. Die Entstehung von lebendigen Ökonomien, lebendigen Kulturen und lebendigen Demokratien ist deshalb ein synergetischer Prozess.

Eine lebendige Wirtschaft umfasst die Prozesse und Räume, in denen die Ressourcen der Erde gerecht verteilt werden, damit unser Grundbedarf an Nahrung und Wasser gedeckt werden kann und sinnvolles Leben möglich ist. Erd-Demokratie entsteht aus dem Bewusstsein, dass wir zwar lokal verwurzelt sind, aber auch verbunden sind mit der ganzen Welt, ja eigentlich mit dem gesamten Universum. Wir gründen unsere Globalisierung auf ökologische Vorgänge und auf Gefühle der Anteilnahme und der Solidarität, nicht auf die Bewegung des Kapitals und die Finanzwirtschaft oder auf das unnötige Hin und Her von Gütern und Dienstleistungen. Eine globale Wirtschaft, welche die ökologischen Grenzen respektiert, muss unbedingt die Produktion lokalisieren, um die Vergeudung sowohl von natürlichen Ressourcen wie auch von Menschen zu reduzieren. Und nur Ökonomien, die auf ökologischen Grundlagen basieren, können lebendige Ökonomien werden, die Nachhaltigkeit und Wohlstand für alle sichern. Unsere Vorstellung einer lebendigen Wirtschaft ist nicht auf die kurzfristige Perspektive der wirtschaftlichen Vierteljahresbilanzen oder auf die Vier- oder Fünfjahrespläne der Politiker ausgerichtet. Wir berücksichtigen das evolutionäre Potenzial allen Lebens auf der Erde und betten das Gemeinwohl von uns Menschen in unser Zuhause im engeren Sinn, aber auch in unsere Gemeinde und in die ganze Erdfamilie ein. Ökologische Sicherheit ist unsere elementarste Sicherheit; ökologische Verbindungen formen unsere grundlegendste Identität. Wir sind die Nahrung, die wir essen, das Wasser, das wir trinken, die Luft, die wir atmen. Wenn wir Freiheit wollen, ist es lebenswichtig, die demokratische Kontrolle über Nahrung, Wasser und unser ganzes ökologisches Überleben zurückzuerlangen.

Eine lebendige Demokratie ist der Ort, an dem wir unsere grundlegenden Freiheiten zurückfordern, unsere Grundrechte verteidigen, unsere gemeinsamen Verantwortlichkeiten und Pflichten zum Schutz von Leben und Erde ausüben, Frieden schaffen und Gerechtigkeit vorantreiben. Die Wirtschaftsglobalisierung versprach, dass die freien Märkte Demokratie verbreiten würden. Doch die freien Märkte der globalen Unternehmen haben im Gegenteil auf allen Ebenen Demokratie zerstört. Schon auf dem grundlegendsten Niveau zerstört die Wirtschaftsglobalisierung die Basisdemokratie durch Eingrenzung und Schmälerung des Gemeingutes. Die Regeln der Globalisierung selbst, ob durch die Weltbank und den Internationalen Währungsfonds IWF oder durch die Welthandelsorganisation WTO verhängt, sind in jedem Fall undemokratisch und ohne Beteiligung der am meisten betroffenen Länder und Gemeinden aufgestellt worden. Die Wirtschaftsglobalisierung unterläuft und untergräbt die nationalen demokratischen Prozesse, indem sie wirtschaftliche Entscheidungen aus dem Einflussbereich von Parlamenten und von Bürgerinnen und Bürgern entfernt. Welche Regierung auch immer gewählt wird, sie ist an eine Reihe von neoliberalen Reformen gebunden. Die Wirtschaftsglobalisierung ist der Tod der wirtschaftlichen Demokratie. Sie bietet Hand zu unternehmerischer Kontrolle und wirtschaftlicher Diktatur.

Wenn dieses Diktat der Wirtschaft der bloß repräsentativen Wahldemokratie aufgepfropft wird, entsteht eine giftige Mischung aus religiösem Fundamentalismus und Rechtsextremismus. Die Wirtschaftsglobalisierung führt also nicht bloß zum Tod der Demokratie, sondern auch zu einer Demokratie des Todes, in welcher Ausgrenzung, Hass und Angst zum bevorzugten politischen Mittel werden, um Stimmen und Macht zu mobilisieren.

Erd-Demokratie befähigt uns, lebendige Demokratien zu sehen und zu schaffen. Eine lebendige Demokratie ermöglicht das demokratische Mitspracherecht in allen lebenswichtigen Fragen – wir alle bestimmen über die Nahrung, die wir essen oder zu der wir keinen Zugang haben; über das

Wasser, das wir trinken oder das uns durch Privatisierung oder wegen Verschmutzung vorenthalten wird; über die Luft, die wir atmen oder durch die wir vergiftet werden. Eine lebendige Demokratie gründet sich auf dem inneren Wert aller Arten, aller Völker und aller Kulturen, auf dem gerechten und ebenbürtigen Teilen der lebenswichtigen Ressourcen der Erde und in der Mitsprache über die Verwendung der Erd-Ressourcen.

Eine lebendige Kultur ist der Raum, in welchem wir unsere verschiedenen Wertvorstellungen, Glaubensrichtungen, Bräuche und Traditionen entwickeln und leben, während wir unsere gemeinsame universale Menschlichkeit und unsere Verbundenheit mit anderen Spezies durch Erde, Wasser und Luft bereitwillig annehmen. Lebendige Kulturen basieren auf Gewaltlosigkeit und Mitgefühl, Vielfalt und Pluralismus, Gleichstellung und Gerechtigkeit sowie Respekt für das Leben in all seinen Erscheinungsformen.

Eine lebendige Kultur, welche sich aus einer lebendigen Wirtschaft entwickelt, hat für verschiedene Spezies, Religionen, Geschlechter und Ethnien Platz. Lebendige Kulturen wachsen aus der Erde. Sie entstehen an ganz bestimmten Orten und in ganz bestimmten Umgebungen. Und doch verbinden sie gleichzeitig die ganze Menschheit durch die Gewissheit, dass wir Mitglieder der einen Erdfamilie sind. Eine lebendige Kultur basiert auf der Erd-Identität. Wir finden diese in der konkreten Wirklichkeit unseres Alltagslebens – da, wo wir arbeiten, spielen, schlafen, essen, lachen oder weinen –, aber auch in den Prozessen, die uns global betreffen.

»Alle Dinge sind verbunden«, sagt uns Häuptling Seattle. Wir sind lokal und global mit der Erde verbunden. Auf dem Fundament der Erd-Identität schafft eine lebendige Kultur die Möglichkeit, die menschliche Aktivität wieder in die ökologischen Prozesse und Grenzen der Erde zu integrieren. Wenn wir uns daran erinnern, dass wir Kinder und Bürger der Erde sind, können wir unsere gemeinsame Menschlichkeit wiedererlangen und die Barrieren aus Intoleranz, Hass und Angst überwinden, welche durch die Brüche, die Polarisierung und die Grenzziehungen im Zuge der Wirtschaftsglobalisierung errichtet wurden.

In unserer vernetzten Erdfamilie treffen wir auf uralte Ideen, die beschreiben, wie wir friedlich und vereint leben können, während wir uns in biologisch und kulturell unterschiedlichen Bahnen bewegen; diese Ideen inspirieren die Erd-Demokratie. Die alte Weisheit und Tradition der Untrennbarkeit und Verbundenheit, welche wir wiederbeleben, zeigt sich auch in der Quantentheorie, im Raum-Zeit-Kontinuum der allgemeinen Relativität und in der sich selbst regelnden Komplexität von lebenden Organismen.

Im zeitgenössischen Kontext widerspiegeln sich in der Erd-Demokratie die Werte, Weltsichten und Aktionen der verschiedenen Bewegungen, die sich für Frieden, Gerechtigkeit und Nachhaltigkeit einsetzen. Wir leben in einer Zeit, in der die Kombination von rein repräsentativer Demokratie und wirtschaftlicher Globalisierung neue Ängste, neue Unsicherheiten, neue Fundamentalismen und neue Gewalt hervorgebracht hat. Sowohl in Indien wie in den USA zeigten die Wahlen des Jahres 2004, dass angesichts der Arbeitsplatzverluste und der Zerstörung von Lebensgrundlagen ein fundamentalistischer religiöser Diskurs immer mehr Raum einnimmt. Dieser Diskurs polarisiert die Gesellschaft und benutzt kulturelle Differenzen als Keil, um die Menschen von den Problemen zu trennen, die sie gemeinsam haben – ihre

Arbeit, die Umwelt, Menschenrechte und das gemeinsame Schicksal der Menschheit.

Erd-Demokratie erlaubt uns, unser gemeinsames Menschsein und unsere Einheit mit allem Leben zurückzugewinnen. Erd-Demokratie respektiert den Wert des Lebens aller Lebewesen und aller Menschen, unabhängig von Klasse, Geschlecht, Religion oder Kaste. Und sie definiert – weil wir alle zur Erdfamilie gehören – die »Erhaltung von Familienwerten« neu als Begrenzung von Habgier und Gewalt. Die Familienwerte der Erdfamilie lassen die Privatisierung des Wassers oder die Patentierung des Lebens nicht zu, da alle Lebewesen ein Recht auf Leben und Wohlergehen haben. Die Erdfamilie erkennt wie Häuptling Seattle an, dass »alle Dinge dieselbe Luft zum Atmen teilen, das Tier, der Baum, der Mensch … Die Luft teilt ihren Geist mit allem Leben, das sie erhält«. In dieser Erdfamilie kann nicht ein Mitglied der internationalen Gemeinschaft im Alleingang das Klima destabilisieren, atmosphärische Gemeingüter eingrenzen und die Rechte anderer Spezies und Länder missachten, indem es 36 Prozent der CO_2-Verschmutzung dieser Welt verursacht.

Erd-Demokratie schützt die ökologischen Vorgänge, welche Leben erhalten, und die fundamentalen Menschenrechte, welche die Basis des Rechts auf Leben bilden, darunter auch das Recht auf Wasser, das Recht auf Nahrung, das Recht auf Gesundheit, das Recht auf Bildung sowie das Recht auf Arbeit und auf einen existenzsichernden Unterhalt. Erd-Demokratie basiert auf der Anerkennung und dem Respekt vor dem Leben aller Spezies und aller Menschen.

Während der letzten drei Jahrzehnte habe ich durch mein Engagement in verschiedenen Bewegungen viel über die Idee und die Praxis der Erd-Demokratie dazugelernt. Ökologische Bewegungen, Umweltgruppen und Tierschützer gründen ihren Kampf auf den intrinsischen Wert aller Lebewesen. Menschenrechtsbewegungen haben ihre Wurzeln in der Anerkennung der universalen Menschenrechte für alle Menschen. In der Erd-Demokratie kommen die Sorge für die Menschen und die anderen Spezies in einem zusammenhängenden, konfliktfreien Ganzen zusammen. Erd-Demokratie bildet eine Alternative zur Weltsicht der Wirtschaftsglobalisierer, welche bloß den Unternehmen Rechte geben und welche die Menschen und andere Lebewesen als ausbeutbares Rohmaterial oder überflüssigen Abfall betrachten.

Erd-Demokratie verbindet uns untereinander durch die ständige Erneuerung und Regenerierung des Lebens – des einzelnen Alltagslebens bis hin zum Leben des Universums. Erd-Demokratie ist die universale Geschichte unserer Zeit, an unserem jeweiligen Ort. Erd-Demokratie enthält die unbegrenzten Möglichkeiten eines sich entfaltenden Universums, während sie gleichzeitig die realen Bedrohungen für unser Überleben als Spezies benennt. Sie gibt Hoffnung in einer Zeit der Hoffnungslosigkeit. Sie fördert Frieden in einer Zeit des endlosen Krieges. Sie ermutigt uns, das Leben nach Kräften und mit Leidenschaft zu lieben in einer Zeit, in der Politik und Medien Hass und Angst verbreiten.

Die zehn Prinzipien der Erd-Demokratie

Alle Spezies, Völker und Kulturen haben einen inneren Wert

Alle Lebewesen sind Subjekte und haben Integrität, Intelligenz und Identität; sie sind nicht frei verfügbare Objekte für Besitz, Manipulation, Ausbeutung oder Liquidation. Kein

Mensch hat das Recht, andere Spezies und andere Menschen zu besitzen oder sich das Wissen anderer Kulturen durch Patente und andere intellektuelle Eigentumsrechte anzueignen.

Die Erdgemeinschaft ist eine Demokratie allen Lebens

Wir sind alle Mitglieder der Erdfamilie, verbunden durch das fragile Lebensnetz des Planeten. Wir alle haben die Pflicht, so zu leben, dass die ökologischen Vorgänge der Erde und die Rechte sowie das Gemeinwohl aller Spezies und aller Menschen geschützt sind. Kein Mensch hat das Recht, in den ökologischen Raum anderer Spezies und anderer Menschen einzudringen oder sie mit Grausamkeit und Gewalt zu behandeln.

In Natur und Kultur muss Diversität verteidigt werden

Biologische und kulturelle Vielfalt sind an sich schon Ziel und Zweck. Biologische Diversität ist ein Wert und eine Quelle von Reichtum, sowohl materieller als auch kultureller Art, welche ihrerseits die Bedingungen für Nachhaltigkeit schafft. Kulturelle Vielfalt schafft die Grundlagen für den Frieden. Die biologische und kulturelle Vielfalt zu verteidigen ist Pflicht aller Menschen.

Alle Lebewesen haben ein natürliches Recht auf Lebensunterhalt

Alle Mitglieder der Erdgemeinschaft, alle Menschen haben ein Recht auf Unterhalt – auf Essen und Wasser, auf eine sichere und saubere Wohnstätte, auf Sicherheit ihres ökologischen Raumes. Ressourcen, welche für diesen Unterhalt lebensnotwendig sind, müssen Allgemeingut bleiben. Das Recht auf Unterhalt ist ein natürliches Recht, weil es das

Recht auf Leben ist. Diese Rechte werden nicht von Staaten oder Konzernen verliehen, noch können sie durch staatliches oder wirtschaftliches Handeln aufgehoben werden. Kein Staat und kein Unternehmen hat das Recht, diese Naturrechte auszuhöhlen oder zu unterlaufen oder die lebenserhaltenden Gemeingüter einzugrenzen.

Erd-Demokratie basiert auf lebendigen Ökonomien und auf wirtschaftlicher Demokratie

Erd-Demokratie basiert auf wirtschaftlicher Demokratie. In der Erd-Demokratie schützen und erhalten die wirtschaftlichen Systeme die ökologischen Zusammenhänge; sie sorgen für das Auskommen der Menschen und decken die Grundbedürfnisse aller ab. In der Erd-Demokratie gibt es keine überflüssigen Leute oder unwichtigen Spezies und Kulturen. Die Erd-Wirtschaft ist eine lebendige Wirtschaft. Sie basiert auf nachhaltigen, vielfältigen und pluralistischen Systemen, die Natur und Menschen schützen, die demokratisch bestimmt wurden und die auf das Gemeinwohl aller hinarbeiten.

Lebendige Ökonomien bauen auf lokale Wirtschaft

Der Schutz der Ressourcen dieser Erde und die Schaffung von nachhaltigen und befriedigenden Lebensweisen werden am sorgsamsten, kreativsten, effizientesten und gerechtesten auf lokaler Ebene erreicht. Die Lokalisierung der Wirtschaft ist ein sozialer und ökologischer Imperativ. Bloß Güter und Dienstleistungen, welche nicht lokal produziert werden können – unter Nutzung von lokalen Ressourcen und lokalem Wissen – sollen nichtlokal produziert und über weite Distanzen gehandelt werden. Erd-Demokratie basiert auf dynamischen lokalen Wirtschaften, welche die nationalen und globalen Ökonomien stützen. In der Erd-Demokratie zerstört und zerstampft die globale Wirtschaft weder die lokalen Ökonomien, noch marginalisiert sie Menschen. Lebendige Ökonomien erkennen die Kreativität aller Menschen an und schaffen Raum, damit vielfältige Fähigkeiten ihr Potenzial erreichen können. Lebendige Ökonomien sind vielfältige und dezentralisierte Ökonomien.

Erd-Demokratie ist eine lebendige Demokratie

Eine lebendige Demokratie basiert auf der Demokratie allen Lebens und der Demokratie des Alltagslebens. In lebendigen Demokratien können wir alle mitentscheiden, welche Nahrung wir essen, was für Wasser wir trinken, welches Gesundheitswesen und welche Bildung wir haben. Lebendige Demokratie wächst wie ein Baum von unten nach oben. Erd-Demokratie gründet auf lokale Demokratie mit lokalen Gemeinschaften – organisiert nach den Prinzipien der Integration, der Vielfalt und der ökologischen sowie sozialen Verantwortung. Lokale Gemeinschaften sind die höchste Autorität bei Entscheidungen, die die Umwelt, die natürlichen Ressourcen und den Lebensunterhalt ihrer Mitglieder betreffen. Autorität wird nur nach dem Subsidiaritätsprinzip an weiter entfernte Ebenen der Regierung delegiert. Selbstbestimmung und Selbstverwaltung ist die Grundlage der Erd-Demokratie.

Erd-Demokratie basiert auf lebendigen Kulturen

Lebendige Kulturen fördern Frieden und schaffen Raum für die Ausübung verschiedener Religionen und die Akzeptanz von verschiedenen Konfessionen und Identitäten. Lebendige Kulturen nähren eine blühende kulturelle Vielfalt, die sich an unserem gemeinsamen Menschlichsein und an unseren gemeinsamen Rechten als Mitglieder der Erdgemeinschaft orientiert.

Lebendige Kulturen nähren das Leben

Eine lebendige Kultur würdigt und respektiert alles Leben; sie bietet Raum für Menschen beider Geschlechter und aus allen Kulturen sowie für gegenwärtige und zukünftige Generationen. Lebendige Kulturen sind deshalb ökologische Kulturen, welche keine lebenszerstörenden Lebensweisen, Konsumgewohnheiten und Produktionsmuster propagieren, auch nicht die Übernutzung und Ausbeutung von Ressourcen. Lebendige Kulturen sind vielfältig und gründen auf Ehrfurcht vor dem Leben. Lebendige Kulturen erkennen die Vielheit von Identitäten an, welche an einem bestimmten Ort und in einer bestimmten Gemeinschaft existieren – und ebenso ein planetarisches Bewusstsein, welches das Individuum mit der Erde und allem Leben verbindet.

Erd-Demokratie globalisiert Frieden, Fürsorglichkeit und Solidarität

Erd-Demokratie verbindet Menschen zu Kreisen der Fürsorglichkeit, der Zusammenarbeit und der Anteilnahme, statt sie durch Wettbewerb und Konflikt, Furcht und Hass zu spalten. Angesichts einer Welt der Habgier, der Ungerechtigkeit und des Überkonsums globalisiert Erd-Demokratie Solidarität, Gerechtigkeit und Nachhaltigkeit.

1. Lebendige Wirtschaft

Die Erde liefert genug für die Befriedigung aller Bedürfnisse,
aber nicht aller Gier.   *Mahatma Gandi*

Das Wort Ökonomie kommt vom griechischen *oikos,* »Haushalt« oder »Hausgemeinschaft«. Der radikale Theologe und Publizist Matthew Fox schrieb: »Unser wahres Zuhause ist das Universum selbst.« (Fox 1996, 162) Und Robert Frost, ein Dichter aus Neuengland, bemerkt: »Daheim ist, wo man, wenn du hingehn musst, dich einzulassen hat.« (Frost 2003, 31) Zuhause ist man also dort, wo man einen Platz am Tisch findet und darauf zählen kann, teilzuhaben an dem, was auf den Tisch kommt. Teil eines Zuhauses, eines Haushalts zu sein heißt, Zugang zum Leben zu haben. Wie kommt es, dass die heutigen Wirtschaftssysteme so unwirtliche Räume sind? Wie wurden sie zu Orten, die statt uns einzulassen, uns oft den Zutritt verweigern und uns damit nicht bloß ein Zuhause, sondern auch das Recht auf einen Lebensunterhalt, auf Stabilität und letztlich auf das Leben selbst vorenthalten?

Die herrschende Wirtschaft hat viele Namen – Marktwirtschaft, globalisierte Wirtschaft, Wirtschaftsglobalisierung und Kapitalismus, um nur einige zu nennen – aber alle diese Begriffe lassen unerwähnt, dass diese Ökonomie bloß eine der drei heute wichtigen Wirtschaftsformen darstellt. In der Erd-Demokratie hat jedes Lebewesen Zugang zu den lebenswichtigen Ressourcen der Erde; dieser Zugang wird durch die Anerkennung der Bedeutung der anderen zwei Wirtschaftsweisen gesichert: der Naturwirtschaft und der Bedarfswirtschaft, das heißt einer Ökonomie der Grundbedürfnisse.

Die globalisierte freie Marktwirtschaft, die unser Leben zurzeit dominiert, gründet auf Regeln, welche den Zugang zum Lebensnotwendigen erschweren und verweigern, indem sie Mangel erzeugen. Dieser Mangel wird durch die Zerstörung der Naturwirtschaft und der Bedarfswirtschaft geschaffen, welche das Leben nähren, unterhalten und erneuern. Die Lebensfeindlichkeit der wirtschaftlichen Globalisierung wurzelt in der Tatsache, dass die Kapitalbewegungen den Platz der lebendigen Prozesse besetzen und dass die Rechte der Unternehmen diejenigen der Menschen verdrängen.

Der ökonomische Konflikt unserer Zeit ist nicht einfach eine Nord-Süd-Frage, auch wenn die durch den Kolonialismus geschaffenen Ungerechtigkeiten, das gescheiterte Entwicklungsmodell der Schuldensklaverei des internationalen Währungsfonds IMF und der Weltbank und die Regeln der Handelsorganisation WTO alle in diese Richtung weisen. Der zentrale Kampf ist jener zwischen der einen globalen Wirtschaft des Todes und der Zerstörung und den vielfältigsten Ökonomien des Lebens und der Schöpfung. In unserer Zeit hat sich das »Haben oder nicht haben« zum »Sein oder nicht sein« verschärft.

Die drei Wirtschaftsmodelle

Wieso versagt das herrschende Wirtschaftsmodell so oft, wenn es darum geht, die Bedürfnisse von Gesellschaften und Gemeinschaften zu erfüllen? Wieso ist sein Erfolg, gemessen als wirtschaftliches Wachstum, so eng verknüpft mit größerer Armut, mehr Hunger und Durst? Es gibt zwei Gründe, warum ökologische Katastrophen und die Zahl der vertriebenen, Not leidenden und überflüssig gewordenen Menschen direkt proportional zum Wirtschaftswachstum zunehmen. Erstens wurde das, was man als Wirtschaft wahrnimmt, auf den vom Kapital kontrollierten Markt und dessen Aktivitäten reduziert. Zweitens wurden die Rechte der Unternehmen auf Kosten der Rechte von wirklichen Menschen gestärkt.

Wenn sich die herrschende Ökonomie kurzsichtig auf das Funktionieren des Marktes konzentriert, ignoriert sie die Naturwirtschaft und die Bedarfswirtschaft, von denen sie abhängig ist. Den Blick starr auf Ertrag und Gewinn gerichtet, macht die Marktwirtschaft die Wirtschaft der Natur und die Bedarfswirtschaft der Menschen unsichtbar.

Während der Austausch von Gütern und Dienstleistungen immer schon kennzeichnend für menschliche Gemeinschaften war, hat nun die Erhebung des Marktes zum höchsten organisatorischen Prinzip der Gesellschaft zur Vernachlässigung der beiden anderen wichtigen Ökonomien geführt. Wenn dem Wachstum des Marktes allein Aufmerksamkeit geschenkt wird, werden lebendige Prozesse zu unsichtbaren Äußerlichkeiten. Die Marktwirtschaft kann die Bedürfnisse und Anforderungen der Natur nicht erfassen oder gar erfüllen, weil die Natur ihnen nicht mit entsprechender Kaufkraft Nachdruck verleihen kann. Der Fokus auf den Markt verbirgt nicht bloß die Existenz der Naturwirtschaft und der Bedarfswirtschaft, er versteckt auch den Schaden, welchen das Marktwachstum anrichtet. Damit wird, speziell im Kontext der Drittweltländer, übersehen, dass auch die Natur selbst Ressourcen braucht. Aus dem Blick geraten damit auch die Anforderungen der Bedarfswirtschaft, welche für das biologische Überleben der marginalisierten Armen und für die Reproduktion der Gesellschaft sorgt. Der verborgene Schaden,

den marktzentrierte Entwicklung und Globalisierungsprozesse anrichten, schafft neue Formen der Armut und der Unterentwicklung. Die wirtschaftspolitischen Forderungen der Erd-Demokratie-Bewegungen können nicht begriffen werden ohne klares Verständnis der Stellung, welche die natürlichen Ressourcen in diesen drei unterschiedlichen Ökonomien einnehmen.

Überdies führt das Wirtschaftswachstum zur Entrechtung und Entwertung von Menschen, und zwar überall da, wo hart erkämpfte Rechte zum Schutz der Menschen an Unternehmen übertragen werden. Regeln für den freien Markt und die Freiheit der Unternehmen sind zunehmend Regeln, welche reale Menschen von den ökonomischen und politischen Angelegenheiten der Gesellschaft ausschließen und sie auch von der Natur fernhalten. Die Rechtsstellung der Unternehmen dient dazu, die Unternehmensleitung von der Verantwortung für den Schaden, welchen die Unternehmen verursachen, zu befreien. Und so wie Unternehmen den Rechtsstatus einer Person erhielten, wurde auch der Markt personifiziert. Der »Gesundheit des Marktes« wird in den Medien mehr Raum eingeräumt als der Gesundheit des Planeten oder dem Wohlergehen der Menschen.

Die Naturwirtschaft

Wie das Wort Ökonomie stammt auch das Wort Ökologie vom griechischen *oikos* für »Hausgemeinschaft« oder »Haushalt«. Im Kontext der marktorientierten Entwicklung werden die beiden Begriffe jedoch ständig gegeneinander ausgespielt. Die Marktwirtschaft trennt die Natur von den Menschen und die Ökologie von der Ökonomie. Natur wird als frei von Menschen definiert. Naturschutz wird auf die Verwaltung von »Wildnis« reduziert. Entwicklung ist allein Sache der Produktion. Die Natur und die sich selbst versorgenden und selbst erhaltenden Wirtschaftsformen der Leute spielen gemäß Markttheorie keine produktive Rolle.

Und doch ist die Naturwirtschaft die erste Wirtschaft, die primäre Wirtschaft, auf der alle anderen Wirtschaftsformen beruhen. Die Naturwirtschaft besteht aus der Produktion von Gütern und Dienstleistungen durch die Natur selbst. Dazu gehört das Wasser, das durch die hydrologischen Kreisläufe wiederaufbereitet wird; der von Mikroorganismen erarbeitete Reichtum des Bodens; die durch Bestäuben fruchtbar gemachten Pflanzen. Die menschliche Produktion, die menschliche Kreativität schrumpft und verliert im Vergleich mit der Natur an Bedeutung.

Natürliche Ressourcen werden durch ein komplexes Netzwerk von ökologischen Prozessen produziert und reproduziert. Die Natur ist die größte Produzentin der Welt, aber ihre Produkte werden in der Marktwirtschaft nicht als solche anerkannt. Nur was die marktorientierte Ökonomie als Produkt und Produktivität definiert, wird auch so wahrgenommen. Auch die Ergebnisse von naturnaher Waldbewirtschaftung oder Landwirtschaft werden unter dem engen Blickwinkel der Vermarktbarkeit und Rentabilität gesehen. Große Bereiche produktiver Arbeit kann die Marktökonomie gar nicht erfassen oder begreifen – unter anderem die Produktion von Humus durch den Wald, die Regeneration von Wasserressourcen, die natürliche Evolution genetischer Produkte, die Entstehung von fruchtbarer Erde aus erodierendem Gestein. Viele dieser produktiven Prozesse hängen wiederum von anderen ökologischen Prozessen ab und werden nicht einmal in den Naturwissenschaften ganz verstanden.

Vor allem die ökologischen Bewegungen machen auf den großen ökonomischen Wert dieser natürlichen Prozesse aufmerksam. Die gegenwärtige ressourcenblinde ökonomische Entwicklung gefährdet das ganze natürliche Ressourcensystem; ihm droht ein schwerwiegender Produktivitätsverlust. Die marktorientierte Entwicklung riskiert die Zerstörung der Naturwirtschaft durch die Übernutzung von Ressourcen und die gedankenlose Zerstörung der ökologischen Prozesse. Die Folgen davon zeigen sich nicht unbedingt direkt an einem einzelnen Projekt. Doch sogar wenn ein Projekt kurzfristig positiv zum wirtschaftlichen Wachstum beiträgt, wird es nie in der Lage sein, die unsichtbare oder zeitlich verzögerte Beeinträchtigung der Wirtschaftlichkeit von natürlichen ökologischen Prozessen auszugleichen. Im größeren Zusammenhang kann ökonomisches Wachstum selber zur Quelle von Unterentwicklung werden. Die ökologische Zerstörung, welche die unkontrollierte Ausbeutung von natürlichen Ressourcen für kommerziellen Gewinn begleitet, ist symptomatisch für einen grundlegenden Konflikt zwischen Natur und Markt, nämlich für die Frage, wie Reichtum entsteht.

Die Bedarfswirtschaft

In der Bedarfswirtschaft arbeiten Menschen, um sich mit dem Lebensnotwendigen zu versorgen. Es ist die Wirtschaft, die menschliche Produktion und Reproduktion zuallererst ermöglicht. Es ist auch die Wirtschaft der Frauen, in der infolge der patriarchalischen Arbeitsteilung die gesellschaftliche Reproduktion stattfindet. Die Arbeit der Frauen stützt und erhält alle menschlichen Aktivitäten – einschließlich der gut sichtbaren Aktivitäten der vom Markt dominierten Ökonomie. Zwei Drittel der Menschheit betreiben heute ein Handwerk, bäuerliche Agrikultur, nichtindustrielle Fischerei oder traditionelle Waldbewirtschaftung und sind somit Teil der Bedarfswirtschaft. Diese Wirtschaftsform schließt alle Bereiche ein, in denen Menschen im Einklang mit der Natur produzieren und die Gesellschaft partnerschaftlich und durch wechselseitigen Austausch versorgen.

Ohne Bedarfswirtschaft gäbe es keine Marktwirtschaft. Bedarfswirtschaften existieren sogar da, wo es keine Kapitalmärkte gibt. Kapitalmärkte jedoch können nicht ohne Bedarfswirtschaft existieren, noch nimmt der Markt die Bedarfswirtschaft voll in sich auf, da die Externalisierung der sozialen Bürde gerade die Grundlage von Profit und Kapitalakkumulation bildet. Wenn strukturelle Anpassungen und die Globalisierung Lebensunterhalte zerstören, arbeiten Frauen länger, wenn nötig in mehreren Teilzeitjobs, um ihre Familien zu ernähren. Wenn die Privatisierung des Gesundheitswesens das öffentliche Gesundheitssystem zerstört, übernehmen Familien die Aufgaben der Krankenpflege. Je mehr die Märkte auf die Arbeit außerhalb des Marktes angewiesen sind, desto tiefer versinkt die Bedarfswirtschaft in der Unsichtbarkeit, und ihren Mitgliedern werden die Ressourcen entzogen.

Die Armut der Dritten Welt ist Ergebnis von Jahrhunderten des Ableitens von Ressourcen aus der Bedarfsökonomie. Die Globalisierung hat die Methoden zur Ausbeutung der Bedarfswirtschaft erweitert und beschleunigt: durch die Privatisierung des Wassers, die Patentierung von Saatgut und Biodiversität und die Kommerzialisierung der Agrikultur. Dieses absichtliche Aushungern der Bedarfswirtschaft ist die Wurzel der Gewalt im Globalisierungsprozess.

Moderne Ökonomie, die Idee von Entwicklung und Fortschritt, und jetzt das Paradigma der Globalisierung decken historisch bloß einen verschwindend kleinen Anteil der wirtschaftlichen Produktion der Menschen ab. Die Bedarfswirtschaft hat den menschlichen Gesellschaften während Jahrhunderten die materiellen Grundlagen zum Überleben gegeben; ihre Lebensunterhalte gewannen sie aus ihrer natürlichen Umwelt. Eine solche naturnahe Bedarfswirtschaft wird zerstört, wenn die Naturressourcen, welche direkt der Erhaltung des menschlichen Lebens dienen, zur Schaffung von Wachstum in der Marktwirtschaft umgeleitet werden. In der Bedarfswirtschaft sind die Erfüllung von Grundbedürfnissen und die Sicherung der langfristigen Nachhaltigkeit die beiden organisierenden Prinzipien für die Nutzung von natürlichen Ressourcen. Für den Markt hingegen ist die Ausbeutung der Ressourcen für Profit und Kapitalakkumulation maßgebend.

Markt und Märkte

Märkte sind Tauschgelegenheiten. Der Basar, heute noch beliebt in Indien, ist ein Ort, an dem Leute die Produkte tauschen, welche sie selber hergestellt haben. Dieser konkrete, eingebettete Markt wächst aus der Gesellschaft heraus. Er gründet auf direkten Beziehungen und persönlichen Transaktionen und ist eigentlich eine Erweiterung der Gemeinschaft. Wenn Märkte mit *dem Markt* ersetzt werden, wird das Soziale vom Kapital verdrängt und der Markt erhält das anonyme Gesicht des Kommerzes. Konkrete Menschen, die tauschen, was sie herstellen und was sie brauchen, werden ersetzt durch die abstrakte und unsichtbare Hand des Marktes.

Es gibt zwei Arten von Märkten. Die in Natur und Gesellschaft eingebetteten Märkte sind Orte des Austausches, der Begegnung und der Kultur. Es sind Wirtschaftsräume für konkrete Menschen, die konkrete Dinge kaufen und verkaufen, Dinge, die sie hergestellt haben oder selber brauchen. Solche Märkte sind vielfältig und offen. Sie dienen dem Volk und werden auch vom Volk bestimmt.

Der Markt, der durch das Kapital geformt wird, schließt konkrete Menschen als Produzenten aus. Die lebendige Kultur des Tausches wird durch unsichtbare Prozesse ersetzt. Die Grundbedürfnisse der Leute werden von Habgier, Profit und Konsumdenken abgelöst. Dieser Markt mystifiziert die Prozesse roher Kapitalakkumulation, hinter deren Maske sich mächtige Unternehmen verbergen.

Es ist dieser aus dem Leben und dem menschlichen Kontext gerissene Markt, welcher die Umwelt und das Leben der Leute zerstört.

Die Herrschaft des Marktes

Ein Schlüssel zur Herrschaft der Marktwirtschaft ist ihre Fähigkeit, fremde Ressourcen für sich zu beanspruchen. Die Transformation von Land von gemeinschaftlichem zu privatem Besitz war grundlegend für die Marktwirtschaft. Nur so konnte sie zur herrschenden Wirtschaftsform werden. Diese Transformation, welche als Einhegung der Allmenden bekannt geworden ist, wurde gewöhnlich durch die Habgier und das Machtstreben von Freibeutern ausgelöst. Als »Freibeuter« bezeichnet man ursprünglich die staatlich sanktionierten oder zumindest geduldeten Piraten auf hoher See. Ich brauche das Wort für die Personen, die die Allmenden einhegten, weil diese Personen eine Ressource privatisierten und so Piraterie gegen das Volk betrieben. Das Wort »Einhegung« beschreibt die physische Ausschließung der Gemeinschaft von ihrer Allmende, indem »ein Stück Land mit Hecken, Gräben oder anderen Barrieren umgeben wird, welche die freie Passage von Mensch und Tier verhindern« (G. Elliot Smith in Rifkin 1991, 39).

Das Land einer Allmende war formal im Besitz eines Grundherrn, aber die Nutzungsrechte lagen bei den Allmend-Bauern. Es war die Beseitigung dieser Rechte am gemeinschaftlichen Eigentum, welche die Einfriedung ermöglichte. In England, wo diese Bewegung im 16. Jahrhundert begann, wurden die Einhegungen durch den Hunger der Maschinen vorangetrieben, durch die gestiegene Nachfrage nach Wolle von Seiten der Textilindustrie. Die Grundherren, unterstützt durch die Industrie, den Handel und die Banken, verdrängten die Bauern vom Land und ersetzten sie mit Schafen. »Schafe fressen Menschen«, sagte Thomas More über das Phänomen der Einhegungen der Allmenden. »Eure Schafe, welche als so sanft und zahm galten und als kleine Esser bekannt waren, sind, so habe ich sagen hören, große Fresser geworden und so wild, dass sie selbst Menschen vertilgen und verschlucken. Sie verzehren ganze Felder, Häuser und Städte.« (Thomas More in Rifkin 1991, 41) Die Ökonomie der Einhegungen zahlte sich für die Grundherren aus, aber nicht für die Bauern. Während eine Jucharte Land ungefähr 300 Kilogramm Brot produzierte, konnte die gleiche Fläche bloß wenige Schafe ernähren (Rifkin 1991, 41). In Bezug auf Nahrung und die Bedarfswirtschaft war dies ein Verlust, denn ein Schaf gab bloß etwa 80 Kilo Fleisch. Rein finanziell gesehen jedoch machten die Grundherren einen Gewinn. Mit einem einzigen Schafhirten für eine ganze Herde erzielten die Grundherren mehr Gewinn als mit den Nutzungsgebühren von Dutzenden von Bauern. Dass die Allmende diesen Bauern auch Nahrung, Heizmaterial und andere überlebenswichtige Dinge einbrachte, zog der Grundherr nicht in Betracht.

Die Profite lieferten den Freibeutern die notwendige Rechtfertigung, um die Marktwirtschaft auszudehnen – trotz der Kosten für die Naturwirtschaft und die Bedarfswirtschaft.

Fünf Vorgänge machen die Einhegung der Allmende aus:

1. Der Ausschluss von Menschen vom Zugang zu Ressourcen, welche sie zuvor gemeinsam besessen und genutzt hatten.
2. Die Schaffung von überflüssigen oder marginalisierten Menschen durch die Verweigerung der Zugangsrechte zur Allmende, die ihre Lebensgrundlage war.
3. Die Schaffung von Privateigentum durch die Einhegung von gemeinschaftlichem Besitz.
4. Die Verdrängung der Diversität, welche verschiedene Bedürfnisse befriedigt und verschiedene Funktionen erfüllt hatte durch die Einführung von Monokulturen, welche Rohmaterial und Waren für den Markt liefern.
5. Die Einhegung des Denkens und der Fantasie mit dem Resultat, dass Einfriedungen als universaler menschlicher Fortschritt wahrgenommen und definiert werden, nicht als Vergrößerung der Privilegien und der exklusiven Rechte von ein paar wenigen und als Enteignung und Ursache der Verarmung von vielen.

Einhegungen wurden gepriesen als »eine unvergleichliche Erweiterung der produktiven Möglichkeiten« (Boyle in McCann 2002, 236). Produktivität wurde aus der Perspektive der Reichen und Mächtigen definiert, nicht aus dem Blickwinkel der Bauern. Nur die Profite und die Vorteile für den Markt waren etwas wert, nicht die Nachhaltigkeit der Naturbewirtschaftung oder der Lebensunterhalt der Leute. Die Reichen »beklagten die Aufmüpfigkeit der Bauern, die mangelnde Qualität ihrer Weiden und die durch den geteilten Besitz gebremste Produktion« (Neeson in McCann 2002, 236).

Entgegen der Meinung der Grundherren waren die Allmenden aber nicht vergeudetes Land; sie waren eine reiche Ressource, welche der Gemeinschaft ein gewisses Ausmaß an Selbstversorgung und Selbstbestimmung ermöglichte.

Der Markt selber wirkte verstärkend und schob die Bedarfswirtschaft immer weiter aus dem Blickfeld. Je mehr ökonomischen und politischen Einfluss die Mächtigen durch die wachsenden Märkte gewannen, desto entschlossener enteigneten sie die Armen und hegten deren Allmenden ein. Und je mehr die Armen um ihre Lebensgrundlagen gebracht wurden, desto öfter mussten sie sich dem Markt zuwenden um zu kaufen, was sie früher selbst produziert hatten. »Wenn der Dorfbewohner von seinen Ressourcen abgeschnitten wurde [...] konnte er nicht mehr viel auf traditionelle Art und Weise tun. Es kam für ihn nicht mehr in Frage, die meisten seiner Alltagsgegenstände selbst handwerklich herzustellen: Sie mussten nun gebrauchsfertig aus fremder Quelle bezogen werden. Diese Quelle, das versteht sich von selbst, war ein Kaufladen.« (Georg Sturt in Sale 1995, 35)

Was damals mit der Land-Allmende in England geschah, wiederholt sich heute auf der ganzen Welt. Die Biodiversität- und die Saatgut-Allmende werden durch die geistigen Eigentumsrechte eingehegt und die Wasser-Allmende durch Privatisierung abgeschottet. Saatgut, Medizin und Wasser waren bisher Gemeingut; heute müssen sie für teures Geld von Gentech-Giganten wie Monsanto gekauft werden, welche die Patente besitzen, oder aber von Wassergiganten wie Suez, Bechtel und Vivendi, die die Konzessionen innehaben. Die Umwandlung von gemeinschaftlichen in individuelle Besitzrechte spricht großen Teilen der Gesellschaft die Existenzberechtigung ab.

Vom Gemeingut zur Ware

Der Begriff Allmende bezeichnet eine Ressource, die von einer Gemeinschaft besessen, verwaltet und genutzt wird. Eine Allmende verkörpert soziale Beziehungen, welche auf gegenseitiger Abhängigkeit und Kooperation beruhen. Es gibt klare Regeln und Prinzipien; es gibt Systeme der Entscheidungsfindung. Entscheide darüber, was angebaut wird und wie viel Vieh grasen soll, welche Bäume man fällt, mit welchen Bächen welche Felder bewässert werden sollen, werden von der Gemeinschaft gemeinsam und demokratisch getroffen. Die demokratische Regierungsform ist es, was eine Allmende auszeichnete und immer noch auszeichnet. Das galt für das England des 18. Jahrhunderts und es gilt auch für Regionen, wo Gemeinschaftskontrolle über eine Allmende heute noch als Regierungs- und Besitzform praktiziert wird.

In Indien wurde die gerechte Verteilung von Land oft gemäß einem System vorgenommen, das *bhaiachara* heißt; *achara* bezeichnet einen Brauch oder ein Gewohnheitsrecht; *bhai* sind Brüder. Der Indienkenner Lord Baden-Powell bemerkte in seinem Buch über traditionellen Landbesitz im britischen Kolonialreich:

»Das ganze Gebiet wurde studiert und klassifiziert durch den Panchayat (ein lokaler oder Gemeinde-Rat) und in gut oder schlecht, besser, am besten usw. eingeteilt; und dann wurden angemessene Stücke Land aufgeteilt, jedes setzte sich aus Teilen der verschiedenen Erdqualitäten zusammen, die sich übers ganze Land verstreut finden. Jedes Grundstück, das so entstand, wurde *baiwadi-bigha* oder *tauzi-bigha* genannt – eine künstliche Landeinheit, welche nichts mit den üblichen Flächenmaßen gemeinsam hatte; dann wurde, entsprechend den Bedürfnissen und der Größe jeder Familie, eine gewisse Anzahl solcher Einheiten an Gruppen und Untergruppen übergeben. [...] Was immer man hier tat, es wurde immer im Bestreben nach Gerechtigkeit getan – man passte den Landanteil der Bürde an, die einer tragen musste.« (Baden-Powell 1907)

Nicht alle *bhaiachara*-Dörfer praktizierten diese Art Streifenbebauung, am verbreitesten war diese Praxis in Regionen, wo das Wetter und die Umweltbedingungen am härtesten und unberechenbarsten waren. Die Streuung förderte Kooperation und kollektives Handeln. »Streuung war eine institutionelle Methode, um die einzelnen gegen Unsicherheit zu schützen – vorausgesetzt, sie kooperierten. [...] Die Bereitschaft kollektiv zu handeln war größer, wenn das Risiko geteilt und der Zugang zu verschiedenen Ressourcen ausgeglichen werden konnte. Die Streuung von bebaubarem Land ging Hand in Hand mit der Einrichtung von kompaktem Weideland für das Vieh und der kollektiven Verwaltung der Bewässerungskanäle, der Wasserquellen und Teiche.« (Famine Inquiry Commission 1944, 27)

Professor Chakravarty-Kaul von der Delhi-Universität schreibt, dass der Begriff *bhaiachara* auch Dörfer bezeichnete, in denen das Land anders aufgeteilt wurde: nämlich aufgrund der Größe der gepflügten Fläche oder entsprechend der Gewohnheiten der Vorfahren. An manchen Orten war es sogar üblich, dass jede Familie so viel der Allmende kultivieren konnte, wie ihr möglich war, ohne Druck auf die anderen Mitglieder der Gemeinschaft auszuüben. Der gemeinsame Nenner jeder Form von *bhaiachara* war, dass jede Familie nur für den von ihr bebauten Teil des Landes Steuern bezahlte (Uppal 1984, 60).

Terra nullius

Die meisten nachhaltigen Kulturen sehen bei aller Verschiedenartigkeit die Welt als *terra mater* (Mutter Erde). Sie nehmen dankbar die Geschenke der Natur entgegen und vergelten die Schuld durch eine ökologisch nachhaltige Lebensweise und erdzentrierte Kosmologien. Das koloniale Konstrukt, wonach die Erde rein passiv ist, und die daraus abgeleitete koloniale Kategorie des Landes als *terra nullius* (Niemandsland) verfolgten zwei Absichten: Diese Weltsicht verleugnete die Existenz und damit auch die vorhandenen Rechte der Ureinwohner und sie verdeckte die Erneuerungsfähigkeit und die produktiven Prozesse der Erde. Nur so konnte aus den Einhegungen Privatbesitz entstehen und nur so konnte man die nichtnachhaltige Nutzung der Ressourcen als »Entwicklung« und »Fortschritt« ausgeben. Für den Freibeuter und den Kolonialisten war die Einhegung eine Verbesserung.

In Australien rechtfertigten die Kolonialisten die totale Aneignung des Bodens und seiner natürlichen Ressourcen, indem sie den ganzen Kontinent zu Terra nullius – unbewohntem Territorium – machten. Diese Erklärung ebnete den Weg für die Privatisierung der Allmenden, denn für die Kolonialherren gab es diese gar nicht. Ähnlich begründete man in den amerikanischen Kolonien die Einnahmen von einheimischen Ressourcen damit, dass die indigenen Völker ihr Land nicht »nutzten«. John Winthrop, der erste Gouverneur der Massachusetts Bay Colony schrieb 1669: »Die Einheimischen in Neuengland hegen ihr Land nicht ein, weder haben sie irgendwelche festen Siedlungen, noch gezähmtes Vieh um ihr Land zu nutzen. Also besitzen sie bloß ein Naturrecht an diesen Ländereien. Wenn wir ihnen genügend für den Eigenbedarf überlassen, können wir uns den Rest rechtmäßig aneignen.« (Winthrop in Kadir 1992)

Wie ich bereits in meinem Buch *Biopiraterie* schrieb, wird die Logik des Niemandslandes gegenwärtig zum »Niemandsleben« erweitert. Wie die Terra nullius wird jetzt die Biodiversität den ursprünglichen Besitzern und Erneuerern weggenommen. Deren Saatgut, medizinische Pflanzen und medizinisches Wissen werden als passive Natur behandelt; die Gentechnologie gilt als einzig möglicher Pfad zum »Fortschritt« (Shiva, 2002). Die Rechte auf nichtmarktwirtschaftliche Nutzung missachtend geben die Regierungen auch den Weg frei für die Einhegung der Flüsse, wie etwa beim großen Flussverbindungsprojekt Indiens, und für die Hortung von Grundwasser, damit Unternehmen wie Coca-Cola und Pepsi Flaschenwasser und Süßgetränke daraus machen können.

Die Einhegung der Allmende

Die Allmenden, welche die englische Krone zu Ödland erklärte, waren eigentlich produktive Ländereien, mit weitläufigen gemeinschaftlichen Weiden für die Tiere der im Dorf ansässigen Bauern; Holz und Steinen zum Bauen; Schilf für die Dächer und Körbe; Brennholz; mit wilden Tieren, Vögeln, Fischen, Beeren und Nüssen als Nahrung. Diese Ländereien ernährten eine große Zahl von Kleinbauern, weil diese die Ressourcen gemeinschaftlich nutzen konnten. Sie nahmen auch die ärmeren und landlosen Bauern auf, welche aus den überfüllten Allmend-Dörfern der Korn erzeugenden Distrikte zuwanderten. Allmenden haben oft Leute aufgenommen, die durch irgendwelche Einhegungen enteignet worden waren. Wenn Bauern in Indien durch Dämme enteignet und vertrieben werden, wenden sie sich dem Wald als Allmende zu. Sogar die städtischen Slums bilden de facto eine Art Allmende, in der die Bewohnerinnen und Bewohner versuchen, ohne formale Eigentumsrechte zu überleben.

Das Schicksal des Waldes in der englischen Allmende glich demjenigen der Weiden. Die Krone war im Besitz der Wälder, während die Bauern Nutzungsrechte an dem hatten, was der Wald produzierte. Als die Nachfrage nach Ressourcen stieg, weil das kapitalistische Wachstum gefüttert werden wollte, führte die Krone eine Politik der Entwaldung ein. Als Ergebnis davon verloren die Bauern ihre Nutzungsrechte, und die Krone und die Grundherren hegten das abgeholzte Land ein und parzellierten es zu großen Landgütern, die an die Meistbietenden verpachtet wurden.

In manchen Teilen des Landes gerieten die Grundherren und die Bauern wegen der Kontrolle über die Allmenden aneinander. Zwischen 1628 und 1631 machten die Massen wiederholt Aufstände und rissen die Zäune nieder. Große Teile Englands waren in Aufruhr.

Nach englischem Recht brauchte die Einhegung einer Allmende die einstimmige Zustimmung der ganzen Gemeinde. Keine Autorität hatte das Recht, die Allmende einzuhegen und zu entäußern. Ein einziges Mitglied konnte eine solche Änderung blockieren. Dieses Recht war fundamental und unveräußerlich, und es wurde entschieden verteidigt. »Ich warne euch auch nur einen Quadratmeter Land einzuhegen; ich werde euch einzeln Widerstand leisten; ich werde euch kollektiv trotzen; ihr mögt euch in euren Gerichten treffen und Resolutionen noch und noch verfassen – ich werde sie alle missachten; denn ich habe ein Recht, mein Vieh auf dieses Land zu stellen, auf jeden Teil davon; das Gesetz gibt mir dieses Recht und der König schützt es.« (Rifkin 1991, 45) Die lokale Demokratie und diese unveräußerlichen Rechte wurden jedoch untergraben, als die Macht des Geldes die Verwaltung und den Besitz der Allmenden korrumpierte. Wirtschaftliche Interessen setzten das Parlament unter Druck, Gesetze zur Einhegung der Allmenden zu verabschieden.

Zwischen 1770 und 1830 wurden 3280 Gesetzesvorlagen genehmigt, die die Einhegungen der Allmenden betrafen. Das Resultat dieser Rechtsprechung: »Rund zweieinhalb Millionen Hektar gemeinschaftlich bewirtschaftetes Land, Felder, Wiesen, Feuchtgebiete, Wälder und nicht genutztes Land, das vorher unter der Obhut der Öffentlichkeit stand, ging in private Hände über und wurde in der Folge mit Hecken und Zäunen versehen und für den privaten Gewinn bebaut, beweidet und bejagt.« (Sale 1995, 35)

Die Einhegungen ohne parlamentarische Einwilligung betrafen beinahe gleich viel Land. Am Ende dieser Periode war mehr als die Hälfte des englischen Bodens in privaten Händen.

Kolonialismus als Einhegung

Einhegungen waren nicht bloß eine historische Episode in England. Einhegungen waren für den fortschreitenden Prozess der Kolonialisierung zentral. Der Kolonialismus schuf Privatbesitz, in dem er Allmenden, Gemeingüter, einhegte und Ureinwohner in den beiden Amerikas, in Afrika und Asien vertrieb und entwurzelte.

Die englische Politik der Entwaldung und des Einhegens wurde in den indischen Kolonien nachgeahmt. Der erste Indian Forest Act – ein Waldgesetz, das 1965 durch die oberste Legislative verabschiedet wurde – ermächtigte die Regierung, Wälder und *benap* (»nicht vermessenes Land«) zum Waldreservat zu erklären. Dieses Gesetz markiert den Beginn dessen, was man die »wissenschaftliche Bewirtschaftung« des Waldes nennt. Diese Waldwirtschaft erodierte sowohl die Fruchtbarkeit des Waldbodens als auch die Rechte der Anrainer auf die Waldprodukte. Obwohl die Wälder technisch gesehen Staatsbesitz wurden, war die Einrichtung von Waldreservaten im Grunde genommen eine Einhegung, denn sie verwandelte eine gemeinschaftlich genutzte Ressource in eine kommerzielle Ware. Der Staat war lediglich Vermittler der Privatisierung.

Als die Briten ihre Herrschaft in Indien festigten, schätzten sie, dass ein Drittel bis die Hälfte des Gesamtgebietes der Provinz Bengalen Ödland sei. Das koloniale Verständnis von Ödland war keine Bewertung der biologischen Produktivität des Landes, sondern allein der Gewinn bringenden Möglichkeiten. Ödland war jedes Land, das keinen direkten Ertrag abwarf, weil es nicht bebauter Boden war, sondern Wald. Diese Ländereien wurden von der britischen Regierung übernommen und an Landwirte verpachtet, welche sie in ertragbringende Grundstücke verwandeln sollten. Erst am Ende des 19. Jahrhunderts, als die Wälder ebenfalls eine Einkommensquelle wurden, nannte man sie nicht mehr Ödland. Dorfwälder und gemeinsam genutztes Weideland wurden jedoch weiterhin unter Ödland eingeteilt, obwohl sie Brennstoff und Nahrung für die Bauernwirtschaft lieferten.

Die koloniale Kategorie des Ödlandes oder Ausschusslandes war eine wirtschaftliche Kategorie. Die koloniale Politik schuf aber auch die Kategorie des ökologisch verödeten Landes – Land, das aufgrund von staatlicher und gesellschaftlicher Tätigkeit oder Untätigkeit seine biologische Produktivität verloren hatte. Verödetes Land findet man heute sowohl in den privat genutzten ehemaligen Waldreservaten wie auch auf gemeinschaftlich bewirtschaftetem Boden, der als Brennstoff- und Nahrungsreservoir gebraucht wird.

In der Kolonialzeit wurden Bauern gezwungen, statt Nahrung die für die Textilindustrie wichtige Indigopflanze anzubauen; Salz wurde besteuert, um Einkünfte für die britische Armee zu generieren; und Wälder wurden eingehegt, um sie zwecks kommerzieller Ausbeutung ins Staatsmonopol zu überführen. In den ländlichen Gebieten untergruben diese Handlungen mit der Zeit das Nießbrauchrecht. Die so genannten *nistar*-Rechte der Bauern umfassten den Anspruch auf Nahrung, Brennstoff und Weiderechte für die Tiere auf den Allmenden. Die Erosion der Gemeinschaftsrechte der Bauern an ihren Wäldern, heiligen Hainen und »Ödländereien« waren der hauptsächliche Grund für ihre Verarmung.

Sobald Indiens Land usurpiert war, wurde das Einziehen von Steuern die Hauptsorge der Kolonialmächte. Jemand musste besteuert werden. Bevor die Briten nach Indien kamen, waren die Produkte besteuert worden, nicht aber das Land selbst. Um Steuern einziehen zu können, brauchten die Briten Landbesitzer, welche von den Bauern einen Pachtzins verlangten, der dann in Form von Steuerabgaben an die Kolonialmacht übergeben würden. Wie war das am besten zu bewerkstelligen?

Die Antwort war extrem einfach – es brauchte Grundherren. Solche zu finden war nicht sehr schwierig – wer würde sich besser eignen als die bereits vorhandene Herrscherschicht der Zamindare, die schon bisher Geld von den Bauern für den Staat einzogen? Die Zamindare bildeten denn auch die Mehrheit der neuen Grundherren.

Eine zusammengewürfelte Gesellschaft von ländlichen Oberherren wurde im Bengalen des späten 18. Jahrhunderts der Einfachheit halber, aber fälschlicherweise ebenfalls als Zamindaren bezeichnet. Diese bengalischen Herren hatten nichts mit den Dorfzamindaren zu tun. Sie ließen sich in mindestens vier verschiedene Kategorien einteilen: die alten territorialen Herrscher von Fürstentümern, wie die Radschas von Tippera und Cooch Behar; die großen Gutbesitzer-Familien, die eine feste Bodensteuer bezahlten und sich wie Obervasallen aufführten, etwa die Radschas von Burdwan, Dinajpur, Rajshahi, Jessore und Nadia; die zahlreichen Familien, welche seit Generationen das Amt des Steuereintreibers inne hatten; und schließlich die Kategorie der Einkommen erzeugenden Bauern, welche 1765 mit der Übertragung der Diwani entstanden war. In einem schlimmen Fall von Verwechslung übergab Lord Cornwallis, der Generalgouverneur von Ostindien, am 22. März 1793 mit einer großen Erklärung und einer ganzen Reihe von Bestimmungen das private Eigentumsrecht für Grund und Boden an diese buntscheckige Schar von Oberherren, welche mit den echten Zamindaren bloß den Namen gemeinsam hatten (Shiva / Holla Bhar 2001, 15).

Die koloniale Ausbeutung der Ressourcen veränderte auf dramatische Weise die Fähigkeit Indiens, eine lokale Infrastruktur zu entwickeln. Indiens wichtigster Historiker Dharampal, schreibt, dass im vorbritischen Indien 80 bis 95 Prozent der Ressourcen auf lokaler und mittlerer Ebene zur Erhaltung der sozio-kulturell-ökonomischen Infrastruktur genutzt wurden. Nur 5 bis 20 Prozent gingen an eine zentrale Autorität; der Rest blieb in der örtlichen Wirtschaft. Damit wurden die Künste unterstützt, wurden die *Vaidyas* (indigene medizinische Fachkräfte), Lehrer, Priester, Buchhalter, Schmiede, Schreiner, Töpfer, Wäscher, Wasseraufseher bezahlt und die Bewässerung in Stand gehalten. Der Kolonialismus drehte dieses Verteilungsverhältnis um. Großbritannien beließ bloß 10 Prozent in der lokalen Infrastruktur, welche direkt der Bevölkerung diente, und zog 90 Prozent für die Verwaltung des Imperiums ab (Dharampal, 1999, 24).

Die Geburt der Konzerne

Das Aufkommen von Unternehmen wie der Britischen Ostindien-Kompanie gab den Investoren neue Instrumente zur Anhäufung von Reichtum, und den Produzentinnen und Produzenten brachte es nie gekannte Verarmung und Enteignung. Statt dass die Produzierenden und die Produktion den Handel bestimmten, kontrollierte der Handel jetzt die Produktion. Schließlich übernahmen die Konzerne von den Handwerkerzünften Englands und von zukünftigen Kolonien wie Indien die Kontrolle über die Produktion.

Die Britische Ostindien-Kompanie war eines der ersten Großunternehmen. Es wurde von Männern geschaffen, welche das Kapital kontrollierten, mit dem die Reisen in die Kolonien finanziert wurden. Das Unternehmen wurde von einem Gouverneur und 24 Assistenten verwaltet und hatte das Handelsmonopol in Asien, Afrika und Amerika mit allen Inseln und Häfen vom Kap der Guten Hoffnung bis zur Magellanstraße.

Im Jahr 1600, dem Geburtsjahr der Ostindien-Kompanie, ernährte Indien nicht bloß ganz Asien mit Reis, Weizen, Zucker und roher Baumwolle; Indien war auch eine globale Industriewerkstatt und produzierte eine erstaunliche Menge von Baumwollstoffen. Die Märkte für Indiens Baumwolle erstreckten sich von den entferntesten Gegenden Ostindiens und Südasiens Richtung Westen bis nach Europa und von den Ufern des Kaspischen Meeres bis nach Mosambik und Madagaskar (Mukherjee 1967, 183). Diese internationalen Handelswege wurden durch die Ostindien-Kompanie erobert; ein Imperium nahm seinen Anfang. 1717 erhielt die Ostindien-Kompanie einen *firman.* Diese Handelsbewilligung von Kaiser Farrukhsiyar in Delhi erlaubte der Kompanie gegen ein jährliches Entgelt von 3000 Rupien, im ganzen Kaiserreich zollfrei Handel zu treiben. Der Historiker Radha Kamal Mukherjee schreibt: »Nach einem Jahrhundert hatten die holländischen und britischen Piraten, Geschäftsherren, Soldaten, Vertreter und Händler nicht bloß das vollständige Monopol über den Handel zwischen verschiedenen Teilen Asiens und zwischen Asien und Europa erlangt, gelegt war damit auch der Grundstein zum Imperium.« (Mukherjee 1967, xvii)

Die Briten machten den kaiserlichen Erlass zur Basis ihres wirtschaftlichen und politischen Handelns in Indien. Im Januar 1757 fiel Bengalen. Die Kaufleute der Ostindien-Kompanie waren nun nicht länger einfache Händler, sie waren jetzt Herrscher über Indien. Für diese Tat erhielt der siegreiche Robert Clive, der die Streitkräfte der Ostindien-Kompanie angeführt hatte, eine Belohnung von 234 000 Pfund (Indian Irrigation Commission 1904).

Die Ostindien-Kompanie machte ihren Anfang mit dem Import von verarbeiteten indischen Textilien nach England. Später wurde der Import von indischen Textilien verboten und die erlaubte Einfuhr auf unverarbeitete Produkte eingeschränkt. 1750 produzierten chinesische und indische Regionen 73 Prozent aller Textilien auf der Welt. Indien war *die* globale Textilfabrik. Dann zerstörten die Briten die indische Textilproduktion und bauten in der Folge eine eigene auf. Der Industriemythos nennt die Technologie als Grund für das Wachstum der britischen Textilproduktion. Doch es waren Zölle und Verbote – in der Sprache der Welthandelsorganisation heißt das »quantitative Restriktionen« –, welche zum Wachstum der Industrie in England führten. Die technologischen Innovationen folgten nach. H. H. Wilson, Geschichtsprofessor in Oxford schreibt: »Es war 1813 eine unbestrittene Tatsache, dass die Baumwoll- und Seidenprodukte Indiens auf dem britischen Markt zu einem 50 bis 60 Prozent tieferen Preis verkauft werden konnten als die in England verarbeiteten Stoffe. Es wurde infolgedessen nötig, die letzteren durch Zölle in der Höhe von 70 bis 80 Prozent des Warenwertes oder aber durch Verbote zu schützen. Ohne diese Maßnahmen, das heißt, wenn es diese Schutzzölle und Verbote nicht gegeben hätte, wären die Mühlen von Parsley und Manchester schnell einmal stillgestanden und hätten nicht wieder in Bewegung gesetzt werden können, nicht einmal durch Dampfkraft. Diese Fabriken wurden auf Kosten der indischen Produzenten geschaffen.« (Mukherjee 1967, 172)

Vor 1771 produzierte England überhaupt kein Baumwolltuch; es baute keine Baumwolle an und hatte auch keine Spinnereien, die einen Baumwollfaden herstellen konnten, der stark genug für die Verarbeitung war. Die britische Textilindustrie begann mit der Einfuhr von gewöhnlichem weißem Kattun. Diese Kattunindustrie entwickelte sich mithilfe von Methoden, Vorgängen und Drucktechniken aus Indien. 1845 hatte sich der Spieß umgedreht und England dominierte den Textilhandel. Nur unter Vernachlässigung der Geschichte konnte Sidney Smith schreiben: »Deine eine große Sache, wofür die angelsächsische Rasse geboren scheint, ist die Schaffung von Kaliko.« (Mukherjee 1967, xix)

Als Indien aus der Produktion verschwand, verschwand auch Indiens Beitrag zur Entwicklung aus der Geschichte.

Die Verluste, die der »freie« Handel verursachte – Textilexporten aus Indien wurden Zölle von bis zu 80 Prozent auferlegt, Importe nach Indien hatten einen 2,5 prozentigen Zoll – führten zur Zerstörung sowohl des einheimischen wie des exportorientierten Marktes in Indien. 1846 importierte der ehemalige Exporteur Indien etwa 180 Millionen Meter Stoff aus England, 1835 waren es erst 46 Millionen Meter gewesen, 1814 bloß 720 000 Meter (Mukherjee 1967, xxiii).

Die Wirtschaftsglobalisierung

In der Frühphase der Industrialisierung erklärten die Anhänger der Einhegungen in England die Bauernschaft als überflüssig und verdrängte sie von ihrem Land. Die Industrialisierung wurde als »Entwicklung« in die Länder des Südens gebracht. Unternehmensherrschaft durch Globalisierung baut weiter auf dem Fundament, das der Kolonialismus geschaffen hat und lässt weiterhin eine Schneise der Zerstörung und Verelendung zurück.

Die Marktwirtschaft produziert unweigerlich eine größere Verschiebung in der Wahrnehmung der Zugangsrechte zu Ressourcen. Die Umwandlung des Gemeingutes in eine private Ware hat zwei Auswirkungen: Sie beraubt die politisch schwächeren Gruppen ihres Überlebensrechtes, welches ihnen durch den Zugang zum Gemeingut gegeben war. Und sie beraubt die Natur ihres Rechtes auf Selbsterneuerung und Nachhaltigkeit, indem sie die sozialen Kontrollen über den Gebrauch der Ressourcen beseitigt, die die Grundlage der gemeinschaftlichen Nutzung waren.

In Drittweltländern ist die Umwandlung von natürlichen Ressourcen in Wirtschaftsgüter weitgehend durch den Staat vermittelt worden. Unter dem Deckmantel der Förderung des öffentlichen Interesses ist der Staat oft ein mächtiges Instrument für die Privatisierung von Ressourcen. Die Umwandlung der Wälder von Dorf-Allmenden zu staatlichen Waldreservaten dient den Interessen der privaten Zellstoff- und Papierindustrie; so ist ihnen ein billiger und sicherer Nachschub von Rohmaterial garantiert. Ganz ähnlich der Dammbau: Dämme werden mit öffentlichen Geldern gebaut, aber sie zielen darauf ab, den Energie- und Wasserbedarf der Privatindustrie und den Anbau von Hochertragssorten, von so genannten Cash Crops, zu befriedigen. Kredite aus staatlich kontrollierten Banken werden verwendet, um private Brunnen oder private Fischereiboote von ökonomisch mächtigen Gruppen zu finanzieren. Konflikte um natürliche Ressourcen sind Konflikte um Rechte.

Die wirtschaftliche Globalisierung ist uns aufgezwungen worden. Sie stellt sich als Ozean dar, in dem wir alle schwimmen müssen, als unvermeidbarer Prozess, an dem wir alle teilhaben. Auf der anderen Seite ist die Wirtschaftsglobalisierung etwas, das manche Leute mit internationalem Handel assoziieren und glauben, sie könnten sie persönlich ganz ignorieren. Bei der Wirtschaftsglobalisierung geht es aber nicht bloß um Güter, die Grenzen passieren. Internationalen Handel gab es schon immer. Güter wurden schon vor der Kolonialisierung über die Grenzen hinweg gehandelt. Ja, man könnte sagen, der Kolonialismus sei durch den Wunsch nach Kontrolle dieses Handels erst entstanden. Gewürze sind getauscht worden, lange bevor die europäischen Kolonialisatoren den Gewürzhandel zu kontrollieren suchten. Doch die Wirtschaftsglobalisierung macht nun Grenzübertretungen, die weitaus schwerwiegendere Konsequenzen für den Planeten und die Menschheit haben als das Überqueren der künstlich errichteten

Barrieren zwischen den Ländern. Im Vergleich mit den ethischen Grenzen, die nun überschritten werden, ist der internationale Handel ein Kinderspiel. Es sind ethische Grenzen, welche während Jahrhunderten von den Religionen, den Kulturen und den Gesellschaften gesetzt wurden. Diese ethischen Richtlinien erklären, dass gewisse Dinge nicht Teil der Warenwelt sind. Gewisse Dinge sind nicht handelbar und weisen andere Werte auf als einen baren Marktwert.

Die Globalisierung ist eigentlich die endgültige Einhegung – die Einfriedung unserer Gedanken und Gefühle, unserer Fantasie und unserer Ressourcen. Bevor die Wirtschaftsglobalisierung die Ressourcen dieses Planeten als Handelsware für sich beanspruchte – speziell das Wasser und die Biodiversität – wusste man, dass Wasser niemandem gehören konnte. Der Regen fällt, fließt durch Flussbetten und unterirdische Wasseradern, mündet ins Meer und verdampft in einem erstaunlichen hydrologischen Kreislauf, der uns wieder Wasser bringt. Manchmal ist der Kreislauf langsam und beschert uns eine Trockenperiode, aber wir können mit der Dürre umgehen, die vom Wasserzyklus herrührt. Wir können aber die künstlich herbeigeführte Trockenheit nicht akzeptieren, denn sie besagt, dass das Wasser bloß in eine Richtung fließt – aufwärts, zum Geld hin.

Uns wurde versprochen, die Globalisierung würde Frieden bringen. Es entstehe ein globales Dorf, in dem alle miteinander verbunden sind. Aber die Anzahl der Kriege, die seit 1995, als die Globalisierung sozusagen die legale Verfassung der Welt wurde, ausgebrochen sind, straft diese Erwartung Lügen. Man schaue nur, welche Missverständnisse zwischen den Kulturen entstanden sind. Im Kapitel »Lebendige Kultur« sage ich mehr zu diesen Verbindungen zwischen der

Wirtschaftsglobalisierung und der Zunahme des Terrorismus, der Zunahme von Extremismus und dem Aufkommen des rechten Flügels. Ein zweites Versprechen der Globalisierung war Wohlstand: »Wenn das Wasser steigt, werden alle Boote steigen.« Das Wasser ist nicht gestiegen. Es ist gesunken. Es ist gerade dadurch dezimiert worden, dass die Kontrolle über solche Ressourcen den Unternehmen gegeben wurde.

In den USA wird die ungezähmte kapitalistische Habgier »mitfühlender Kapitalismus« genannt. Genau die tatsächlich mitfühlenden Ökonomien der Natur und des unmittelbaren Bedarfes sind es aber, welche durch die Herrschaft der Unternehmen und die Regeln des Kapitals zerstört werden. Der Schutz der Natur und der Rechte der Menschen werden Protektionismus genannt; es handle sich um Handelsbarrieren und Investitionshindernisse. Die Handelsregeln und die neoliberalen Reformen institutionalisieren Gesetze, welche das Mitgefühl selber illegal machen. Kulturen des Mitgefühls, welche jedes Leben als heilig ansehen, werden illegal durch Patente auf Leben. Kulturen des Mitgefühls und der sozialen Gerechtigkeit, welche den Reichtum der Gesellschaft und der Natur teilen, werden illegal durch die Privatisierung von wichtigen öffentlichen Diensten und Gütern wie Wasser, Gesundheit, Bildung. Ökonomien, die Lebensunterhalte, Arbeit und soziale Sicherheit garantieren wollen, werden abgebaut und lassen Leute zurück, die in der Gesellschaft und der Wirtschaft keinen Platz haben. Das sind keine Beispiele von mitfühlender Ökonomie, es sind Beispiele einer gewalttätigen Ökonomie, welche immer mehr einem Krieg gleicht, sowohl in ihren Methoden wie in ihren Resultaten.

Ein typisches Beispiel für das neoliberale Paradigma, das die aktuellen Ökonomien und Sozialpolitiken beherrscht, findet sich in einem Buch, das vom Internationalen Währungsfond IMF im November 2003 herausgegeben wurde. Sein Titel: *Who Will Pay? Coping with Aging Societies, Climate Change, and Other Long-Term Fiscal Challenges*, deutsch »Wer wird das bezahlen? Die Bewältigung von alternden Gesellschaften, Klimaveränderung und anderen langfristigen fiskalischen Herausforderungen«. Die ganze soziale und ökologische Reproduktion und Erneuerung wird kurzerhand zum fiskalischen Problem umdefiniert. Mensch und Natur sind verschwunden und durch Geld ersetzt worden. Marktwirtschafter, welche nur Märkte und Geld sehen, sind blind für Gesellschaft und Natur. Sie sind unfähig zu erkennen, dass die Schätze der Reichen durch die Ausbeutung der Natur und der Gemeinschaft angehäuft worden sind. Diese Ökonomen vernachlässigen den Wert dessen, was die Natur und die Menschen bereits beigetragen haben. Diese Beiträge sind ein größeres Darlehen als alles, was der IMF je vergeben hat.

Die Kulturen der amerikanischen Ureinwohner und der Inder erhalten beide eine Sieben-Generationen-Logik aufrecht, die besagt, dass stets die Folgen für die siebte Generation in Betracht gezogen werden sollten, bevor man handelt. Das neoliberale Rezept für den Abbau der sozialen Sicherheit in der Gegenwart zugunsten der Sicherheit von zukünftigen Generationen basiert nicht wirklich auf der Sorge um zukünftige Generationen. Es ist ein Mittel, um die Finanzen aus der Bedarfsökonomie in die Marktökonomie zu verschieben, und auf diese Weise sowohl die gegenwärtige wie die zukünftigen Generationen ohne Sicherheit zurückzulassen.

Wachstum und die Effizienz des Marktes

Ein anderer Mythos der Marktwirtschaft besagt, sie sei die effizienteste Produktionsweise. Die »effiziente« Marktwirtschaft erweist sich jedoch als höchst ineffizient, wenn man die Zerstörung der Naturwirtschaft in die Rechnung miteinbezieht. Die Effizienz und Produktivität der industriellen Landwirtschaft verbirgt die Kosten der Auslaugung der Böden, des sinkenden Grundwasserspiegels, der Erosion und des Aussterbens der Artenvielfalt. Industrielle Landwirtschaft verbraucht zehnmal mehr Energie als sie produziert. Sie braucht zehnmal mehr Wasser als der biodiverse Anbau mit einem umsichtigen Wasserhaushalt und biologischen Methoden. Wenn man die Rechnung von der Naturwirtschaft aus macht, sind die biodiversen, ökologischen Bauernhöfe weitaus produktiver als die großflächigen, industriellen monokulturellen Betriebe. Die Illusion der Effizienz wird durch die Externalisierung der ökologischen Kosten erzeugt (von Weizsäcker / Lovins / Lovins 1997, 156–163).

Oft wird Wachstum dadurch produziert, dass Ressourcen von der Naturwirtschaft zu den Marktgütern umgeleitet werden. Ökonomisches Wachstum wird durch die Ausbeutung von natürlichen Ressourcen erzeugt. Abholzung schafft Wachstum. Das Abzapfen von Grundwasser schafft Wachstum. Die Überfischung schafft Wachstum. Noch mehr ökonomisches Wachstum hilft aber nicht bei der Erneuerung der Ressourcen, welche zerstört werden müssen, um Wirtschaftswachstum überhaupt zu erzeugen. Die Natur schrumpft, während das Kapital wächst. Das Wachstum des Marktes kann die Krise, die der Markt generiert, nicht lösen. Obendrein können natürliche Ressourcen zwar zu Bargeld gemacht werden, aber umgekehrt kann Bargeld nicht in natürlichen Reichtum zurückverwandelt werden. Marktwirtschaftler, welche die ökologische Krise ansprechen, beschränken sich auf den Marktteil: Sie suchen nach Ersatz für die kommerzielle Funktion der Naturressourcen als Ware und Rohstoff. Doch die größere Verfügbarkeit von finanziellen Ressourcen kann das Leben, das in der Natur durch ökologische Zerstörung verloren worden ist, nicht wieder herbeizaubern. Ein afrikanischer Bauer sagte es so: »Man kann ein Kalb nicht dadurch zu einer Kuh machen, dass man das Kalb mit Lehm beschmiert.« (Timberlake 1986, 188) In der Naturwirtschaft und in der Bedarfswirtschaft ist die gültige Währung nicht Geld, sondern Leben.

Globalisierte Agrikultur

Die Cash-Crop-Produktion und die industrielle Lebensmittelverarbeitung entziehen dem Eigenbedarf Land- und Wasserressourcen und schließen eine wachsende Zahl von Menschen von ihrem Recht auf Nahrung aus: »Die unerbittlich fortschreitende Industrialisierung und Internationalisierung der Landwirtschaft ist wahrscheinlich für mehr Hungernde verantwortlich als grausame und ungewöhnliche Launen der Natur oder Kriegshandlungen. Es gibt mehrere Gründe dafür, warum das hochtechnisierte Anbausystem von Exporterzeugnissen den Hunger steigert. Das knappe Land, Kredite, Wasser und Technologie werden vom Exportmarkt mit Beschlag belegt. Die meisten Hungernden werden vom Markt überhaupt nicht berührt. [...] Die Profite werden von Konzernen eingesteckt, die kein Interesse daran haben, hungrige Menschen ohne Geld zu ernähren.« (Barnet 1982, 172–175)

Zu keinem Zeitpunkt ist der globale Handel mit landwirtschaftlichen Gütern unter Berücksichtigung des neuen Mangels und der neuen Armut bewertet worden, die er herbeigeführt hat. Diese neue Armut ist nicht länger kulturell oder relativ, sie ist absolut und bedroht das Überleben von Millionen auf diesem Planeten. Wurzel dieser neuen materiellen Armut ist das wirtschaftliche Paradigma des Marktes, welcher weder das Ausmaß seines eigenen Bedarfes an natürlichen Ressourcen abschätzen kann, noch die Auswirkung seiner Ansprüche auf die ökologische Stabilität und das Überleben kennt. Als Resultat davon entpuppen sich die im engen Kontext der Marktwirtschaft effizient und produktiv scheinenden ökonomischen Aktivitäten als ineffektiv und zerstörerisch im Kontext der zwei anderen Ökonomien, der Naturwirtschaft und der Bedarfswirtschaft.

In Indien versprachen die Saatgutverkäufer von gentechnologisch veränderter Baumwolle einen Ertrag von 1500 Kilogramm pro Acre (4047 m²). In vier Staaten war der Durchschnittsertrag 200 Kilogramm. Die Einkommen der Bauern sollten sich um 10 000 Rupien (etwa 200 Euro) pro Acre steigern, aber sie hatten einen Verlust von 6000 Rupien hinzunehmen. Die Erträge dieser Pflanzen waren total unzuverlässig. Die hybriden Maissorten, welche Monsanto den Bauern in den ärmsten Staaten Indiens, etwa in Bihar, verkaufte, brachte ihnen verheerende Ernten und finanzielle Einbußen von insgesamt 4 Milliarden Rupien. Im Fall der erfolglosen Bt-Baumwolle in Andhra Pradesh betrug der Verlust eine Milliarde Rupien. Ein Bauer, der zu genetisch modifiziertem Saatgut wechselt, findet sich innert Jahresfrist mit 200 000 bis 300 000 Rupien verschuldet. Wenn die gleiche Firma den Handel, die Chemie und den Markt kontrolliert, kann sie teures Saatgut verkaufen und die Bauern zu ihren größten Käufern machen. Das geht aber nur durch irreführende Werbung und falsche Hochrechnungen. Was den Landwirten und Kleinbauern schließlich bleibt, sind hohe Schuldenberge (Shiva et al. 2002).

Die Saatgut-Freiheit der Unternehmen ist die Saatgut-Sklaverei der Bauern. Monsanto verkauft ihr Saatgut in Indien zum selben Preis wie in den USA. Die Produktionskosten haben sich in diesem Land verzehnfacht, während die Preise für landwirtschaftliche Produkte wegen der Handelsliberalisierung um 50 Prozent gefallen sind. Allein mit Nahrungskulturpflanzen verlieren die indischen Bauern jedes Jahr 24 Milliarden Dollar. Jedes Jahr. Die Armen, die angeblich reich werden sollten, finden sich selber noch tiefer in der Armut. Der Zusammenbruch des bäuerlichen Einkommens schwächt ihre Kaufkraft und ihre Rechte. Am Ende kommen die verarmten Bauern zum Heer der Hungrigen dazu, oder die verschuldeten Bauern machen Selbstmord, wie es in Indien in immer größerer Zahl geschieht. Die Armut wird deutlich in den Selbstmorden der Bauern und im Auftreten von Hungersnöten – zum ersten Mal seit der Unabhängigkeit des Landes.

Indien hat seit 1942 keine Hungersnot mehr gehabt, aber jetzt listet Region um Region Todesfälle durch Verhungern auf. Eine Regierungsstudie von 1991 über eine Region, in der 8000 Kinder aus Hunger starben, fand, dass in der gleichen Gegend vor der Handelsliberalisierung und der Globalisierung kein Kind unter sechs Jahren wegen Mangels an Nahrung gestorben war (Tribal Research and Training Institute 2002, 4). Im Jahr 2002 wurden 47 Prozent aller Todesfälle von Kindern dem Nahrungsmangel zugeschrieben. Es ist nicht so, dass überhaupt kein Essen da ist – 65 Millionen Tonnen verfaulen in den *godowns* (Lagerungsschuppen). Da beide Seiten des Gleichgewichts gestört sind – die Nahrungsproduktion und der Nahrungskonsum –, haben wir jetzt eine Welt, in der die Weizengiganten unsere Nahrung zum halben Preis dessen aufkaufen, was die Armen dafür zahlen, und sie dann auf irgendeinen anderen Markt werfen. Gleichzeitig importieren sie Nahrung von irgendwoher mit einer Staatssubvention von 400 Milliarden Dollar, die selbstverständlich nicht den Bauern zugute kommt, sondern einer Handvoll von Großunternehmen. Diese Nahrung werfen sie dann auf den indischen Markt. Die Versprechen von Frieden und Wohlstand verflüchtigen sich immer mehr.

Im WTO-Abkommen zum Agrarhandel, das den Weg für die Cash Crops ebnete, sollte eigentlich Cargill-Abkommen heißen. Es war der ehemalige Vizepräsident von Cargill, Dan Amstutz, welcher in der Uruguayrunde den ursprünglichen Text des Vertrages entwarf. WTO-Regeln betreffen nicht bloß den Handel. Sie bestimmen, wie Nahrung produziert wird und wer die Nahrungsproduktion kontrolliert. Die hauptsächliche Absicht von Cargill, und also des Agrarabkommens, war es, die südlichen Märkte zu öffnen und die kleinbäuerliche Landwirtschaft in ein unternehmerisches Agrobusiness umzuwandeln. Aber wer die Märkte für Cargill öffnet, beschneidet den Lebensunterhalt der Bäuerinnen und Bauern. Asien ist im Moment die größte Agrikultur der Welt; die Mehrheit der asiatischen Bevölkerung ist in der Landwirtschaft tätig. Für Cargill ist es äußerst wichtig, die asiatischen Märkte zu gewinnen. Die selbstversorgenden Nahrungswirtschaften in von fremder Nahrung abhängige Wirtschaftsformen zu verwandeln ist die Vision von Cargill und die Strategie der WTO.

Weil das Agrarabkommen ein Agrobusinessvertrag ist,

gibt es eine verzerrte Sicht auf die Produktion und den Handel wieder. Es ist ein Rezept für ökologische Verwüstung, Zerstörung von Familienbetrieben und den Ruin der Volksgesundheit. Hinter der scheinbaren Neutralität der Regeln für einheimische Produktion, Marktzugang und Exportwettbewerb stecken interessengeleitete Meinungen und Mythen über die Produktion und Verteilung von Nahrung.

Die Mär von der billigen Nahrung

Ein Mythos, der von Cargill verbreitet und im Agrarabkommen zementiert wird, besagt, dass die USA der beste Ort für die Nahrungsproduktion sind und auch die beste Nahrung produzieren. In Tat und Wahrheit sind die USA das beste Beispiel dafür, wie man es nicht machen sollte. 1990 hatten 22 Prozent der US-Bauernfamilien ein Einkommen unter der offiziellen Armutsgrenze, ein doppelt so hoher Anteil wie in der übrigen Bevölkerung. 1993 wurden mehr als 88 Prozent des Haushaltseinkommens der Durchschnittsfarmer von außerhalb des Hofes beigebracht. Von 1982 bis 1993 verdreifachten sich die Investitionskosten der Farmer. Als Resultat davon wanderten in den Jahren 1982 bis 1992 rund 99 000 Menschen pro Jahr aus der Landwirtschaft ab, während bloß 67 000 zuwanderten, ein Nettoverlust von 32 000 Bauern im Jahr (Krebs 2002, 187). Ist es bei der Globalisierung dieser Landwirtschaftspolitik verwunderlich, dass auch die indischen Bauern während der Zeitperiode 1990 bis 1994 bloß einen winzigen Gewinn von 1,98 Prozent auf ihren Investitionen sahen?

Die Vertreibung von Kleinbauern wurde mit der höheren Produktivität von großen Betrieben gerechtfertigt. Doch wie der ehemalige indische Premierminister Charan Singh feststellt, sind kleine Bauernhöfe in der Regel produktiver denn große: »Da Agrikultur im Alltag und unter gegebenen Bedingungen ein lebendiger Prozess ist, nehmen die Erträge pro Quadratmeter ab, wenn die Gesamtfläche größer wird – mit anderen Worten: wenn die Aufmerksamkeit und Arbeit des Menschen pro Quadratmeter abnimmt. Diese Resultate sind beinahe universal: Der Ertrag pro bebautes Hektar ist auf kleinen Höfen höher als auf großen. Wenn ein bevölkerungsreiches, finanziell armes Land wie Indien deshalb die Wahl hat zwischen einer 40-Hektar-Farm und 40 1-Hektar-Höflein, werden die Kapitalkosten für die nationale Ökonomie kleiner sein, wenn das Land die kleinen Parzellen wählt.« (Singh 1984, 119)

Es sind jedoch die kleinen Höfe und die kleinen Bauern, welche durch die Globalisierung und die handelsorientierten wirtschaftlichen Reformen zerstört werden. 5 Millionen Bauernbetriebe sind in Indien seit Einführung der »Reformen« verschwunden.

Ein anderer Mythos behauptet, dass der freie Handel zu einer effizienteren Auslieferung der Nahrung führt. In Wirklichkeit konnten die US-Konzerne die südlichen Märkte nicht ohne massive Subventionen und künstliche Schleuderpreise erobern. Der freie Handel von agrikulturellen Produkten ist im Grunde genommen ein Swapgeschäft mit Nahrungsmitteln, in dem Länder dieselben Waren importieren, die sie auch exportieren. Die Alternative wäre, einzigartige Nahrung zu exportieren, die nur sie allein produzieren können, und zu importieren, was bei ihnen nicht wächst. Doch heute wird die ganze Welt dazu gedrängt, mit einer Handvoll Gütern zu handeln, welche von den Agrobusinessgiganten kontrolliert werden.

Und dann gibt es noch einen Mythos: Dass die globalisierte Agrikultur und das Dumping, also der künstlich verbilligte Export, den Bauern ein Einkommen bescheren wird, mit dem sie »Motorräder, Mobiltelefone und Computer« kaufen könnten. Es ist ein Mythos, der die Realität verbirgt, nämlich dass das Dumping die einheimischen Märkte zerstört, was wiederum Lebensunterhalte und Einkommen ruiniert (Oxfam 2002).

Die Vertreibung von Bauern und die Zerstörung von Erde, Wasser und Biodiversität sind zwei negative Dimensionen des Nahrungssystems der USA. Die Gefährdung der öffentlichen Gesundheit ist der andere fatale Aspekt eines industrialisierten, von Großunternehmen kontrollierten Nahrungssystems. Wenn sich die Esskultur der USA durch die Globalisierung verbreitet, verbreiten sich auch seine Gesundheitsrisiken. Die hitzige Debatte über die hohen Pestizidrückstände im indischen Coca-Cola und Pepsi illustriert die Gesundheitsrisiken der industrialisierten Esskultur nach Art der USA. Die epidemische Fettsucht ist ein anderes Risiko. Fast 70 Prozent der Kinder in den USA leiden an Fettsucht und haben Stoffwechselstörungen, die man zuvor bloß an Erwachsenen beobachtete, etwa der erworbene Diabetes Typ 2, die Variante der Zuckerkrankheit, die man früher als Altersdiabetes bezeichnete; auch haben schon sehr junge Menschen einen hohen Cholesterolspiegel und Bluthochdruck (Schlosser 2002, 240). Heute sind 44 Millionen erwachsene Amerikaner fettleibig und weitere 6 Millionen sind »extrem fettleibig«. Fettleibigkeit ist in den USA hinter dem Rauchen die zweithäufigste Todesursache. Das US-amerikanische Gesundheitsamt Centers for Disease Control schätzt, dass etwa 280 000 Amerikaner jedes Jahr an den direkten Folgen des Übergewichts sterben

(Schlosser 2002, 241). Die jährlichen Gesundheitskosten der USA im Zusammenhang mit Fettsucht belaufen sich auf 240 Milliarden Dollar; zusätzliche 33 Milliarden werden für Diätprodukte und Gewichtsabnahmeprogramme ausgegeben.

Durch die Globalisierung hat sich diese schlechte, profitorientierte Esskultur weltweit ausgebreitet. Wenn McDonald's, Coca-Cola und Pepsi ihre Märkte vergrößern, zerstören sie gesunde lokale Essgewohnheiten. Die Fettsucht in den USA wird globalisiert, zusammen mit der industriellen ungesunden Fertigkost. In China wurden 30 Prozent der Kinder in 12 Schulen als zu dick befunden. In der indischen Stadt Chennai sind 18 Prozent übergewichtig. Zwei von fünf Schülern in Delhi haben Stoffwechselstörungen. Zusätzlich zu den Gesundheitsrisiken der industriellen Fertignahrung und des Junkfood bringen die USA nun auch noch die neuen Risiken von genetisch veränderten Organismen (GVO) auf den Markt. Europa weigert sich, GVO-Nahrung zu essen. Indien und Sambia haben Nahrungshilfe zurückgewiesen, weil sie GVO-Mais enthielt. Es gibt ein weltweites Abkommen, das Biosicherheitsprotokoll, welches den Handel von GVO regelt. Doch die USA, unter Druck der Biotech-Industrie und des Agrobusiness, möchten den GVO-Handel deregulieren und den Bürgerinnen und Bürgern das Recht verweigern, zu wissen und zu wählen, welche Nahrung sie essen. Zuweilen legen die Nahrungsgiganten sich eine falsche Fassade zu – die biologischen Odwalla-Säfte sind im Besitz von Coca-Cola und der biologisch angebaute Celestial Seasoning Tea gehört der Firma Hain, in die etwa Philip Morris, Monsanto und Exxon Mobil investieren (www.organicconsumers.org/organic/corporate120604.cfm). Die Drohungen der USA an die Europäische Union in Sachen GVO-Handel zeigen, dass die

WTO-Regeln das Aufzwingen von minderwertiger Nahrung ermöglichen und den Ländern und Individuen ihr Recht auf Nahrungssicherheit und auf gute Nahrung vorenthalten.

Kürzlich sind in England die Resultate von dreijährigen Feldversuchen des Umweltministeriums bekannt geworden: Zumindest für Canola (Raps) und Rüben zeigen die Resultate, dass die Artenverarmung in den GVO-Landwirtschaftsbetrieben fünfmal größer ist als in Betrieben mit konventionellem Anbau. Solche Untersuchungen belegen, dass es nicht einfach sein wird, die Europäer zu einer Lockerung ihres Verbotes von GVO-Nahrung zu bewegen. Da hilft es wenig, dass die USA im Mai 2003 eine Kampagne lancierten, in der sie Europa beschuldigten, durch den Widerstand gegen GVO-Nahrung die Lösung des Hungerproblems in Afrika zu verhindern.

Die Europäer haben genug von den Schikanen. Kürzlich sagte die europäische Umweltkommisärin Margot Wallström über die Druckversuche bezüglich GVO-Nahrung: »Sie haben versucht, die Leute zu belügen, und sie haben versucht, sie den Leuten aufzuzwängen. Das ist die falsche Methode. Man kann Europa diese Nahrung nicht aufzwingen. Ich hoffe bloß, dass sie diese Lektion gelernt haben, vor allem wenn sie jetzt argumentieren, dass GVO das Problem des Hungers in der Welt lösen werde usw. Wer's glaubt … Man will den Hunger der Aktionäre stillen, nicht den der Entwicklungsländer.« (www.news.independent.co.uk)

Noch ein anderer Mythos verspricht, dass die Globalisierung eine Wissensgesellschaft schafft. Aber wir leben nicht in einer Wissensgesellschaft, wenn uns die Entscheidungsgrundlagen fehlen, welche uns erlauben würden, ein menschenwürdiges Leben zu führen. Wenn wir nicht wissen dürfen, wie unsere Nahrung produziert wird. Wenn wir nicht wissen dürfen, aus welchem Holz unsere Tische und Stühle gemacht sind. Wenn wir nicht wissen können, ob die Löhne der Menschen, die unsere Nahrung produziert haben, gerecht sind. Ja, wenn wir nicht einmal erfahren dürfen, was in unserem Essen drin ist. Das ist keine Wissensgesellschaft. Wissen besteht nicht aus den manipulierten Daten von Monsanto. Wissen heißt, dass informierte Bürgerinnen und Bürger eine freie Wahl treffen. Das wäre eine Wissensgesellschaft. Aber ein solches demokratisches System versucht die Wirtschaftsglobalisierung gerade zu vernichten.

In Indien gab es etwa 20 unabhängige Untersuchungen über das Versagen der genetisch veränderten Baumwolle. Die Ergebnisse von privaten wie staatlichen indischen Forschungsinstitutionen stimmten überein, und sie gaben exakt das wieder, was sich auf den Feldern der Bauern abspielte. Aber die einzige Studie, die man in einem internationalen Zusammenhang antrifft, ist ein Artikel im US-amerikanischen Wissenschaftsmagazin *Science;* die beiden Autoren Matin Qaim und David Zilberman – zwei Wissenschaftler aus Bonn bzw. Berkeley – zeigen eine 80-prozentige Ertragssteigerung der GVO-Baumwolle (Qaim / Zilberman 2003, 900–902). Dabei waren die Erträge auf 10 Prozent gesunken. Die beiden Wissenschaftler waren während der Pflanzsaison nie nach Indien gereist. Die Daten wurden ihnen von Monsanto geliefert und sie publizierten sie. Das ist keine Ausnahme. Genau dasselbe war passiert, als das rekombinante Wachstumshormon (das so genannte Rinderwachstumshormon) durchgeboxt wurde. Die Daten, die so genannte FDA-Wissenschaftler, also Angestellte der US-Gesundheitsbehörde Food and Drug Administration, damals in *Science* präsentierten, wurden ebenfalls nicht von ihnen persönlich gewonnen. Sie hatten die Rohdaten gar nie gesehen. Monsanto gab ihnen ein fixfertiges Papier und sie publizierten es unter ihrem Namen (Smith 2003, 90–93).

Unabhängiges Wissen – das wenige, das es gibt – entsteht durch die Zusammenarbeit von der Öffentlichkeit verpflichteten Wissenschaftlerinnen und Wissenschaftlern, Intellektuellen und Aktivisten. Was mit dem Wissen und der Forschung unter dem Einfluss der Konzernwissenschaft mit ihrem Wissenschaftsmonopol geschieht, ist gefährlich für die Menschheit. Wir können uns diese Entwicklung nicht leisten. Besonders dann nicht, wenn die wissenschaftliche Arbeit, welche sich der Kommerz angeeignet hat, neue Bedrohungen für die Gesundheit und die Umwelt hervorbringt. Wir brauchen mehr unabhängiges Wissen, nicht weniger. Stattdessen werden wir hintergangen; Wissen wird zensuriert, damit freie Märkte geschaffen werden können.

Aktuelle Einhegungen

Die Beschränkung des Gemeingutes, die wir heute in der Privatisierung des Wassers und der Patentierung von Lebensformen und Biodiversität sehen, geht zurück auf die erste Einhegungsbewegung, welche als »Revolution der Reichen gegen die Armen« bekannt geworden ist (Hocart in Rifkin 1991, 39). Die Eingrenzung von Biodiversität und Wissen ist nur der neueste Schritt in einer Serie von Einhegungen, welche mit dem Kolonialismus begonnen haben. Boden und Wald waren die ersten Ressourcen, welche eingezäunt und von Gemeingut in Privatbesitz umgewandelt wurden. Später wurden

Wasserressourcen durch Dämme, Grundwasserausbeutung und Privatisierungspläne eingegrenzt. Jetzt ist die Reihe an der Biodiversität und am Wissen, als geistiges Eigentum eingehegt zu werden (Intellectual Property Rights IPR).

Die neuen Einhegungen schließen sowohl die Ressourcen wie auch die Kultur mit ein. Ein neuer Bericht des International Forum on Globalization verwendet den Begriff Allmende oder Gemeingut auch für öffentliche Dienste wie das Gesundheitswesen, die Wasserversorgung, Bildung und Information (Cavanagh und Mander 2004, 45). Die Verwaltung und der Besitz solcher Allmenden kann auf verschiedene Weisen strukturiert werden; wichtig ist allein, dass das gemeinschaftliche Gut und die gemeinsamen Interessen aller Menschen gesichert werden und nicht bloß die Privilegien einiger weniger. Der Staat kann entweder die Einhegung und Privatisierung der Allmenden fördern oder aber öffentliche Systeme und sozialpolitische Strukturen schaffen, die die Allmende sichern, welche dem Gemeinwohl aller dient. Es ist diese ambivalente Rolle des Staates, welche ihn in der Auseinandersetzung um Einhegungen oder Stärkung der Allmenden zu einer von beiden Seiten umstrittenen Zone macht.

Das Recht an geistigem Eigentum

Die Allmenden sind das kollektive ökonomische Guthaben der Armen. Die Einhegungen der Allmenden sind somit ein Diebstahl der Ressourcen, auf die die Armen für ihren Lebensunterhalt angewiesen sind. In Indien hängt das Überleben der Menschen heute noch weitgehend von der direkten Nutzung der gemeinsamen natürlichen Ressourcen ab (Jodah 1986). Ökologische Bewegungen wehren sich gegen die Zerstörung dieser wichtigen Allmenden, die für das menschliche

Überleben unerlässlich sind. Ohne sauberes Wasser, ohne fruchtbaren Boden und ohne genetische Vielfalt von Pflanzen und Feldfrüchten ist wirtschaftliche Entwicklung nicht möglich. Das dominierende Modell wirtschaftlicher Entwicklung hat der Produktivität der gemeinsamen Naturressourcen aber geschadet; manchmal geschah das durch Nachlässigkeit und manchmal mit Absicht. In jedem Fall hat es den Widerspruch zwischen der Marktwirtschaft und der Bedarfswirtschaft noch verschärft. Ressourcen aus gemeinschaftlichem Besitz bringen den Nutznießern Rechte und Pflichten; die Mitglieder der Gemeinschaft müssen Nutzung und Erhaltung ständig gegeneinander abwägen; es gibt eine Art Partnerschaft mit der Natur und es gibt das Teilen zwischen verschiedenen Gruppen.

Innovation wird in indigenen Gemeinden als ein soziales und kollektives Phänomen verstanden, und die Resultate sind für alle frei zugänglich. In der Folge wurde Biodiversität in den Allmenden aktiv genutzt und innerhalb der Gemeinschaft und auch mit anderen Gruppen rege ausgetauscht. Innovationen wurden über Jahrhunderte an neue Generationen weitergereicht und an neue Verwendungsmöglichkeiten angepasst. Mit der Zeit wurden die Innovationen im Pool des gemeinsamen Wissens absorbiert. Dieses gemeinsame Wissen war ein unermesslicher Beitrag zur großen agrikulturellen und medizinischen Pflanzenvielfalt, die wir heute haben. Dieses Erbe wird nicht als Privatbesitz eines einzelnen angesehen, mit dem man ökonomischen Gewinn erzielen kann. Ein solches Erbe ist überhaupt kein Eigentum – es wird eher als Bündel persönlicher Beziehungen gesehen denn als Bündel ökonomischer Rechte, und es sind sowohl die Gemeinschaft wie auch die Einzelnen für die Verwaltung des Wissensschatzes zuständig. Die Idee individueller »Eigentumsrechte« an Bioressourcen oder Wissen ist und bleibt der lokalen Gemeinschaft fremd. Das verschärft und beschleunigt ohne Zweifel die Usurpation des Wissens von indigenen Völkern, mit ernsthaften Folgen für sie und für Schutz und Erhaltung der Biodiversität.

Als die WTO Rechte für geistiges Eigentum konstruierte und sie mit dem Präfix »handelsbezogen« versah, transformierten sie die Idee des geistigen Eigentums selbst. Vorher wurden die Patentgesetze von einzelnen Ländern entsprechend ihrer jeweiligen Situation erlassen; im Allgemeinen belohnten sie Erfindungsgeist und Kreativität. Jede Gemeinschaft entschied entsprechend der sozialen Situation ihrer Mitglieder, wo die Grenzen dieser Belohnung für Kreativität gesetzt werden sollten – was war gemeinschaftlicher Besitz des Volkes und was konnte für eine gewisse Zeitspanne als exklusives Recht beansprucht werden. Zu keiner Zeit vor 1995 umfasste das geistige Eigentum die Lebensformen auf diesem Planeten. Ab 1995, als die handelsbezogenen Rechte des geistigen Eigentums (TRIPS) in Kraft traten, war es nicht nur möglich, Zellen, Gene, Pflanzen, Schafe und Kühe als geistiges Eigentum zu besitzen, das Leben musste *zwingend* in Besitz übergehen. Das hat Artikel 27.3 (b) des WTO-Abkommens über geistiges Eigentum der Welt auferlegt. Die Folgen dieser Gesetzgebung sind natürlich ungeheuerlich. Unsere Beziehung zum Rest der Welt ist nicht mehr länger eine Partnerschaft, sondern Konsum und, für die Unternehmen, die Rolle des gottähnlichen Schöpfers.

Unter dem Zamindar-System schufen die Briten Grundherren, um von ihnen Steuern einzuziehen, mit denen sie ihr Imperium finanzieren konnten. Daraus resultierte die Hungersnot von 1942, bei der 2 Millionen Menschen umkamen. Doch diese Eintreibung von Steuern war nichts im Vergleich zu den jährlichen Steuererträgen, welche die Umwandlung des Saatgutes in geistiges Eigentum einbringt. Die WTO hat statt Grundherren Lebensherren geschaffen und die Unternehmen beauftragt, den Bauern zu besteuern, welcher Saatgut haben muss, und das AIDS-Opfer in Afrika, das seine Medizin braucht. Ein Bauer, der sich Saatgut aufspart oder mit einem Nachbarn tauscht, wird zum Kriminellen.

Dieser Wandel leugnet die Geschichte. Wir haben heute auf der Welt allein deshalb immer noch Saatgut, weil die Leute Saatgut aufbewahrt haben. Nicht nur sparten sie dieses Saatgut, es wurde sogar als unethisch angesehen, Saatgut nicht zurückzubehalten. Alte Sanskrit-Texte sagen: »Die größte Sünde ist es, eine Saat aussterben zu lassen«. In meiner Region im Himalaja gab es während des Gurkha-Krieges Hungersnöte, aber in keiner einzigen Hütte wurde das Saatgut aufgegessen. Diese Samen mussten unangetastet bleiben. Die Leute hungerten, aber das Saatgut wurde für die Zukunft aufbewahrt. Heute jedoch entwerfen wir nicht bloß Technologien, welche die Fruchtbarkeit aufheben und die Fortpflanzungsfähigkeit einer Pflanze stoppen (die berühmt-berüchtigte Terminator-Technologie), wir verfassen auch eine Gesetzgebung bezüglich geistigem Eigentum, die im Grunde genommen sagt: »Lebende Dinge, die sich fortpflanzen, dürfen sich nicht fortpflanzen.« Alles muss zur Ware werden.

Die Privatisierung des Wassers

Am Ministertreffen der WTO in Doha wurde eine Klausel in den Vertrag geschmuggelt, welche auf die »Beseitigung aller tariflichen und nichttariflichen Handelsbarrieren« im Handel mit Umweltleistungen abzielte. »Handel mit Umweltleistungen« meinte vor allem Handel mit Wasser. In Cancún verlangte der Antrag »die Beseitigung aller tariflichen und nichttariflichen Handelsbarrieren für den Handel mit Umweltgütern«. Das war immer noch Wasser. Ob man es ein Gut oder eine Dienstleistung nennt, es ist immer noch der freie Handel mit Wasser. Das Recht auf freien Handel mit Wasser erlaubte zum Beispiel der kalifornischen Firma Sunbelt, unter Berufung auf den NAFTA-Vertrag gegen Kanada zu klagen, weil die Kanadier sagten: »Nein, wir wollen euch kein Wasser verkaufen.«

Diese Abkommen regeln mehr als die bloße Verschiebung von Gütern über nationale Grenzen. Im Grunde geht es um die Durchsetzung der Warenwirtschaft auf dem ganzen Planeten und um die Umwandlung der Grundlagen des Lebens – des Lebens des Planeten und des menschlichen Lebens – in Unternehmensbesitz. WTO-Regeln hegen die Gemeingüter ein und überlassen sie einer Handvoll Großunternehmen. Wasser zum Beispiel gehört fünf großen Giganten: Suez, Vivendi, Bechtel, Thames und RWE. Eben erst ins Geschäft eingestiegen ist Halliburton, und zwar im ölreichen Nordosten von Indien.

Bechtel kennt man als großen Gewinner bei der Vergabe von Wiederaufbauverträgen im Irak. Bechtel ist aber auch die Firma, welche in Cochabamba, Bolivien, Wasserlizenzen übernehmen wollte und dank dem kollektiven Widerstand der Bevölkerung hinausgeworfen wurde. Gemäß Bechtels Interpretation besagte der Wasservertrag, dass jeder Tropfen Wasser in der Region der Firma gehöre und dass somit jede Frau draußen auf dem Land, welche mit dem Kessel Wasser aus der eigenen Quelle schöpft, eine Diebin sei. Wie bei den ersten Einhegungen dienen auch diese späteren Privatisierungen dem Vorteil einiger weniger auf Kosten vieler.

Das Argument hinter den Privatisierungen des Wassers ist: Wo Arbeit oder Unternehmenskapital investiert worden ist, sollte die Ressource selber als Privatbesitz neu definiert werden. Befürworter der Wasserprivatisierung sagen: »Die Aufbereitung des Wassers aus dem Rohzustand, die Klärung, der Transport zu den Konsumenten, die Abführung des Abwassers – all das ist viel Arbeit. Diese Arbeit macht Wasser zum industriellen Produkt.« Aber dieselben Leute sehen die Arbeit nicht, welche die Natur selbst leistet, wenn sie das Wasser von den Bergen hinunterbringt, es Tausende von Kilometern bis zum Meer hin transportiert, es verdampft und es dann auf die Erde zurückbringt.

Die Neukategorisierung von Wasser als Privatbesitz schafft die Möglichkeit, andere vom Zugang zu etwas Lebensnotwendigem auszuschließen. Ein System, das Wasser auf diesem Planeten nach dem Diktat des Kapitals verteilt, verurteilt die meisten Spezies zum Aussterben. Kein Lebewesen sucht seinen Anspruch auf Wasser auf dem Markt; alle haben Zugang zum Wasser, weil sie Mitglieder von Gemeinschaften und Ökosystemen sind.

Der Eukalyptus, der in Australien so wunderschön ist, hat in Indien Verwüstung angerichtet, weil er anderen Spezies ihren Anteil an Wasser raubt. Der Eukalyptus wurde als monokulturelle Hochertragssorte eingeführt und gebärdet sich nun als Fremdling in einer Umgebung, an die er nicht angepasst ist. Handelsabkommen und die Kommerzialisierung von Wasser verhalten sich ähnlich.

In der Wasserprivatisierung wie in anderen Bereichen, in denen es direkt um die Privatisierung von Leben geht – Biodiversität und Nahrung – gibt es kein einziges Projekt, das seine Versprechen, das Los der Menschen zu verbessern, einlöst. Doch Privatisierungen zahlen sich für Unternehmen sogar dann aus, wenn sie versagen. Für die Öffentlichkeit sind sie ein Rezept dafür, wie man den Zugang zu Gemeingütern verliert und in die Schuldenfalle gerät. In Manila wurde das Wasser privatisiert, aber die Firma Suez war unfähig, das System zu betreiben. Sie zog sich zurück und ließ die öffentlichen Werke mit der Verantwortung für die Wasserversorgung zurück – und mit einem Schuldschein der Weltbank und Zahlungsforderungen der Suez. In Südafrika wurden 10 Millionen Menschen von der Wasserversorgung abgeschnitten, weil sie nicht bezahlen konnten. Als Resultat davon erkrankten 300 000 Menschen an Cholera und 300 starben daran. In Indien – wo man wie anderswo argumentiert: »Wir brauchen die Privatisierung, denn ohne dieses Geld wird die Versorgung nicht funktionieren« – ist es so, dass öffentliche Gelder die Privatisierung finanzieren, die dann zehnmal so teuer ist wie der öffentliche Dienst. Das ist mit der Wasserprivatisierung in Delhi passiert, welche zu einer Verzehnfachung der Gebühren führte, während alle Grundinvestitionen von der öffentlichen Hand getätigt wurden. Im letzten Kapitel werde ich näher auf die Wasserprivatisierung eingehen.

Ob es sich um eine Universität, ein Gesundheitssystem oder eine Wasserversorgung handelt, dasselbe System könnte meistens für einen Zehntel der Kosten öffentlich verwaltet werden. Privatisierung stellt sich als sehr ineffizient und teuer für das Volk heraus. Doch sie funktioniert gleichzeitig sehr effizient für die Unternehmen, die nicht bloß den öffentlichen Bereich abbauen, sondern noch lange nachdem sie bei der Gesundheits- oder Wasser- oder Energieversorgung versagt haben, mit einem garantierten Einkommen rechnen dürfen.

Enron zum Beispiel hat in Indien total versagt, aber besteht immer noch auf Zahlungen. Bechtel, General Electric und Enron verlangen 1,2 Milliarden Dollar für ein Projekt, das sie nicht fertig stellen konnten und für Energie, deren Preis sie so hoch ansetzten, dass sie sie nicht verkaufen konnten. Ob sie Energie liefern oder nicht, Zahlungen sind ihnen auf 20 Jahre hinaus garantiert. Alle Privatisierungsverträge enthalten solche Garantien. Und das nennt sich freier Markt. Dieser Markt offeriert keine Dienstleistungen. Dieser Markt schränkt öffentliche Ressourcen und öffentlichen Reichtum ein, um Einkommen und Profite für die Privatunternehmen zu schaffen.

»Übergriffe« und Einhegungen

Die Einhegungen und die Wiedergewinnung der Allmenden sind nicht bloß ein Thema der englischen Geschichte, solche Vorgänge stehen auch heute etwa in Indien im Zentrum der politischen und ökonomischen Auseinandersetzung. Sie sind zentral für die politischen Konflikte in den USA und für die Globalisierungsdebatten auf der ganzen Welt.

Gesetze zum Umweltschutz, zum Arbeitsrecht, zur Sozialpolitik, zum öffentlichen Gesundheitswesen und zur öffentlichen Bildung bereiten den Abbau des öffentlichen Sektors, der gemeinschaftlichen Sicherheit und des Allgemeingutes vor. Das ist eine zeitgemäße Form der Einhegung von Allmenden, aber sie basiert auf vergangenen Ein- und Ausgrenzungen. Die Kontroverse um die Ernennung von Richtern in den Obersten Gerichtshof der USA zum Beispiel ist ein Versuch, eine Allmende wieder einzuhegen, welche dank der US-amerikanischen Public Trust Doctrine – ein Recht, das gewisse Naturgüter von der freien Verfügbarkeit und Vermarktung ausschließt – erkämpft worden war.

Die erste Einhegung in der »Neuen Welt« fand statt, als das Land und die Ressourcen der indigenen Bevölkerung, der Ureinwohner der beiden Amerikas, mit roher Gewalt und durch rücksichtslosen Genozid geraubt wurden. Religion, eine mechanistische Weltsicht, Rassismus und der Cowboy-Kapitalismus fanden zusammen und führten zur Aneignung des Landes und des Territoriums, das den Ureinwohnern gehört hatte. Die Ökonomie der Einhegungen war auch hier eine Ökonomie der Räuberbarone, der Handelsabenteurer und Piraten, der Cowboy-Kolonialisten. Die Kolonialisten und Besetzer gaben sich daraufhin »natürliche Rechte« an Eigentum, wie sie der Philosoph Locke formuliert hatte. Die Schaffung von Privateigentum durch Einhegung der Allmende wurde damit begründet, dass die Ressourcen von der Natur gelöst und mit Arbeit vermischt worden waren. Die Arbeit der indigenen Bevölkerung hingegen wurde als Teil der Natur gesehen und behandelt; indigenes Land war also unberührt von menschlicher Tätigkeit. Terra madre wurde in Terra nullius, Niemandsland, umgewandelt. Es war nun besitzloses Land, welches sich die Cowboy-Kapitalisten als Privateigentum aneignen konnten.

Die gewaltsame Ökonomie der Enteignung und des unregulierten Kapitalismus wurde durch den New Deal, Franklin Roosevelts Konjunkturprogramm nach der großen Wirtschaftskrise gezähmt. Einige Allmenden konnten durch die Public Trust Doctrine zurückgewonnen werden. Nationalpärke, Strände und Wasserwege wurden als Allgemeingut geschützt, und der Staat übernahm die Rolle des Treuhänders.

Der gegenwärtige Angriff auf die Umweltgesetzgebung in den USA ist ein Versuch, die Rückeroberung der Allmenden mithilfe des New Deal rückgängig zu machen und am Ende alle öffentlichen Güter und Ressourcen in Privatbesitz zu überführen. Die Anhänger des Neoliberalismus versuchen außerdem, solche Einhegungen und Übernahmen zu einem Naturrecht umzudefinieren – und gleichzeitig die Rückgewinnung der Allmende als Diebstahl zu charakterisieren.

Das Buch von Richard Epstein *Takings: Private Property and the Power of the Eminent Domain* (»Übergriffe: Privateigentum und die Macht der Enteignung«) ist die Bibel der »Eigentums-Gesellschaft« der Cowboy-Kapitalisten des 21. Jahrhunderts. Es ist also die Bibel von rechtskonservativen Richtern wie Clarence Thomas und Antonio Scalia, welche Epsteins Theorie des Übergriffs zur Demontage des Wasserreinhaltegesetzes (Clean Water Act) und des Artenschutzgesetzes (Endangered Species Act) benutzen. Diese Kreise wollen die Public-Trust-Gesetze, die auf gemeinschaftlicher Verantwortung basieren, ändern. Das Problem von Locke und Epstein ist, dass sie blind sind, wenn es um die Übergriffe von Kolonialisatoren, Cowboys und Konzernen geht. Sie erheben Eigentum, welches durch Raub am Gemeingut gebildet worden ist, zu einer unantastbaren Kategorie. So wird jeder Versuch, das Gemeingut zu schützen, zum Übergriff, für die der »Enteignete« kompensiert werden muss. Epstein kritisiert die Umweltschutzgesetze der US-Regierung, welche die Absperrung von Stränden und die Verschmutzung von Flüssen verhindern wollen. Der Staat müsse »die Individuen entschädigen, die zur Einhaltung solcher Regeln genötigt worden sind; und zwar so, dass sie finanziell mindestens so gut dran sind wie vor der Nötigung.« (Chapman, online)

Wenn diese Logik voll und ganz angewendet würde, müssten die Native Americans für die erzwungene Übernahme ihres Landes kompensiert werden. Was lokalen Gemeinschaffen weggenommen wird, zählt aber offenbar nicht. Wenn hingegen die Regierung die Strände und Flüsse als Gemeingut schützen will, gilt das als Übergriff. Im Fall *Nollan vs. Califormia Coastal Communities* 1987 etwa versuchte die US-Regierung, den öffentlichen Zugang zum Strand sicherzustellen. Richter Scalia entschied, das sei ein ungerechter und gewissenloser »Übergriff« der Öffentlichkeit. Im verwandten Fall *Lucas* urteilte Scalia ähnlich. In *Dolan* wurden wegen Überschwemmungsgefahr erlassene Baurestriktionen ebenfalls als Übergriff definiert, und waren also illegal (Chapman, online).

Die neuen Einhegungen sind das Fundament der »Besitzgesellschaft«. Das Recht, das zur Rechtfertigung der zeitgenössischen Einhegungen gezimmert wird, beruht auf drei Verfälschungen:

Erstens wird die Geschichte der Kolonialisierung als Landnahme ausgelöscht und das Vorhandensein der ursprünglichen Bevölkerung und ihrer vorrangigen Rechte und Ansprüche verleugnet.

Zweitens wird nicht unterschieden zwischen einem Staat, der in öffentlichem Auftrag handelt (Public Trust Doctrine) und einem Staat, der ohne solchen Auftrag enteignet (Eminent Domain). Die Public Trust Doctrine über die Unverfügbarkeit gewisser Naturgüter erkennt das Recht von Gemeinden zu gemeinsamem Besitz, gemeinsamen Gütern und gemeinsamen Ressourcen als höchstes Recht an; der Staat handelt als Treuhänder, der diesen gemeinschaftlichen Reichtum schützt. Das Prinzip der Eminent Domain hingegen, das

Enteignungsrecht des Staates, verweigert der Bevölkerung jede Souveränität und ermächtigt die Regierung sogar, gegen die Interessen der Öffentlichkeit und gegen das Gemeinwohl zu handeln.

Regierungen, die Wälder, Strände, Flüsse und die Atmosphäre als Allmenden schützen, handeln als Treuhänder der Öffentlichkeit. Regierungen, die Allmenden einhegen und Leute vertreiben, sind Enteigner, etwa wenn die Bevölkerung Dämmen, Autobahnen und Einkaufszentren Platz machen muss. Das Gemeinwohl wird in diesem Fall dem Privatgewinn geopfert, auch wenn es im Namen des öffentlichen Interesses geschieht.

Die dritte absichtliche Verzerrung ist die Reduktion des Öffentlichen auf das Individuelle. Der Begriff »öffentlich« wird sowohl für die Regierung als auch für die kollektiven Interessen und die gesellschaftlichen Organisationen benutzt. Der Cowboy-Kapitalismus reduziert Gesellschaft jedoch auf Individuen und bringt die Gemeinschaft zum Verschwinden. Die ehemalige britische Premierministerin Margaret Thatcher sagte, so etwas wie Gesellschaft gebe es nicht, bloß Individuen. Die US-amerikanische Schriftstellerin und Philosophin Ayn Rand schrieb, es gebe die Öffentlichkeit nicht als eigenständige Instanz, denn die Öffentlichkeit sei lediglich eine Ansammlung von Individuen.

Nach Richard Epstein steigen die Einnahmen insgesamt, wenn die soziale Wohlfahrt und die Öffentlichkeit zum Verschwinden gebracht werden. Der Autor behauptet, das öffentliche Interesse sei bloß die Summe aller privaten Interessen und die Privatisierung von Gemeingütern sei ein System, welches das Wohl aller befördere. Er kann dieses Argument belegen – allerdings mit gefälschten Daten. Gemäß seinen Berechnungen bringen Umweltgesetze einem Vertreter der Öffentlichkeit einen Gewinn von 1 Dollar, doch der Privatbesitzer verliert dadurch 10 Dollar. Da das öffentliche Interesse die Summe der Privatinteressen darstellt, verliert die Allgemeinheit nach seiner Ansicht also durch die Umweltgesetzgebung. Im Gegensatz dazu zeigte unsere Untersuchung über die Kosten des Shrimpsfischens, dass für jeden Dollar Profit der Shrimps-Industrie 10 Dollar Verlust für die örtlichen Gemeinden zu verzeichnen war. Ohne das Umweltgesetz, das die Küstenzone mit seinen verwundbaren Ökosystemen regulierte, hätte das Oberste Gericht Indiens die Schließung der Betriebe nicht anordnen können. Deshalb versuchen in Indien wie in den USA die Konzerne, welche durch die Zerstörung von Naturwirtschaft und lokaler Bedarfswirtschaft Supergewinne erzielen, die Umweltgesetzgebung immer mehr abzubauen. Sie verbergen ihre brutalen Übergriffe auf Natur und Gesellschaft, indem sie Gesetze, welche die Natur und die Gesellschaft schützen, als Übergriffe der Regierung bezeichnen.

Verlust der Arbeitssicherheit

Den Nutznießerinnen und Nutznießern und den Gemeinschaften bringen die Einhegungen der Allmenden neue Armut und neue Unsicherheit. Wo Land, Biodiversität und Wasser nicht mehr Lebensunterhalt und ökonomische Sicherheit für die Armen bedeuten, bleibt diesen bloß noch ihre Arbeitskraft als »Ressource«. Der Kapitalismus ersetzte die von Produzenten geleiteten Wirtschaftsformen durch die vom Kapital beherrschten. Im vorindustriellen England sorgten die Handwerkerzünfte für ein anständiges Einkommen ihrer Mitglieder und sicherten gleichzeitig auch eine hohe professionelle Qualität. Die gegenseitige Hilfe bei Krankheit oder Armut war ein wichtiger Teil des Zunftwesens. »Der Kern des Zunftwesens lag in der Kontrolle der Industrie durch die Industriearbeiter selber, durch eine von ihnen selbst gewählte Autorität. Im kapitalistischen System andererseits geht diese Kontrolle an Männer über, die außerhalb der Reihen der Industriearbeiter stehen, und sich oft im Konflikt mit ihnen befinden.« (Waters 1928)

In Jahren des Kampfes für Rechte in der Arbeitswelt wurden die Arbeitsplätze in den industrialisierten Ländern und im »organisierten« Sektor des Südens gesichert. Heute, als Resultat der Globalisierung, werden diese Arbeitsrechte wieder abgebaut. Statt dass das Wirtschaftswachstum Beschäftigung bringt, beobachten wir ein Wachstum ohne zusätzliche Arbeitsplätze.

Einen Sieg, den die Arbeiter erringen konnten, war das Versprechen der Unternehmen, für ihre finanzielle Sicherheit im Alter zu sorgen. Die Wirtschaftsglobalisierung hilft den Konzernen, dieser Verpflichtung auszuweichen. Indem sie Arbeit ausgliedern, entgehen die Unternehmen ihrer Verantwortung gegenüber den Arbeitnehmern und können ungehindert ihre Gewinnmarge maximieren. Gemäß Angaben der Beratungsfirma McKinsey sparen die Unternehmen aufgrund der globalen Lohndifferenz, die vor allem auch auf unterschiedlichen Sozialleistungen fußt, mit Outsourcing zwischen 45 und 55 Prozent ihrer Gesamtkosten. Der Lohnunterschied zwischen den USA und Indien steht im Verhältnis 12:1 für Telefonistinnen und Telefonisten. Gemäß einer Studie der University of California in Berkeley könnten Unternehmen ihre Ausgaben um etwa 300 Milliarden Dollar jährlich reduzieren, wenn sie schätzungsweise 14 Millionen

US-amerikanische Dienstleistungsjobs ausgliedern (Anderson und Cavanagh in Cavanagh und Mander 2004, 45).

Eine geplante Privatisierung der US-Sozialversicherung – ursprünglich ganz oben auf der Agenda für die zweite Amtsperiode von Präsident Bush – wollte Unternehmen die »Freiheit« geben, jüngere Arbeitnehmer auszubeuten, und die älteren als Bürde für die Gesellschaft darzustellen, eine weitere Kategorie von überflüssigen Menschen. In Tat und Wahrheit haben diese Seniorinnen und Senioren in langen Arbeitsjahren ihren Beitrag zur Gesellschaft geleistet und brauchen im Alter nun die Fürsorge von Familie und Gemeinschaft, von ihren Arbeitgebern und der Regierung.

Die Blindheit des Marktes

Die maßgeblichen Prinzipien einer Entwicklung, die auf Wirtschaftswachstum beruht, machen alle Ressourcen und jede Aufbereitung von Ressourcen wertlos, die keinen Marktpreis haben und die nicht in die Warenproduktion überführt werden können. Diese Prämisse schafft oft wirtschaftliche Entwicklungsprogramme, welche überlebensnotwendige Ressourcen schmälern oder zerstören. Die Ableitung von Ressourcen – etwa die Umwandlung von mehrfach nutzbaren Gemeinschaftswäldern zu monokulturellen Plantagen von industriellen Baumarten, oder das Ableiten von Wasser aus der Nahrungsproduktion und der Trinkwasserversorgung zu den Hochertragssorten – wird oft als Programm für die ökonomische Entwicklung im Rahmen der Marktwirtschaft vorgeschlagen. Doch dieses Vorgehen schafft wirtschaftliche Unterentwicklung in der Naturwirtschaft und in der Bedarfswirtschaft. Erd-Demokratie-Bewegungen wehren sich gegen diese Gefährdung des Überlebens, die von der marktzentrierten wirtschaftlichen Entwicklung ausgeht. In der Dritten Welt sind Ökologiebewegungen nicht ein Luxus der Reichen; sie sind unabdingbar für das Überleben der Mehrheit der Leute, deren Leben von der Marktwirtschaft und ihrer bedrohlichen Expansion aufs Spiel gesetzt wird.

Die Marktwirtschaft sieht Konflikte über natürliche Ressourcen und die ökologische Zerstörung als ökonomische Krise. Sie schlägt die Expansion der Märkte als Lösung für die ökologische und soziale Krise vor, die die Märkte verursacht haben. Nicht Programme zu einer schrittweisen ökologischen Erneuerung der Natur und der naturnahen Bedarfswirtschaft werden in Betracht gezogen, sondern die sofortige und gesteigerte Ausbeutung der natürlichen Ressourcen und eine noch höhere Kapitalinvestition. Die Privatisierung des Wassers und der Wassermärkte werden als Lösung für die Wasserverarmung und Verschmutzung vorgeschlagen; Letztere sind bloß »Externalitäten« des Marktes, obwohl die Äußerlichkeiten die Wasserkrise verursacht haben, wie ich in meinem Buch *Der Kampf um das blaue Gold* schrieb. Die Vermarktung der Biodiversität durch Patente auf Leben wird als Lösung für das Artensterben propagiert, das doch durch die Monokulturen der globalen Märkte gerade beschleunigt wird. Die Krankheit wird als Kur offeriert.

»Fortschritt« statt Nachhaltigkeit

Wir teilen diesen Planeten, unser Zuhause, mit Millionen von Spezies. Gerechtigkeit und Nachhaltigkeit verlangen, dass wir nicht mehr Ressourcen als nötig verbrauchen. Zurückhaltung beim Ressourcenverbrauch und ein Leben innerhalb der von der Natur gesetzten Grenzen sind Voraussetzungen für soziale Gerechtigkeit. Die Allmenden sind Orte, an denen Gerechtigkeit und Nachhaltigkeit zusammenfinden, wo Ökologie und Gleichberechtigung sich treffen. Das Überleben der Weiden und Wälder als Gemeindebesitz, oder eines Gemeinschaftsgutes wie des Ökosystems Stall ist nur möglich, wenn sich soziale Organisationen die Überprüfung und Kontrolle des Ressourcenverbrauches zu ihrem festen Prinzip machen. Die Erosion einer Gemeinschaft und der dazugehörenden Idee des gemeinschaftlichen Besitzes und der gemeinsamen Verantwortung kann die gemeinsamen Ressourcen in Gefahr bringen.

In jeder Phase der Einhegung und Enteignung wird der Fortschritt angerufen, um das Projekt zu verkaufen, bei dem die Eliten die Ressourcen und die Existenzgrundlage der Armen an sich reißen. Es sei der unvermeidliche nächste Schritt in der menschlichen Entwicklung, heißt es dann. Exponentiell zunehmende Ausschlüsse werden als Verbesserung des Lebens der Unterprivilegierten dargestellt, obwohl häufig Umbrüche und Vertreibungen daraus resultieren. Die Privilegien der Mächtigen werden als Vorteile für die Vertriebenen und Überzähligen ausgegeben. Marginalisierung wird als Wohlfahrt verkauft. Das geschieht auch, wenn Leute durch einen Dammbau vertrieben werden. Das passiert, wenn Autobahnen und Flussbereinigungen – die Infrastruktur der Globalisierung – Menschen überflüssig machen. »Strahlendes Indien« (»*India Shining*«) hieß der Slogan, den 2004 eine große Werbekampagne für Globalisierungsprojekte verwendete, obwohl ökologisch, ökonomisch und kulturell das Resultat der Globalisierung »Entwurzeltes Indien« ist.

Kapitalakkumulation statt Stabilität

Nachhaltige Gesellschaften bewegen sich in einem stabilen Umfeld – mit dem und nicht gegen den Kreislauf des Lebens. In einem stabilen Zustand zu sein heißt nicht stagnieren; es bedeutet Bewegung und Entwicklung innerhalb einer Umlaufbahn, wie sich ein Elektron um ein Atom herum oder der Mond um die Erde dreht. Das ökologische Bewusstsein traditioneller Kulturen erlaubte diesen, auf ökologisch stabile Weise fortzuschreiten. Aber so wie die klassische Physik nicht in der Lage ist, die Bewegung des Elektrons zu erklären, so interpretiert die klassische Marktwirtschaftslehre Stabilität als Stagnation und nicht als Bewegung. Die indigenen Kulturen des Amazonas, der Anden oder des Himalajas sind Beispiele für lebendige Kulturen, welche über Jahrtausende hinweg nachhaltig waren und es, wo sie nicht durch die globalisierte Wirtschaft zerstört wurden, heute noch sind. Gandhi sah diesen Konflikt und sagte über die moderne Gesellschaft: »Sie will das leibliche Wohl fördern und versagt dabei kläglich. [...] Diese Zivilisation ist so beschaffen, dass man nur Geduld haben muss, dann wird sie sich selbst zerstören. [...] Die Liste der Opfer, die im Feuer dieser Gesellschaft umkommen, ist endlos. Dass die Leute, die in die sengenden Flammen geraten, immer noch glauben, es sei alles zu ihrem Besten, bringt sie um. Indien wird vorgeworfen, dass seine Menschen so unzivilisiert, unwissend und schwerfällig sind, dass man sie nicht zu Veränderungen bewegen kann. Doch das ist eigentlich ein Vorwurf gegen unsere Stärke. Was wir in der Schmiede der Erfahrung geprüft und für gut befunden haben, wagen wir nicht zu verändern. Viele überhäufen Indien mit guten Ratschlägen, aber das Land bleibt standhaft. Das ist seine Schönheit; es ist der Anker unserer Hoffnung.« (Gandhi 1938, 61)

Die Ökologiebewegungen sind ein neuerlicher Versuch, die Augen dafür zu öffnen, dass Standhaftigkeit und Stabilität nicht mit Stillstand gleichzusetzen sind. Ein Gleichgewicht mit den grundlegenden ökologischen Prozessen der Natur bedeutet nicht wissenschaftliche und technologische Rückständigkeit, sondern ist in Wirklichkeit ein höherer Standard für Entwicklung, den die ganze Welt anstreben muss, wenn der Planet Erde und seine Kinder überleben sollen. Ein Viertel der Welt ist heute vom Hungertod bedroht, weil der Boden, die Fruchtbarkeit, das Wasser und die genetische Diversität übernutzt worden sind. Unter diesen Umständen wird die Jagd auf die Fata Morgana des unbegrenzten Wachstums zu einer Hauptursache von Genozid. Menschen durch die Zerstörung der Natur umzubringen, ist eine unsichtbare Form von Gewalt. Diese Gewalt bedroht Gerechtigkeit, Frieden und unser Überleben. Der Umweltschützer Claude Alvares nennt diese Zerstörung den Drittweltkrieg – »ein Krieg, der zu Friedenszeiten geführt wird; er ist mit keinem anderen Krieg zu vergleichen, aber er hat die größte Zahl von Toten und die größte Zahl von Soldaten ohne Uniform.« (Alvares 1973, 3)

In einem stabilen Wirtschaftsmodell wird die Naturwirtschaft als die grundlegendste der Ökonomien angesehen, weil sie das Fundament für die Bedarfswirtschaft und die Marktwirtschaft abgibt und weil sie den vorrangigsten Anspruch auf die natürlichen Ressourcen hat. Doch die treibenden Kräfte der Entwicklung und des Wirtschaftswachstums behandeln die Marktwirtschaft als primär und die Naturwirtschaft sowie die Bedarfswirtschaft als marginal und sekundär. Kapitalakkumulation führt zwar zum finanziellen Wachstum, aber sie zerstört die natürliche Basis aller drei Wirtschaftsformen. Das Resultat ist ein hohes Niveau ökologischer Instabilität, sichtbar etwa in der ökologische Krise, die infolge der Kommerzialisierung der Waldwirtschaft oder der Bewässerung und des Fischfangs aufgetreten ist. Um ökologische Konflikte zu lösen und die Natur zu erneuern, muss allen drei Wirtschaftsformen ein angemessener Platz beim Aufbau einer gesunden Natur gegeben werden. Eine Ökonomie, welche die Natur wertschätzt, ist stabiler als eine Wirtschaft, welche das Kapital höher wertet, wie in Figur 1 dargestellt ist:

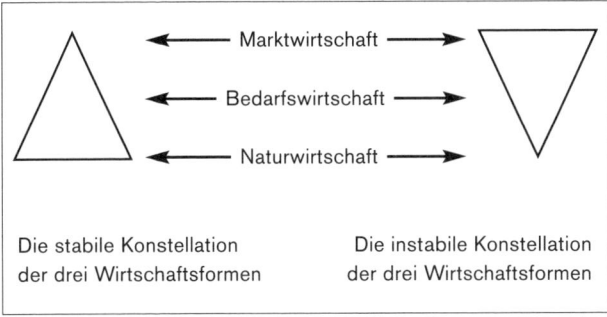

Die stabile Konstellation der drei Wirtschaftsformen

Die instabile Konstellation der drei Wirtschaftsformen

Entwicklung und wirtschaftliches Wachstum werden oft ausschließlich unter dem Gesichtspunkt der Kapitalakkumulation wahrgenommen. Doch das Wachstum der finanziellen Ressourcen in der Marktwirtschaft geht oft auf die Ableitung der natürlichen Ressourcen aus der Subsistenzwirtschaft der Menschen und aus der Naturwirtschaft zurück. Das schafft Konflikte über die Nutzung natürlicher Ressourcen, und es schafft auch eine ökologisch, sozial und politisch instabile Konstellation von Natur, Menschen und Kapital.

Der unstillbare Appetit auf Wachstum und die darauf basierende Ideologie der Entwicklung sind die vorrangigen Faktoren in den ökologischen Krisen und bei der Zerstörung der natürlichen Ressourcen. Die Einführung von nichtnachhaltigen Cash Crops in weiten Teilen Afrikas ist einer der Hauptgründe für das ökologische Desaster auf diesem Kontinent. Die Zerstörung des ökologischen Gleichgewichts des Regenwaldes in Südamerika ist das Resultat des Agrobusiness und der industriellen Viehhaltung in den abgeholzten Gebieten. Und da es keine Verpflichtung zur ökologischen Sanierung des verwüsteten Landes gibt, wird das Agrobusiness einfach weiterziehen und zwecks Profitmaximierung die nächsten Ressourcen und Landstriche verzehren, wenn die Produktivität des Bodens sinkt. Die Kosten der Zerstörung des Weidelandes und des bebaubaren Bodens in Afrika und der Wälder in Lateinamerika werden nicht von den multinationalen Konzernen getragen, sondern von lokalen Bauern und Gemeinschaften. Die Folgen der ökologischen Zerstörung und des Schadens für die Bedarfsökonomie werden stets durch die Bevölkerung vor Ort getragen, und nur durch sie.

Die falsche Tragik der Allmende

Die kapitalintensiven Maschinen und Prozesse der Industrialisierung sind ein Maßstab für den menschlichen Fortschritt geworden, und dieser Fortschritt wurde von der ersten industriellen Revolution bis zur aktuellen Biotechnologie-Revolution als Rechtfertigung für die Einhegungen und die Privatisierung benutzt. Aus der Sicht der Mächtigen führt die Abgrenzung der Allmenden zu Fortschritt, Entwicklung und Wachstum. Aus der Sicht des gewöhnlichen Volkes bringen die Einhegungen neue Armut, Ohnmacht und am Ende die totale Verfügbarkeit.

Funktionierende Allmenden zeigen, dass die Leute sich selber verwalten können, dass demokratische Selbstverwaltung und Selbstregierung möglich sind, und dass die Leute zusammenarbeiten, teilen und gemeinsam demokratische Entscheide zum Wohle aller fällen können. Wer Habgier durch die private Übernahme des Gemeinbesitzes belohnt sehen will, behauptet, dass Zusammenarbeit, Teilen und Selbstverwaltung in einer Gesellschaft nicht möglich sind.

Der Philosoph der Einhegungen, Thomas Hobbes, sah das Leben als »kurze, widerwärtige und tierische Angelegenheit« und schrieb, der Mensch sei ständig in einen Krieg aller gegen alle verwickelt. Wer den Menschen vom ersten Tag an als Konkurrent des Menschen begreift, bestreitet natürlich die Nachhaltigkeit der Allmende.

Im 20. Jahrhundert ließ der Mikrobiologe und Umweltschutzexperte Garrett Hardin das Thema der Tragik der Allmende neu aufleben und machte seine Sichtweise zur Wissenschaft. Hardin entwarf ein Szenario, wonach jeder Nutzer einer Allmende vor einer Entscheidung steht, welche ihm einen hohen individuellen Gewinn bringt, bei geringen Kosten für die Allgemeinheit – es geht um das Hinzufügen einer einzigen Kuh zur eigenen Herde versus die Auswirkung auf die Allmende. Hardin argumentiert, dass eine gemeinschaftlich genutzte Weide sich unweigerlich verschlechtern müsse, da jeder einzelne Herdenbesitzer in seinem eigenen Interesse handeln würde und so mehr und mehr Vieh auf der Weide grase. Das ist laut Hardin die Tragik der Allmende.

Was Hardin nicht sieht: Allein schon die Existenz der Allmende bezeugt, dass die kollektive Verwaltung und der kollektive Besitz einmal funktionierten. Es ist wichtig, festzuhalten, dass Wettbewerb und Konkurrenz nicht immer schon die treibenden Kräfte in der menschlichen Gesellschaft gewesen sind. Der Wissenschaftler und Philosoph Peter Kropotkin

schreibt: »Wenn wir [...] die Natur fragen: ›Wer ist über-
lebensfähiger: diejenigen, welche stets gegeneinander Krieg
führen oder die, welche sich gegenseitig unterstützen?‹, dann
sehen wir sogleich, dass diejenigen Tiere, die sich die gegenseitige Unterstützung zur Gewohnheit machen, zweifellos
die fähigeren sind. Sie haben mehr Überlebenschancen und
sie erreichen innerhalb ihrer jeweiligen Spezies die höchste
Entwicklung der Intelligenz und der körperlichen Fähigkeiten.« (Kropotkin, online)

In den ländlichen Gesellschaften der Dritten Welt herrscht
immer noch weitgehend das Prinzip der Zusammenarbeit vor.
Die Armen könnten nicht überleben, wenn sie nicht an einer
Wirtschaft der Kooperation und der gegenseitigen Hilfe teil-
hätten. Ähnlich hat die Produktion für den Eigenbedarf statt
für den Tausch in den Subsistenzwirtschaften lange Vorrang
gehabt. In einer sozialen Organisation, welche auf der Zusammenarbeit ihrer Mitglieder und einer an den eigenen Bedürfnissen orientierten Produktion beruht, ist die Logik des
Gewinns eine andere als in einer Gesellschaft, die auf Wettbewerb und Profit ausgerichtet ist. Die allgemeine Logik,
welche Hardins Tragik der Allmende zugrunde liegt, stimmt
nicht unter allen Umständen.

Hardin konnte auch nicht erkennen, dass die Gemeinschaft in der Regel gemeinsam entscheidet, wie viel Vieh auf
der Allmende zugelassen ist und zu welcher Jahreszeit. Es
liegt in der Natur der Allmende selbst, dass die Ärmsten nicht
ausgeschlossen werden können, noch kann die Allmende –
solange die kollektive Verwaltung steht – von den Mächtigen
privatisiert werden. Eine privatisierte Allmende ist nicht
mehr eine Allmende, sie ist entweder de facto oder de jure
Privateigentum. Die so genannte Tragik der Allmende ist ei-

gentlich eine Tragik der Privatisierung. Die Verluste, die Hardin auf die Allmende projizierte, waren darauf zurückzuführen, dass die Reichen die Ressourcen über die ökologischen Grenzen der Erneuerung hinaus ausbeuten konnten. Der Wissenschaftler und Forscher Daniel Fife schreibt: »Scheinbar gibt es eine Tragik der Allmende, aber eigentlich passiert etwas ganz anderes. Die Allmenden werden vernichtet, aber jemand wird reich dabei. Die Gans, welche goldene Eier legt, wird aus Profitgründen geschlachtet.

Diese Situation kommt in der Geschäftswelt nur zu oft vor. Ein verantwortungsvolles Geschäftsgebaren sorgt sich auch um die langfristigen Perspektiven. Aber wenn ein Unternehmen sich die ›höheren kurzfristigen‹ Profite zum Hauptziel macht, kann seine Verantwortungslosigkeit zur Zerstörung der eigenen Ressourcen führen.« (Fife 1971, 20–22)

Die Erosion von Systemen der sozialen Kontrolle durch Modernisierung und Entwicklung führte in den meisten Regionen zu Hardins Modell des Zerfalls der Allmenden. Unter gewissen Umständen, wenn das gemeinsam bewirtschaftete Land nicht einmal die Grundbedürfnisse der Bevölkerung decken kann, ist eine Tragödie sogar ohne Wettbewerb zu erwarten.

Dorfallmenden sind in Indien eine historische Wirklichkeit. Überreste von dörflichen Waldparzellen und gemeinschaftlichen Pflanzungen am Straßenrand findet man leicht. Im traditionellen Dorf gab es privaten und ungleichen Landbesitz Seite an Seite mit gemeinschaftlichen und gleichmäßig verteilten Ressourcen. Auch wenn das Eigeninteresse einen Gutsherrn bei der Nutzung seines eigenen Landes leitete, gab es selbst für die privaten Gutsherren eine Kontrolle, was die Nutzung der gemeinsamen Ressourcen betraf.

Soziale und kulturelle Vorschriften waren der hauptsächliche Mechanismus zur Verhinderung einer Übernutzung der Natur. Gemeinschaften beruhen auf gemeinsamen Normen und Werten, welche die Leitlinien und Kontrollmechanismen für ihre Mitglieder abgeben. Eine Ressource kann nur dann gemeinschaftlich genutzt werden, wenn alle Mitglieder der Gemeinschaft eine gemeinsame Norm akzeptieren.

Die selbstgenügsame Natur der traditionellen Dorfwirtschaft erhielt die Allmende trotz sozioökonomischer Ungleichheiten. Die Selbstversorgung gewährte ein Ausmaß von Gleichheit, welches die Einzelnen daran hinderte, das Funktionieren der Gemeinde zu unterlaufen. So wurde zum Beispiel in den traditionellen Fischerdörfern an der Küste trotz der sozioökonomischen Hierarchien die Ausbeutung der gemeinsamen Ressourcen (die Fische im Meer) durch rigide Kontrollen geleitet, denen jedermann unterworfen war. Die Ausbeutung der Ärmsten im Dorf fand erst am Ufer statt, wenn die Beute aufgrund des Privatbesitzes ungleich verteilt wurde. Doch die mächtigsten Gruppen wurden durch die Gemeindereglemente wenigstens vor der Übernutzung der gemeinsamen Ressourcen abgehalten. Das geschah zum Beispiel durch ein Fischverbot während der Laichzeit oder mit der Anweisung, keine feinmaschigen Netze zu verwenden. Solche Maßnahmen sind der Hauptgrund, warum Indiens Meeresökosystem während Jahrhunderten aufrechterhalten werden konnte. Die Bewahrung der dörflichen Waldparzellen wurde durch ähnliche Mechanismen garantiert. Als die gleichzeitige Befolgung individueller und gemeinschaftlicher Vorschriften nicht mehr wichtig war, weil große urbane und industrielle Märkte in die dörfliche Wirtschaft eingedrungen waren, geriet die kollektive Verwaltung der Allmende in Gefahr.

Zugang zu größeren Märkten war und ist meist nur für die privilegiertesten Mitglieder der Gemeinde möglich. Der leichte Zugang zu Bildungs-, Verwaltungs- und Finanzinstitutionen setzte einen Prozess in Gang, in dem die Reichen nicht mehr länger einer traditionellen sozialen Kontrolle unterworfen waren. Das wiederum führte zu einem Zusammenbruch der Gemeinschaft. Im Fall der Meeresressourcen führte die Einführung von mechanisierten Fischereidampfern – ob international und lokal finanziert – zur Verletzung von traditionellen Dorfnormen und beeinflusste die Art und Weise, wie die Meeresressourcen fortan genutzt wurden. Ähnlich machte die Einführung neuer landwirtschaftlicher Techniken, die bloß von reichen Bauern verwendet wurden, die Elite des Dorfes weniger abhängig von lokalen Ressourcen (sie verwendete zum Beispiel international produzierte chemische Düngemittel statt örtlich produzierten Kuhmist). Solche Umstände führten letztlich zum langsamen Zerfall der örtlichen Ressourcen und der dörflichen Normen, welche ihre Nutzung bestimmt hatten.

Mythos Überbevölkerung

Es gibt zunehmend Stimmen, welche die Menschen in der Dritten Welt und vor allem ihr Bevölkerungswachstum für die aktuelle ökologische Krise verantwortlich machen. Garrett Hardin gehört zu denen, die sich auf die Armen konzentrieren, wenn sie die Umweltkrise der Reichen ansprechen. In seinem Buch *Lifeboat Ethics: The Case Against Helping the Poor* »Rettungsboot-Ethik: Warum den Armen nicht geholfen werden soll«) werden die Armen und Schwachen als überzählige Bevölkerung angesehen, welche eine unnötige Bürde für die Ressourcen dieses Planeten darstellen. Statt nach der Losung »Frauen und Kinder zuerst« operiert Hardins Rettungsboot nach dem Prinzip der Triage – in Krisenzeiten werden die Schwachen geopfert (Hardin 1974, 561). In diesem Sicherheitsparadigma muss die Kontrolle über und der Bedarf an Ressourcen der Reichen geschützt werden. Das war auch die Botschaft, welche US-Präsident George H. W. Bush am Erdgipfel 1992 verkündete. Und 9 Jahre später, kurz nach dem 11. September 2001, wiederholte der neue Vizepräsident Dick Cheney: »Unsere Lebensart, der American Way of Life, steht nicht zur Diskussion.« Wenn ressourcenfressende Lebensstile geschützt werden müssen, werden manche Menschen entbehrlich.

Für die USA ist die Bevölkerungskontrolle ein Sicherheitsproblem. Dies zeigt sich in einer Zusammenfassung der Position des amerikanischen Verteidigungsministeriums zum Thema: »Auch wenn die Aufgabe schwierig und ungewiss ist, haben die Entscheidungsträger und Strategieplaner in diesem Land kaum eine Wahl in den kommenden Jahrzehnten: Sie müssen den Bevölkerungstrends, ihren Ursachen und Auswirkungen große Aufmerksamkeit schenken. [...] Sie müssen alle verfügbaren Instrumente der Staatsführung (etwa Entwicklungshilfe und Familienplanung) nutzen, und zwar ebenso intensiv wie neue Waffensysteme.« (Shiva/Shiva 1994, 13)

Ein Bericht der nationalen Sicherheitsbehörde der USA stellt fest, dass wachsende Bevölkerungen wachsende Bedürfnisse im jeweiligen Land schaffen werden. Als Resultat davon würden »Lizenzen von ausländischen Konzernen wahrscheinlich zurückgenommen oder willkürlichen Interventionen unterworfen. Ob durch Maßnahmen der jeweiligen Regierung, durch Arbeitskonflikte, Sabotage oder zivile Unruhe – der reibungslose Fluss von benötigten Rohstoffen ist in Gefahr.« (UBINIG 1991) Die Nachfrage der US-amerikanischen Ökonomie stärkt das Interesse der USA an der politischen, ökonomischen und sozialen Stabilität der Zuliefererländer. Das regierungsnahe Center for Strategic and International Studies prophezeit, dass in den nächsten Jahren regionale Konflikte mit sehr vielen beteiligten Menschen vorherrschen werden. Deshalb konzentriert sich die US-Regierung auf die Umwelt, das Bevölkerungswachstum und die Frauenrechte als maßgebliche Faktoren der Außenpolitik in einem neuen globalen Rahmen. Drittweltbevölkerungen müssen kontrolliert werden, um die Ressourcen für die US-Konzerne sicherzustellen.

Diese imperialistische Sicht der Beziehung zwischen Ressourcen und Bevölkerungswachstum merkt nicht, dass das Bevölkerungswachstum durch die Aneignung der Ressourcen des Volkes ausgelöst wird. Eine solche Aneignung fördert auch ein Klima, in dem Widerstandsbewegungen wachsen, wie das zeitgleiche Auftreten des Freihandelsabkommens NAFTA und des Zapatistenaufstandes in Mexiko am Neujahrstag 1994 belegt.

Die Kontrolle des Bevölkerungswachstums löst die Umweltkrise nicht, wenn nicht auch die Produktion und der Konsum kontrolliert worden. Der größte Druck auf die Ressourcen kommt nicht von der großen Zahl der Armen, sondern von den verschwenderischen Produktionssystemen, vom Handel über lange Distanzen und vom Überkonsum in der Ersten Welt. Die eingeschlagene Richtung – den Opfern die Schuld zuzuschieben und nicht anzusprechen, welche Rolle ökonomische Unsicherheit und die Verweigerung von lebenswichtigen Ressourcen beim Bevölkerungswachstum spielt – verschlimmert das Problem noch.

Die Verminderung der Bevölkerung von lokalen Gemeinschaften kann das Ökosystem des Südens nicht retten, wenn die Bürde des globalen Marktes nicht leichter wird. Überdies vernachlässigen die meisten Analysen des Verhältnisses zwischen Bevölkerung und Umwelt die nichtlokale Nachfrage nach Ressourcen. Die Studien setzen voraus, dass die Belastung durch die lokale Bevölkerung die einzige Umweltbelastung für das Ökosystem darstellt. Die »Tragfähigkeit« ist im Fall der menschlichen Gemeinschaften aber nicht bloß eine biologische Funktion der lokalen Bevölkerungsgröße und des lokalen biologischen Nahrungssystems. Es ist eine weitaus komplexere Beziehung, welche Bevölkerungen im Norden mit Bevölkerungen und Ökosystemen im Süden verbindet.

Die Nachfrage des Nordens nach Drittweltressourcen verringert effektiv die Menge der für die lokale Bevölkerung verfügbaren Ressourcen. Mit anderen Worten: Was aufgrund der lokalen Produktion, des lokalen Konsums und der lokalen Lebensweise eine »angemessene« Bevölkerungsgröße wäre, wird nichtnachhaltig wegen der Nachfrage von außen.

Die meisten Ökosysteme der Dritten Welt tragen nicht bloß die lokale Bevölkerung, sie tragen auch den Norden, indem sie die Nachfrage nach industriellen Rohstoffen befriedigen. Die Niederlande zum Beispiel brauchen eine Fläche, die siebenmal größer ist als ihr eigenes Land, um ihren Rohstoffbedarf zu decken. Das Konzept des »ökologischen Fußabdrucks« ermöglicht es, die nichtlokalen ökologischen Auswirkungen von Produktions- und Konsummustern abzuschätzen. Wie die Umweltwissenschaftler Wackernagel und Rees, beide Mitglieder der Task Force on Planning Healthy and Sustainable Communities, schreiben: »Der ökologische Fußabdruck misst den Naturverbrauch der Menschen. Er schätzt die

Energie- und Materialflüsse in einer Wirtschaftseinheit und rechnet sie um in Wasser- und Landflächen, die nötig sind, um diese Flüsse aufrechtzuerhalten.« (Wackernagel / Rees 1997, 16)

Der Energieexperte Armory Lovins braucht die Metapher der »Energiesklaven«, um die Nachfrage nach natürlichen Ressourcen zu quantifizieren. »In Begriffen des Arbeitspotenzials«, schreibt er, »umfasst die Bevölkerung der Erde nicht 4 Milliarden sondern etwa 200 Milliarden; wichtig dabei ist, dass etwa 98 Prozent dieser ›Arbeitskräfte‹ keine herkömmliche Nahrung brauchen.« Gemäß Lovins belastet jeder Mensch auf der Erde die Ressourcen der Erde durchschnittlich mit dem Äquivalent von etwa fünfzig »Energiesklaven«. Lovins diskutiert die ungleiche Nachfrage nach Ressourcen, wonach »der durchschnittliche Bewohner der USA« etwa zweihundertfünfzig mal mehr an Ressourcen verbraucht als der »durchschnittliche Nigerianer« (Lovins 1975, 133). Eine rationale Umweltpolitik würde die Maßnahmen dahin lenken, wo der Energieverbrauch am größten ist.

Falsche Wahrnehmungen des Problems führen zu falschen Lösungen. Sogar wenn 80 Prozent der Weltbevölkerung – die armen Leute – durch Bevölkerungskontrolle ausgerottet würden, würde das erst einen kleinen Prozentsatz der Umweltprobleme beseitigen. Das Rettungsboot würde trotzdem sinken – wegen dem »Bevölkerungsdruck«, welcher durch die Reichen und ihre »Energiesklaven« geschaffen wird.

Der Umweltraum ist der Anteil an Ressourcen, der jedem Individuum angesichts der insgesamt vorhandenen Ressourcen und der Fähigkeit des Ökosystems Erde, mit der Verschmutzung umzugehen, zur Verfügung steht. Das Konzept des Umweltraums erlaubt uns, den Ausstoß von mehr Verschmutzung, als die Biosphäre bewältigen kann, als eine Form von Einhegung zu sehen, denn diese Verschmutzung bringt andere um ihren legitimen Anspruch. Die USA mit 36 Prozent des weltweiten CO_2-Ausstoßes und weniger als 5 Prozent der Weltbevölkerung ist so gesehen daran, die Atmosphäre »einzuhegen«. Die theoretische und konzeptuelle Herausforderung ist, den nichtnachhaltigen Verbrauch nicht bloß in der sichtbaren lokalen Nachfrage zu sehen, sondern auch in der unsichtbaren nichtlokalen Nachfrage nach Ressourcen. Ohne diese breitere Vision wird das Streben nach »nachhaltigen Bevölkerungen« zu einem ideologischen Krieg gegen die Opfer der umweltgeschädigten Dritten Welt, vor allem gegen die mittellosen Frauen; es ist ein Krieg, der nichts gegen den realen Druck auf die Umwelt, der vom globalen Wirtschaftssystem und dem Lebensstil der Reichen ausgeht, unternimmt.

Bevölkerungswachstum ist nicht ein Grund für die Umweltkrise, sondern ein Aspekt davon, und beide stehen im Zusammenhang mit der Veräußerung von Ressourcen und der Zerstörung von Lebensgrundlagen. Eine Bevölkerungszunahme begleitete auch die Einhegung der Allmende in England. Die Bevölkerung von England (und Wales) verdoppelte sich von 7,5 Millionen 1781 zu 16,5 Millionen 1831 (Sale 1995, 39). Um 1600 zählte die Bevölkerung Indiens zwischen 100 und 125 Millionen und blieb stabil bis 1800. Dann, in perfekter zeitlicher Abstimmung mit der Erweiterung der britischen Herrschaft in Indien und der Reduktion der Ressourcen, der Rechte und Lebensunterhalte des Volkes, begann die Zunahme: 130 Millionen 1845, 175 Millionen 1855, 194 Millionen 1867, 255 Millionen 1871. Der indische Soziologe Radha Kamal Mukherjee schließt: »Die Pax Britannica stimulierte ein Bevölkerungswachstum, wie es in den vorhergehenden Jahrhunderten nie da gewesen war.« (Mukherjee 1967, 95)

Um 1900 hatte das Ungleichgewicht zwischen Bevölkerung, Ressourcen und agrikultureller Nutzung zu einem Ausmaß von Arbeitslosigkeit und Armut geführt, wie es sie in einer zivilisierten Gesellschaft noch nie gegeben hatte. Wie der Politikwissenschaftler und Anthropologe Mahmood Mamdani zum Thema Verelendung ausführt: »Eine andere Einkommensquelle muss gefunden werden und die einzige Lösung ist, wie mir ein Schneider gesagt hat, genug Kinder zu haben, damit mindestens drei oder vier Söhne in der Familie sind.« (Mamdani 1972; Drèze / Murthi 2000) Wenn die Menschen alle anderen Arten von Sicherheit verlieren und es keine verlässliche Sozialversicherung gibt, sind Kinder die einzige Alternative für ökonomische Sicherheit. Wegen ungenügender Ressourcen und unzugänglicher Gesundheitsdienste muss eine indische Frau sechs Kinder gebären, um sicherzustellen, dass mindestens ein Sohn überleben und für sie und ihren Mann sorgen wird, wenn sie 60 ist.

Nach etlichen Jahrzehnten misslungener »Bevölkerungskontrolle« wäre es vielleicht besser, die Wurzeln des Problems direkt anzupacken – nämlich bei der ökonomischen Unsicherheit der Menschen. Den Armen Rechte zu geben und Zugang zu den Ressourcen, sodass sie ihre Sicherheit und nachhaltigen Lebensunterhalt zurückgewinnen können, ist die einzige Lösung für die Umweltzerstörung und das dazugehörende Bevölkerungswachstum.

Die ökologische Bedrohung der Lebensgrundlagen verlangt nach einem Paradigmenwechsel. In der Geschichte sind Gesellschaften, welche die Pflege ihrer Lebensgrundlagen vernachlässigt haben, nach einer anfänglichen Phase des Wachstums regelmäßig zusammengebrochen. Der Fall der mesopotamischen oder der römischen Zivilisation beispielsweise hing zusammen mit dem Zerfall ihrer lebenserhaltenden Systeme. Die Bedrohung des Lebens in der Subsahara ist ebenfalls in der Zerstörung der Lebensgrundlagen begründet. Gesellschaften hatten noch nie Erfolg, wenn sie den Weg des unbeschränkten Wachstums einschlugen, welcher auf der Übernutzung der Ressourcen beruht.

Erd-Demokratie-Bewegungen sind Ausdruck der Kämpfe der Benachteiligten und Ausgeschlossenen um die Erhaltung des natürlichen und überlebenswichtigen Gleichgewichts. Ökologie- und Bürgerrechtsbewegungen bieten der Welt eine Zukunft, weil sie auf die Sicherung der natürlichen Ressourcen und auf das fundamentale Recht des Zugangs zu diesen Ressourcen hinarbeiten. Sie sind Bewegungen von Gemeinschaften, welche an den Gewinnen der an Markt und Handel orientierten Wirtschaftsglobalisierung keinen Anteil haben, aber trotzdem ihre Kosten tragen müssen. Diese Bewegungen wehren sich dagegen, dass entwurzelte Menschen als Wegwerfbevölkerung behandelt werden.

Erd-Demokratie ist die gewaltlose Antwort auf einen Krieg, welcher uns alle zu zerstören droht, sogar die Sieger. Es ist der Anfang einer fundamentalen Restrukturierung hin zu Gerechtigkeit, Nachhaltigkeit und Frieden. Die Bewegungen sind klein, aber sie wachsen. Sie sind lokal, aber ihr Erfolg besteht in ihrer weit reichenden Wirkung. Sie fordern bloß ein Recht auf Überleben, aber mit dieser minimalen Forderung ist das Recht verbunden, in einer friedlichen und gerechten Welt zu leben. Denn wenn Weltanschauungen und Lebensstile nicht ökologisch erneuert werden, werden Frieden und Gerechtigkeit weiterhin verletzt, und letztlich ist das Überleben der Menschheit selbst in Gefahr.

Unser Schicksal ist nicht mehr in unserer Hand. Erd-Demokratie ist eine Möglichkeit, die Herausforderung anzunehmen und unser Leben wieder selbst zu bestimmen. Die Prinzipien der Erd-Demokratie entwickelten sich aus der Basisarbeit mit Gemeinden und aus Debatten über das herrschende Paradigma. In der Erd-Demokratie geht es um ökologische Demokratien – um die Demokratie allen Lebens. Für allzu viele Leute ist Demokratie bloß die periodische Wahl von Führern, die sich dann umdrehen und sagen: »Es spielt keine Rolle, ob ihr Krieg wollt. Ich werde trotzdem Krieg führen. Es spielt keine Rolle, wenn ihre keine GVO wollt. Wir werden euch trotzdem mit GVO zwangsernähren. Es spielt keine Rolle, wenn ihr das Bildungswesen nicht privatisieren wollt. Wir privatisieren es trotzdem.« Diese Art »Demokratie« vertritt und begeistert die Leute nicht.

Erd-Demokratie hingegen wägt sorgfältig ab, was wir im Auge behalten müssen, wenn wir unsere Wirtschaft formen und entscheiden, was wir mit unserer Nahrung, unserem Wasser, unserer Biodiversität und unserem Land tun sollen. Die Demokratie allen Lebens ist eine lebendige Demokratie; sie erkennt den inneren Wert aller Lebewesen und aller Völker an. Weil alle Menschen und jede Spezies von Natur aus verschieden sind, schätzt unsere Demokratie Diversität nicht bloß als etwas ein, das man tolerieren muss, sondern als etwas, das wir als Wesen und Voraussetzung unserer Existenz feiern wollen. Ohne Vielfalt sind wir nichts. Alles Leben, eingeschlossen dasjenige der Menschen, hat ein natürliches Recht auf Teilhabe am Reichtum der Natur, auf Sicherung des Lebensunterhaltes – Nahrung und Wasser, Umweltraum und Entwicklungsmöglichkeiten. Das ist kein von Staaten gewährtes Recht. Es ist auch kein Recht, das von Unternehmen und unternehmerischer Gier aufgehoben werden kann.

Gerechtigkeit und Stabilität

Gandhi sagte in seiner Wirtschaftsverfassung: »Meiner Ansicht nach sollte die wirtschaftliche Verfassung von Indien – und eigentlich der ganzen Welt – so beschaffen sein, dass niemand in ihrem Einflussbereich unter Mangel an Nahrung oder Kleidung leidet. Mit anderen Worten sollte es jeder und jedem möglich sein, genug Arbeit zu finden, um seinen Lebensunterhalt bestreiten zu können. Dieses Ideal kann nur dann überall verwirklicht werden, wenn die Produktionsmittel und die Lebensgrundlagen in der Kontrolle der Massen bleiben. Diese sollten so frei und für alle verfügbar sein wie die Luft und das Wasser Gottes es sind oder sein müssten; sie sollten nicht zum Verkehrsmittel für die Ausbeutung von anderen werden. Ihre Monopolisierung durch ein Land, eine Nation oder eine einzelne Gruppe wäre ungerecht. Die Vernachlässigung dieses einfachen Prinzips ist der Grund für die Entbehrung und Not, welche wir heute sehen, und zwar nicht bloß in diesem unglücklichen Land, sondern auch in anderen Teilen der Welt.« (Gandhi 1928)

Die selbstmörderische Marktwirtschaft zerstört die Naturwirtschaft und die Bedarfswirtschaft des Volkes; sie schafft eine ökologische und ökonomische Krise, ihr Wachstum ist nichtnachhaltig und ungerecht. Eine lebendige Wirtschaft erneuert ökologische Prozesse, während sie die Kreativität, die Solidarität und die Unabhängigkeit der Leute fördert. Robuste lebendige Wirtschaftsformen sind menschenzentriert, dezentralisiert, nachhaltig und schaffen Lebensunterhalte. Sie beruhen auf gemeinsamem Besitz und gemeinsamer Produktion, auf Mitnutzung und Mitwirkung. Lebendige Ökonomien sind nicht bloß Ideen; sie existieren und entstehen vor unseren Augen. Jede lebendige Wirtschaft wird durch gewöhnliche Menschen und ihren Alltag geformt.

Eine lebendige Wirtschaft basiert auf den dynamischen, widerstandsfähigen und erneuerbaren Ökonomien der Natur und auf den reichen, vielfältigen und nachhaltigen bedürfnisorientierten Ökonomien der Menschen. Diese Wirtschaftsformen respektieren die Grenzen der Erneuerbarkeit bei den Naturressourcen und teilen sich diese Ressourcen, sodass jeder seine Grundbedürfnisse decken kann. Darum müssen Biodiversität und Wasser ein Allgemeingut bleiben. Und darum ist die Verteidigung der Allmende die Grundlage für viele der Bewegungen im Umfeld der Erd-Demokratie.

Die Lokalisierung der Wirtschaft

Was im Irak passiert, geht die meisten Leute in den USA nichts an. Außer für die Familien der Soldaten, die dahin geschickt wurden, ist es kein Schmerz, welchen die Leute Tag für Tag fühlen. Die Distanz isoliert sie. Diese Isolation ist der Grund, weshalb die Lokalisierung, die Betonung von lokalen Problemen und Regelungen, ein wichtiger Grundsatz der Erd-Demokratie ist. Lokalisierung ist ein Gradmesser für Gerechtigkeit. Lokalisierung ist ein Gradmesser für Nachhaltigkeit. Das heißt nicht, dass alle Entscheidungen auf lokaler Ebene getroffen werden. Natürlich wird es Beschlüsse geben, die auf nationaler oder gar globaler Ebene gefällt werden. Aber um diese anderen Ebenen zu erreichen, müssen sie stets den Filter der lebendigen Demokratie passieren. Autorität wird nach dem Subsidiaritätsprinzip an die ferneren Regierungsebenen delegiert. Die Dinge können am effektivsten dort erledigt werden, wo auch die Wirkung der Entscheide am stärksten empfunden wird. Dieses Prinzip ist ein ökologischer Imperativ.

Die Abwertung der natürlichen Ressourcen – so wie sie in den ökologischen Prozessen und in der Bedarfswirtschaft der Menschen vorkamen – und die Ableitung und Zerstörung dieser Ressourcen für die Warenproduktion und die Kapitalakkumulation sind die hauptsächlichen Gründe für die ökologische Krise und die Überlebenskrise in der Dritten Welt. Die Lösung liegt darin, den lokalen Gemeinschaften die Kontrolle über die lokalen Ressourcen zu geben, sodass sie das Recht, die Verantwortung und die Fähigkeit haben, die Naturwirtschaft wieder aufzubauen und dadurch ihre eigene Nachhaltigkeit zu sichern. Das ist es, was lebendige Wirtschaftsformen anstreben.

Eine lebendige Wirtschaft beruht auf der Kreativität und der Selbstorganisation der Menschen. Sie wächst von innen nach außen, vom Individuum zur Gemeinschaft, dann zur Region, zur Nation und schließlich zum Globalen. Die intensivsten Beziehungen gibt es auf dem lokalen und die lockersten auf dem globalen Niveau. Darum ist die lebendige Wirtschaft primär lokal und dezentralisiert, im Gegensatz zum herrschenden Wirtschaftsmodell, das global und zentralisiert ist. Lokalisierung und Dezentralisierung bedeuten nicht Isolation oder die Unfähigkeit, in einer hochkomplexen Organisation zu arbeiten. In lebendigen Wirtschaftsformen können kleine selbstverwaltete Systeme sich zu extrem komplexen Organisationen vernetzen. In Indien zeigen das etwa die Frauen von Lijjat Papad und die Tiffinträger von Mumbai, welche sogar die globalen Marktgiganten inspirieren. Mehr zu den beiden Gruppen am Ende dieses Kapitels.

Die Regulierung des Marktes

Lebendige Wirtschaftsformen gründen auf zwei ökologischen Prinzipien, die zum Schutz und zur Erneuerung der Natur und der Gesellschaft notwendig sind, die die Ökonomen der freien Marktwirtschaft aber nicht anerkennen wollen. Es handelt sich um das »Vorbeugeprinzip« und das »Verursacherprinzip«, wie sie in der Agenda 21 der Konferenz der Vereinten Nationen über Umwelt und Entwicklung (1992), bekannt als Erdgipfel, aufgeführt sind. Das Vorbeugeprinzip verlangt, dass Tätigkeiten unterlassen werden, die ökologischen Schaden verursachen könnten. Das Verursacherprinzip verlangt, dass der Umweltverschmutzer für den Schaden, den er in Natur und Gesellschaft anrichtet, und für die Kosten der Sanierung aufkommen muss.

Gemäß dem Verursacherprinzip müssen diejenigen, welche fossilen Brennstoff sowie darauf basierende Energie und Transportsysteme verkaufen, sowohl für die Auswirkungen der Klimaveränderung wie auch für Prozesse, welche CO_2-Ausstoß verringern, und für die Entwicklung neuer Energiealternativen bezahlen. Es ist mittlerweile anerkannt, dass sich das Klima im Laufe des nächsten Jahrhunderts aufgrund des Verbrauchs von fossilen Brennstoffen und der Treibhausgasemmissionen, speziell CO_2, verändern wird. Die in der Atmosphäre bereits vorhandene Konzentration von Treibhausgasen wird die Erdatmosphäre in den nächsten 100 Jahren um 1,9 bis 5,8 Grad Celsius erwärmen. Und während die industrialisierte Welt für den Großteil des CO_2-Ausstoßes verantwortlich ist, wird der Süden die Auswirkungen am meisten spüren: Die veränderten Temperaturen und Niederschläge werden auf die Lebensfähigkeit der Agrikultur in den Tropen einen größeren Einfluss haben. Die Menschen im Süden sind abhängiger von der lokalen Landwirtschaft, und das Ansteigen des Meeresspiegels ist in den Küstengemeinden und auf den kleinen Inseln besonders spürbar.

Es gibt Versuche, ein Vertragswerk zum Thema Klimaveränderung zusammenzustellen, welches die gemeinsamen Probleme anpackt, die aus der Verschmutzung der Atmosphäre entstehen – unter Wahrung der unterschiedlichen Verantwortlichkeit. Das Kyoto-Protokoll versucht, die Verantwortung für die Reduktion von Treibhausgasen an die einzelnen Länder zu übertragen. In der Erd-Demokratie würde die Verantwortung für das Lösen des Klimaveränderungsproblems bei den Unternehmen liegen – und bei ihren CEO. Die Regierungen und die zwischenstaatlichen Vereinbarungen müssten sicherstellen, dass die Produktions- und Konsummuster sich in nachhaltigen Kreisläufen bewegen.

Stärkung der Existenzgrundlagen

Die Bestreitung des Lebensunterhaltes gibt den Menschen Aufgabe, Bedeutung und Sinn. Lebensunterhalte sind Lebensweisen und Lebensmöglichkeiten. Sie sind nicht einfach »Jobs«, bei denen man seine Arbeitskraft an jeden verkauft, der Lohn bezahlen kann. Ein Bauer, der Nahrung anbaut, hat keinen »Job«, aber er hat ein Auskommen, eine Existenz. Lebensunterhalte sind etwas Selbstgeschaffenes. Kreative Produktion durch »Selbst-Anstellung« setzt Zugang zu Ressourcen voraus und dieser Zugang wird durch die Allmende gesichert. Fischergemeinden brauchen für ihren Lebensunterhalt Zugang zur Allmende Meer. Waldgemeinden brauchen dafür Zugang zur Wald-Allmende, und Bauerngemeinden brauchen Zugang zu biologischen und hydrologischen Allmenden, wenn sie überleben wollen. Die Einhegung der Allmenden raubt den Menschen nicht bloß ihre Ressourcen, sondern auch ihre eigene Nachhaltigkeit und ihren Lebensunterhalt.

In Indien werden jährlich 5 Millionen Bauern von ihrem Land vertrieben. 75 Prozent der Einmilliardenbevölkerung leben von der Landwirtschaft. Trotz des sechsprozentigen jährlichen Wachstums des Bruttosozialprodukts während der letzten 10 Jahre ist die Zahl der Erwerbstätigen in der Landwirtschaft und der verarbeitenden Industrie gefallen. Sogar der Dienstleistungssektor verzeichnet ein Wachstum ohne wachsende Beschäftigung. Die groß verkündigte Ausgliederung von Arbeitsplätzen der Informationstechnologie nach Indien trägt momentan weniger als 1 Prozent zum Bruttosozialprodukt bei und betrifft weniger als 1 Million Arbeitnehmerinnen und Arbeitnehmer – gerade 0,1 Prozent der Bevölkerung. Überdies stehen diese Arbeitsplätze bloß jenen 5 Prozent offen, welche eine Hochschul- oder Fachhochschulbildung haben. Für die meisten Inderinnen und Inder bleiben also Landwirtschaft und Fabrikation die wahrscheinlichsten Quellen ihres Auskommens (Joshi 2004).

Während die Globalisierung zu einem Wachstum ohne Beschäftigung führt und überflüssige Menschen schafft, gibt die lebendige Wirtschaft allen Arbeit. Lebendige Wirtschaftsformen basieren auf der Arbeit für den eigenen Bedarf. Sie stellen die Menschen und die Natur ins Zentrum. In einer lebendigen Wirtschaft stehen Ökonomie und Ökologie nicht im Widerspruch zueinander. Sie stützen sich gegenseitig.

Lebendige Wirtschaft in der Praxis

Die Chipko-Frauen

Die ersten Lektionen über den Wert und die Würde der Naturwirtschaft lernte ich von den Chipko-Frauen: Für diese Inderinnen waren die Wälder Mütter, welche alles Nötige für den Lebensunterhalt liefern – Wasser, Nahrung, Brennstoff, Futter und Medizin. Erdrutsche aufgrund der Abholzung lösten die ersten Proteste aus. Aber die industrielle Holzgewinnung brachte auch die Flüsse zum Verschwinden und verschlimmerte Überschwemmungen und Dürren, was wiederum zu einem Mangel an Brennstoff und Futter führte. Die Holzgewinnung ist in Indien eine wichtige Einkommensquelle, seit die Kolonialpolitik die Wälder für sich entdeckte; die Kolonialherren machten aus Allmenden, die für den lokalen Bedarf produzierten, Holzlager, die den Rohstoff für das Imperium lieferten. Die lebendige Wirtschaft der Erdgemeinde traf auf die tödliche Marktwirtschaft. In den 70er-Jahren machten sich in einem Dorf nach dem anderen die Frauen daran, die Bäume zu umarmen – *chipko* heißt umarmen – um so die Konzerne am Abholzen ihrer Wälder zu hindern. 1978 überzeugte eine massive Überschwemmung die Regierung, dass die Frauen Recht hatten, wenn sie sagten, die Wälder seien keine Holzlager, sondern dienten der ökologischen Sicherheit. 1981 verbot die Regierung das Abholzen in den höher gelegenen Gebieten des Himalajas. Indem sie die Bäume als Verwandte umarmt hatten, mobilisierten gewöhnliche

Frauen eine Energie, die stärker war als die Polizei und die brutale Macht der kommerziellen Holzfäller.

Navdanya: eine lebendige Nahrungswirtschaft

Navdanya ist ein Netzwerk, welches den Wechsel vom selbst- und völkermörderischen Agrobusiness, welches von der WTO und der Weltbank diktiert wird, zu einer lebendigen Nahrungswirtschaft zum Ziel hat. Mehr als 200 000 Navdanya-Bauern arbeiten heute zusammen, um die Erde zu pflegen, ein Auskommen für ländliche Produzenten zu schaffen und den Konsumentinnen und Konsumenten gute Qualitätsnahrung zu liefern. Der Wiederaufbau der Naturwirtschaft beinhaltet eine Erneuerung der Bodenfruchtbarkeit und der Biodiversität der Mikroorganismen. Damit wird Biodiversität wieder in die Landwirtschaft eingeführt, um sowohl die chemischen Düngemittel und Pestizide zu ersetzen als auch die Produktivität und den Nährwert der Ernten zu steigern.

Navdanya-Bauern können ihre Investitionen um 90 Prozent verringern, weil sie nicht mehr chemische Produkte kaufen müssen, die den Konzernen großen Profit bescheren. Dieses gesparte Geld kann für Bildung und Gesundheit ausgegeben werden. Die Einkommen der Navdanya-Bauern sind dreimal höher als die Einkommen der Chemie nutzenden Bauern – es wird weniger für Gifte verschwendet, und die Biodiversität sowie der faire Handel reduzieren die Abhängigkeit von unbeständigen Märkten und unfairen Handelsregeln.

Navdanya baut lebendige Ökonomien auf der Ebene der Produktion, der Verarbeitung und der Verteilung auf. Eine biologische und vielfältige Produktion im Verein mit fairem Handel erhöht die Stabilität der Lebensunterhalte, die Qualität der Nahrung und die Ernährungssicherheit sowie die

Gesundheit. Die Umwelt, die Bauern und die Volksgesundheit werden alle bereichert.

Die Schaffung einer lebendigen Nahrungswirtschaft ist nicht zu trennen von der Schaffung lebendiger Demokratien oder lebendiger Kulturen. Alternativen zur Diktatur der Konzerne und zum Nahrungsmittelfaschismus vertiefen die Demokratie und gewinnen kulturellen Raum zurück. Lebendige Nahrungsökonomien schaffen eine wirkliche Kultur des Lebens anstelle der Kultur des Todes, welche vom globalen Agrobusiness und der Nahrungsmittelindustrie verbreitet wird. Die lebendige Nahrungswirtschaft stellt auch den Mythos der »billigen« Nahrung in Frage. Die niederen Preise der industriell produzierten, genetisch manipulierten, global gehandelten Nahrung gehen auf Subventionen zurück: Zuschüsse für Öl, für chemische Produkte, für Exporte; Zuschüsse in Form von Steuererleichterungen; oder Zuschüsse durch die Ausbeutung von Bauern und Arbeitern in der ganzen Nahrungsmittelkette. Wenn die wirklichen Kosten der Lebensmittel gerechnet würden, wäre die von den Konzernen kontrollierte Nahrung zu teuer für die Konsumenten. Wir müssen von »billig und gefährlich« zu »fair und gesund« wechseln.

Lijjat Papad: eine Frauenwirtschaft

Es gibt in Indien Gemeinschaften, denen es gelingt, in den Marktnischen eine lebendige Wirtschaft aufzubauen. Ein solches Beispiel ist das Frauenkollektiv Lijjat Papad. Ausgehend von einer Gruppe von sieben Frauen, die sich im März 1959 zusammentaten, ist die Organisation auf über 40 000 Mitglieder angewachsen. Die ersten Frauen kamen in Gurgaum, Mumbai, zusammen, um Papad, für die typische indische

Zwischenmahlzeit Lijjat Papad, zu rollen und sich damit ein Auskommen zu erarbeiten. Die Verkäufe beliefen sich im ersten Jahr bloß auf 6196 Rupien (etwa 120 Euro), heute sind es 3 Milliarden Rupien (60 Millionen Euro). Die Organisation hat 63 Filialen und 40 Geschäftszweige in ganz Indien. Der Erfolg von Lijjat Papad mit ihrer lebendigen Wirtschaftsform geht auf ihre Philosophie und ihre Organisationsstruktur zurück. In der Broschüre der Organisation steht: »Das größte Gut unserer Organisation ist ihre Philosophie. Wir haben nicht die Stärke der institutionalisierten Macht. Wir haben weder viel Geld noch einflussreiche Leute. Doch unsere Organisation überlebt. Sie läuft gut, obwohl nicht eine einzelne Frau sie zum Laufen bringt. Sie wächst sogar.

Viele werden sich wundern, wie das möglich ist. Wie kann eine solche Organisation funktionieren, wenn es keine Chefin gibt, keine, die Befehle erteilt, wenn alle die gleichen Rechte haben? Man braucht sich nicht zu wundern. Der Schlüssel zum Erfolg unserer Organisation liegt im Reichtum unserer Grundgedanken.« (Papa, o. A.)

Die Broschüre erklärt ausführlich die Philosophie hinter der Organisation, welche ihr erlaubt hat, in nachhaltiger Weise zu wachsen und gleichzeitig den Lebensunterhalt der beteiligten Frauen zu sichern. Einige der wichtigsten Punkte lauten:

»Gemeinsamer Besitz – Alle Mitglieder sind auch Besitzerinnen. Jeder Gewinn und Verlust, was immer es sein mag, wird von den Mitgliedern gemeinsam geteilt und getragen. Wir haben versprochen: ›Ich akzeptiere die breitere Bedeutung des gemeinsamen Besitzes. [...] Statt zu überlegen, wie ich mehr als andere erhalten kann, werde ich dafür sorgen, dass andere nicht weniger als ich bekommen.‹

Keine Diskriminierung – Unsere Organisation ist ein Verband von Schwestern, welcher Religion und Kaste die Mitglieder auch angehören mögen, ob sie gebildet und ungebildet sind, reich oder arm.

Freiwilligkeit – Dies ist eine freiwillige Organisation von Schwestern, was heißt, dass sie aus freien Stücken beitreten, wenn ihnen die Philosophie und die Praxis der Organisation gefällt, und dass sie auch wieder gehen können, aus welchem Grund auch immer. [...] Keine Arbeit wird als besser oder minderwertiger angesehen. Für die Organisation ist jede Arbeit gleich wichtig und die Schwestern sind frei, die für sie passende Arbeit zu wählen.

Autonomie und Unabhängigkeit – Unsere Organisation nimmt keine Hilfe oder Wohltätigkeit an. Das ist unsere Grundphilosophie. Von Anfang an haben wir nie Spenden oder Zuschüsse angenommen und wir wollen das auch in Zukunft nicht tun.

Ethische Geschäftsführung und Verpflichtung zu Qualität vor Profit – Die grundlegende Absicht unserer Organisation ist es, mittels harter Arbeit etwas zu verdienen und in Würde zu leben. Wenn wir keinen Gewinn machen, funktioniert die Organisation nicht. Um einen Gewinn zu erzielen, müssen wir das Geschäft mit großer Umsicht, Weisheit und Geschick führen.

Unsere Organisation ist wie eine Familie – Zur Philosophie der klugen Geschäftsführung gehört es auch, dass die Schwestern oder Mitglieder unserer Organisation zufrieden, organisiert und im Gefühl gegenseitigen Vertrauens und gegenseitiger Freundschaft arbeiten. Alle Schwestern sind gleich. Niemand ist Chefin oder Untergebene. Was den Status betrifft, ist niemand besser oder schlechter. Alle haben die gleichen Rechte in der Organisation. Es spielt keine Rolle, ob eine mehr Lohn bekommt oder weniger. Das macht eine nicht besser oder schlechter. Wenn es einen Unterschied gibt, dann liegt er in den Verantwortlichkeiten. Einige Schwestern tragen weniger Verantwortung, andere mehr. Die Sanchalika (eine einvernehmlich gewählte Abteilungsleiterin) im Zentrum hat die höchste Verantwortung zu tragen und muss für die anderen Schwestern sorgen wie eine Mutter sich um die Mitglieder ihrer Familie sorgt.

Unsere Organisation ist ein Ort der Verehrung – Wir behandeln unsere Organisation als eine Stätte der Verehrung wie einen Tempel, eine Moschee, eine Gurudwara, eine Kirche … Wir glauben, dass die Gesellschaft selbst ein Ausdruck Gottes ist. Also muss jede wirtschaftliche Tätigkeit in der Gesellschaft die Wohlfahrt aller, auch von dir und mir, anstreben. Eine wirtschaftliche Aktivität, die diese Absicht nicht verfolgt und welche aufgrund von engen, selbstsüchtigen Motiven operiert, ist verheerend für die Gesellschaft.« (Papa, o. J.)

Dabbawalas: die Würde der Arbeit

Jeden Tag pendeln in Südmumbai mehr als 3 Millionen Menschen zur Arbeit, aber viele können trotzdem noch selbstgemachtes Essen genießen, weil 5000 Dabbawalas oder Träger von Tiffinbehältern heiße Mahlzeiten von zu Hause in die Büros der Arbeitenden bringen. Ohne Dokumente, ohne Befehle und ohne Chefs trägt die selbstverwaltete Vereinigung der Mumbai Tiffin Box Suppliers jeden Tag 175 000 solcher Mahlzeiten aus. Dass diese Auslieferungen alle innerhalb von drei Stunden stattfinden, über 45 Kilometer Transport mit öffentlichen Verkehrsmitteln erfordern, und dass es pro 16 Millionen Auslieferungen bloß einen Fehler gibt, ist erstaunlich. Die Dabbawalas werden als Abkömmlinge der Soldaten des großen Chatrapathi Shivaji Maharaj, Gründer des Maratha-Imperiums, angesehen. Raghunath Megde, der Präsident der Vereinigung sagt: »Niemand in unserer Vereinigung ist Arbeitnehmer oder Arbeitgeber, alle sind Partner und alle sind Mitbesitzer.« Die Dabbawalas haben ihre eigene Logistik für die Auslieferungen und ihr eigenes Kodierungssystem entwickelt. Auf jeden Tiffinbehälter kommt eine Reihe von Kennzeichen, die besagen, wo der Behälter abgeholt worden ist, wo die verschiedenen Übergabestationen sind und wohin die Mahlzeit schließlich ausgeliefert werden soll.

Das ganze Netzwerk funktioniert auf der Basis von dezentralen Einheiten mit 15 bis 25 Dabbawalas. Jede Gruppe ist unabhängig von den anderen, was das Geld betrifft, aber sie koordinieren die Auslieferung der Dabbas. Unabhängigkeit heißt nicht Isolierung und Zerstückelung, sondern Interdependenz und Gegenseitigkeit. Jeder Dabbawala bezahlt monatlich 10 Rupien an den Verband und jede Gruppe verwaltet ihr eigenes Geld und organisiert das tägliche Funktionieren. Das selbstverwaltete Netzwerk kennt keinerlei äußere Kontrollmechanismen, von außen aufgezwungne Organisationsstrukturen oder hierarchische Geschäftsführungsstufen. Am 15. jedes Monats trifft sich die Vereinigung, um Streitigkeiten zu schlichten und Probleme zu lösen.

Das Netzwerk gibt seinen Mitgliedern nicht bloß eigenständige Beschäftigungsmöglichkeiten. Indem es die Verbindung zwischen daheim und der Arbeit unterhält, zwischen Küche und Büro, sorgen die Dabbawalas auch für das Fortbestehen einer reichen Esskultur und Nahrungsvielfalt. Sie bieten eine wertvolle Alternative zur Fastfood-Monokultur und der McDonaldisierung des Essens in einer großen Metropole.

Diese Beispiele von nachhaltigen und selbstverwalteten Wirtschaftsformen drehen die Logik der Wirtschaftsglobalisierung um, die auf der Zerstörung von Beschäftigungsmöglichkeiten und Lebensunterhalten basiert. Sie sind eine praxiserprobte Alternative zur Einführung einer Wirtschaftsweise, die entweder von der Weltbank und dem IWF oder aber von den Handelsregeln der WTO und der Konzernleitungen diktiert wird.

Der Kreis des Lebens

Menschenzentrierte ökonomische Systeme beruhen auf der Kreativität, Intelligenz und der Selbstverwaltung der Betroffenen. So bestrittene Lebensunterhalte basieren auf dem Einsatz von Arbeitskraft und nicht auf Kapitalerträgen. Der Besitz basiert auf Arbeit und nicht auf Kapital. Die Entscheidungsfindung ist dezentralisiert. Größere Netzwerke entstehen aus der Verbindung von kleinen, selbstverwalteten Projekten. Die Lokalisierung der Wirtschaft bedeutet nicht ihre Isolierung von der übrigen Welt, sondern Selbstbestimmung und Gegenseitigkeit.

Eine lebendige Wirtschaft, bei der die menschliche Tätigkeit im Zentrum steht, imitiert die Vielfalt, die Selbstorganisation und die Komplexität der Natur. Jede Person, jede Gruppe, jede Gemeinde hat ihren eigenen Mittelpunkt und ist mit den anderen durch gegenseitige Unterstützung verbunden. Gandhi beschreibt die Strukturen der lebendigen Wirtschaft so:

»Leben kann keine Pyramide sein, bei der die Spitze von der Basis getragen wird. Es ist vielmehr ein ozeanischer Kreis, in dessen Mitte das Individuum steht, welches stets bereit ist, sich für das Dorf hinzugeben, das letztere bereit, sich für den Kreis der Dörfer hinzugeben – bis das Ganze zuletzt *ein* Leben wird, zusammengesetzt aus Individuen, welche nie aggressiv sind und arrogant, sondern die bescheiden an der Großartigkeit des Kreislaufes teilhaben, in dem sie ein wesentliches Teilchen sind. Also wird der äußerste Umkreis seine Macht und Größe nicht nutzen, um den inneren Kreis zu zermalmen, sondern er wird seinem Inneren Stärke geben und daraus seine eigene Stärke ziehen.« (Kothari in Shiva et al. 1991, 341)

2.   Lebendige Demokratie

Demokratie ist ein oft missbrauchter Begriff. Die so genannte Operation Iraqi Freedom versprach den Irakern Demokratie, brachte aber Folter, Missbrauch und Elend. Die Globalisierung versprach Demokratie zu verbreiten; freier Handel sei gleichbedeutend mit offenen Märkten und diese mit offenen Gesellschaften, war die Begründung. Doch die Gleichung ging nicht auf. Die Märkte der Wirtschaftsglobalisierung sind nicht offen – die Handelsregeln übergeben die Kontrolle den gigantischen Konzernen. Und die daraus resultierenden Gesellschaften sind auch nicht offen. Die Wirtschaftsglobalisierung schafft eine Diktatur über Nahrung und Wasser, über die grundlegendsten Dinge unseres Lebens. Sie raubt uns die Basis unserer Freiheit – das Überleben selbst. Die repräsentative Demokratie ist zunehmend unfähig, unsere fundamentalen Freiheiten zu verteidigen.

Die Demokratie neu erfinden

Die Wirtschaftsglobalisierung und die Regeln des Freihandels gewähren den Unternehmen und dem Kapital Immunität vor sozialer und politischer Regulierung durch Volk und Regierung. Mit der Deregulierung des Handels entzieht die Wirtschaftsglobalisierung die Entscheidungen über unser Alltagsleben dem demokratischen Einfluss und delegiert sie an

WTO, IWF und Weltbank, an Wallstreet und in die Chefetagen der Unternehmen. Das ist der Tod der wirtschaftlichen Demokratie.

In ihrem Streben nach Unternehmensgewinn und finanziellem Wachstum zerstört die Wirtschaftsglobalisierung die lokalen und nationalen Ökonomien, die Lebensunterhalte und Arbeitsplätze, welche diese kleinräumigeren Wirtschaften hervorbringen. Das bringt Unsicherheit mit sich. Unsicherheit erzeugt Angst und Abwehrreflexe und bietet einen fruchtbaren Boden für das Aufkommen einer Politik, welche durch eine sehr enge kulturelle Identität und durch Ideologien der Ausgrenzung geprägt ist. Die repräsentative Demokratie wird unter diesen Umständen zunehmend durch einen kulturellen Nationalismus gefärbt und geformt. Der kulturelle Nationalismus entpuppt sich als Zwilling der Wirtschaftsglobalisierung.

Bürgerinnen und Bürger können ihre Regierungen mit den politischen Instrumenten der repräsentativen Demokratie auswechseln. Die Unternehmen unterlaufen diese Volksentscheide mithilfe der Zwangsregeln der Globalisierung, denn sie sorgen dafür, dass eine politische Änderung keine Änderungen in der Wirtschaftspolitik nach sich zieht. Egal welche Partei an der Macht ist – die Republikaner oder Demokraten in den USA, Labor oder die Tories in Großbritannien, die Kongresspartei oder die Bharatiya Janata Party (BJP) in Indien – in Wirklichkeit sind es die Unternehmen, die regieren.

Wenn wir als Bürgerinnen und Bürger unsere Freiheit zurückhaben wollen, müssen wir die Demokratie neu erfinden. Wir müssen sie vertiefen und erweitern. Unsere Idee der Demokratie ist es nicht, dass Regierungen gewählt werden, ohne dass die Bürger diese Regierungen kontrollieren können. Oder dass Regierungen ihre Macht einfach an Konzerne weitergeben. Eine lebendige Demokratie besteht darauf, dass das Volk Entscheidungen treffen kann und soll. Sie verlangt Selbstverwaltung und Selbstregierung (Gandhis *Swaraj*). Wir müssen die Demokratie erweitern, um die Ausgeschlossenen miteinzuschließen – die entrechteten Gemeinden, die Kinder, die Gefangenen, die Alten und die vielfältigen Spezies der Erde. Ich nenne diese Form der Demokratie Erd-Demokratie. Wir brauchen Erd-Demokratie, um unsere Freiheit zu schützen, um die für uns lebenswichtigen Systeme der Erde zu erhalten, um Gerechtigkeit und Nachhaltigkeit zu sichern, um Konflikte zu beenden und den Frieden zu bringen.

Die Krise der Demokratie

Wir erleben zurzeit das parallele Wachstum von zwei Kräften – nämlich der Globalisierung und der Lokalisierung; die eine Kraft wird durch die Wirtschaftsglobalisierung vorangetrieben, die andere durch lokale Gemeinden und Basisbewegungen; die eine Kraft verschiebt die Macht nach oben, die andere bringt sie nach unten, zu den Bürgerinnen und Bürgern. Die Globalisierung bedeutet in Wirklichkeit das Ende der Demokratie. Die Regeln des Freihandels sind so gestaltet, dass sie den Konzernen Immunität vor staatlichem Einfluss und staatlicher Regelung gewähren.

In einer Demokratie sollten die Wünsche und der Wille des gewöhnlichen Volkes die Wirtschaftspolitik bestimmen. Wenn die Wirtschaftspolitik durch die WTO oder die Weltbank und den IWF gestaltet wird, ohne Mitsprache der Bevölkerung, haben wir nicht mehr eine Wirtschaftsdemokratie, sondern eine Wirtschaftsdiktatur. Darum gibt es immer weniger Unterschiede zwischen einer Kongresspartei und der BJP in Indien oder den Demokraten und Republikanern in den USA; alle diese Parteien gleichen sich in ihrer Unterwerfung unter die Macht der Konzerne. Wahlen ändern die Wirtschaftspolitik nicht, solange die Wirtschaftsglobalisierung den Ton angibt. Zwar werden Parteien und Staatsoberhäupter ausgewechselt. Doch die eigentlichen Regierungsinhaber sind die globalen Konzerne, deren Interessen über die Interessen der Bürgerinnen und Bürger gestellt werden, deren Rechte mehr als die Rechte der Menschen und anderer Lebewesen gelten und deren Profite zum höchsten aller Werte gemacht werden, höher als Leben und Freiheit.

Wenn es um die Verteidigung der Freiheit des Volkes geht, zeigen sich die Grenzen am ausgeprägtesten in der größten und dynamischsten repräsentativen Demokratie – in Indien. In den Wahlen von 2004 wurde die geballte Macht von Marktfundamentalismus und religiösem Fundamentalismus zurückgewiesen. Das Volk stimmte gegen die Wirtschaftsglobalisierung, die man in Indien Wirtschaftsreform nennt. Doch der neue Premierminister und seine Beamten verkündeten nach ihrer Wahl als erstes, dass die »Reformen« nicht umgestoßen würden, man gebe ihnen aber ein menschliches Antlitz. Doch die Menschen Indiens hatten ein menschliches Herz von der Wirtschaft gefordert. Sie stimmten für eine menschenfreundliche Wirtschaft, die sich um die Bauern und die Armen, die Arbeitslosen und die Hungrigen kümmert, nicht für die Maske einer menschlichen Fassade. Eine echte Wirtschaftsdemokratie erfordert die Abkehr von einigen der unmenschlichsten Aspekte der Wirtschaftsglobalisierung: Zum Beispiel die Aufgabe von Praktiken, welche Unternehmensgewinne sichern, indem sie Bauern in den Selbstmord, die Armen in die Verelendung und die Jungen in die Arbeitslosigkeit treiben.

Sieg in Cancún

Das Resultat der WTO-Ministerkonferenz in Cancún 2003 bedeutet einen Sieg der Demokratie über die Diktatur, der Fairness über die Ungerechtigkeit, des Südens über den Norden, der Armen über die Reichen, des Volkes über den Profit, des Lebens über den Tod.

Cancún am türkisfarbenen Wasser und an den weißen Stränden der Ostküste Mexikos wurde ursprünglich als Ferienort gebaut, nicht als Schauplatz der intensivsten Auseinandersetzungen und Debatten unserer Zeit. Doch vom 10. bis 14. September 2003 waren es nicht Touristen, welche Cancúns Hotels füllten, sondern Regierungsdelegationen der WTO. Und Protestierende, nicht Touristen, füllten die Straßen vor den Hotels; sie demonstrierten und versuchten die Barrikaden zu übersteigen, welche aufgebaut worden waren, um den Dissens 10 Kilometer weit vom Ort des Ministertreffens entfernt zu halten.

Wie schon 1999 in Seattle scheiterte auch das Treffen in Cancún. Der Widerstand gegen die mörderische Politik, mit der die WTO in jeden Winkel unserer Wirtschaft und unseres Lebens eindringen wollte, zwang die Verhandlungsrunde zum Abbruch. Dass es bei den WTO-Regeln nicht um fairen Handel, sondern um Leben und Tod geht, wurde am ersten Tag des Treffens auf tragische, aber heldenhafte Art durch den Selbstmord des koreanischen Bauern Lee Kyung Hae klar gemacht. Lee und andere Kleinbäuerinnen und Landwirte aus der ganzen Welt hatten ihre Zelte vor der Hotelzone auf dem Gelände der Casa de Culture aufgeschlagen. Am Morgen des ersten Tages führten die Bauern einen Demonstrationszug zum Ministertreffen. Als sie mit ihrem Schild »WTO tötet Bauern« die Barrikaden erreichten, welche die Protestierenden von den Handelsgesprächen fernhalten sollten, erkletterte Lee die Barrikade und erstach sich. Er trug eine Notiz bei sich: »Ich nehme mir mein Leben, damit andere leben können.«

Es war nicht das erste Mal, dass Lee versuchte hatte, die WTO zum Zuhören zu bewegen. In einem Artikel in der Aprilausgabe 2003 des Heftes *Korea Agrofood* schrieb er: »Bald nach dem Uruguayabkommen realisierten wir, meine koreanischen Mitbauern und ich, dass uns das Schicksal aus der Hand genommen worden ist. [...] Ich schreie die Worte heraus, welche so lange in meinem Körper gebrodelt haben: Für wen verhandelt ihr eigentlich? Für das Volk oder für euch selber? Stopp den WTO-Verhandlungen mit ihrer falschen Logik und ihren falschen diplomatischen Gesten. Nehmt die Agrikultur aus dem WTO-System heraus.« (Kyung Hae 2003)

Zehn Jahre vor Cancún – noch vor der Gründung der WTO – hatten Bauern des koreanischen Verbandes der Kleinbauern, den Lee präsidiert hatte, in Indien protestiert und verlangt, dass die Agrikultur von Freihandelsverträgen ausgenommen werde. In den darauffolgenden Jahren sind die Zwänge und der Betrug des Freihandels offensichtlich geworden. Freier Handel ist in Wirklichkeit erzwungener Handel – Handel, zu dem die Kleinbauern und die armen Ländern genötigt werden. Es ist auch ein betrügerischer Handel: Während man für die Effizienz und die gleichen Wettbewerbsbedingungen ein Lippenbekenntnis abgibt, werden effiziente Kleinbauern ruiniert, indem hochsubventionierte Produkte zu Schleuderpreisen auf den Weltmarkt geworfen werden.

Bauern wie Lee verloren ihre Existenzgrundlage aufgrund von WTO-Regeln, die Korea zur Öffnung seiner Reismärkte für das Dumping von US-Agrokonzernen wie Cargill oder ConAgra zwangen. Im Jahr 2001 kostete die Produktion von einem Bushel (rund 35 Liter) Reis in den USA 18,66 Dollar; doch international wurde Reis für 14,55 Dollar das Bushel verkauft. Dieses Dumping – der Verkauf von Produkten unter ihren Herstellungskosten – ist gemäß WTO legal, der Widerstand gegen das Dumping ist illegal geworden. Die Preise für landwirtschaftliche Produkte sind in freiem Fall. Sie werden durch verschiedene Faktoren gedrückt: Exportsubventionen, welche einen unfairen und ungerechten Handel schaffen, die erzwungene Abschaffung von Importbeschränkungen und die Senkung von Zöllen. Schon vor Cancún kündigte Pascal Lamy, damals Handelsminister der Europäischen Union, an, die EU würde die Exportsubventionen nicht streichen. Die USA gaben bekannt, dass sie wirtschaftliche Stützungsmaßnahmen im eigenen Land nicht aufgeben würden. In Wirklichkeit haben sowohl die EU wie die USA ihre Landwirtschaftssubventionen seit Inkrafttreten des WTO-Abkommens sogar noch gesteigert. Das geschah trotz der Versprechen, die in Marrakesch bezüglich Reduktion der Landwirtschaftssubventionen im Norden und Schaffung von gleichen Wettbewerbsbedingungen abgegeben worden waren. Die WTO hat die Zunahme von Subventionen durch die Schaffung von blauen und grünen Rubriken legalisiert – ein WTO-Konstrukt, welches die Erhöhung von Subventionen ermöglicht. Grüne Zuschüsse stützen Umweltschutzprogramme und blaue Zahlungen werden als nicht marktverzerrend definiert, weil sie direkt mit der Produktion zusammenhängen; doch alle diese Subventionen verzerren den Markt, weil sie die Preise verzerren. Durch Einführung der blauen und grünen Rubriken sanken die expliziten Getreidesubventionen in der EU um 60 Prozent, von 2,2 Milliarden Ecu 1992 zu 883 Millionen Euro 1999. Aber die Direktzahlungen in dieser Periode wuchsen von 0 auf 12,8 Milliarden Euro. Wenn man die Exportrückerstattungen miteinbezieht, beliefen sich die gesamten Getreidesubventionen 1999 auf 2,985 Milliarden Euro. Das ist real ein Subventionenzuwachs von 785 Millionen Euro seit 1992 (Berthelot 2002).

Die US-amerikanische Subventionierung der Baumwollindustrie und der Baumwollexporte sind nach der Änderung des Landwirtschaftsgesetzes von 2002, der so genannten Farm Bill, auf beinahe 4 Milliarden Dollar angestiegen. 2001 betrugen die Produktionskosten für Baumwolle in den USA 0,93 Dollar pro Bushel, der Exportpreis war 0,40 Dollar pro Bushel, das ist ein Dumping von 57 Prozent. 1995 waren es erst 17 Prozent. Die amerikanische Agrarpolitik mit ihrem Dumping, kombiniert mit den WTO-Regeln, die den Ländern die Aufhebung von Importbeschränkungen vorschreiben und so arme Länder daran hindern, sich gegen die verheerenden Folgen der Schleuderpreise zur Wehr zu setzen, führt zur Zerstörung der Landwirtschaft in der Dritten Welt. Die Farm Bill hat die Subventionen um 82 Milliarden Dollar erhöht. Das erlaubt der US-Regierung, den Baumwollpflanzern die Differenz zwischen dem Weltmarktpreis von 1,23 Dollar pro Kilo und einem idealen Fantasiepreis von 1,57 Dollar pro Kilo zu zahlen. Die US-amerikanischen Baumwollpflanzer erhielten insgesamt einen Zuschuss von 3,9 Milliarden Dollar; das meiste ging an riesige Großunternehmen. Mit diesen Subventionen haben die USA seit Gründung der WTO 1995 ihre Baumwollexporte verdoppelt und die Existenzen und Einkommen von 250 Millionen afrikanischer Baumwollpflanzer ruiniert.

Dieser legalisierte Betrug im Namen des freien Handels von landwirtschaftlichen Produkten war der Hauptgrund für den Abbruch der WTO-Gespräche in Cancún. Das Martyrium von Lee sandte eine starke Botschaft des Widerstandes von den Barrikaden, aber die Rebellion brodelte auch im Konferenzzentrum selbst.

Vor dem Treffen in Cancún hatten die USA und die EU bereits eine Vereinbarung zur Landwirtschaft erreicht, welche den Süden dazu bringen sollte, die Handelsbarrieren noch mehr abzubauen, während die Exportsubventionen für das US-amerikanische und europäische Agrobusiness beibehalten werden sollten. Eine Gruppe von 21 Entwicklungsländern machte einen Gegenvorschlag. Sie bestanden vor jedem weiteren Zollabbau auf der Beseitigung der Exportsubventionen, welche die Bauern in der Dritten Welt ruinieren. Die Diskussion war an einem toten Punkt angelangt. Als die WTO am dritten Tag des Ministertreffens einen Entwurf verlas, wurde darin den Anliegen des Südens keine Rechnung getragen. Noch schlimmer: die Forderung der Baumwolle produzierenden Länder Afrikas nach Schutz vor dem Dumping der USA wurde auf einen einzigen Abschnitt zusammengestaucht, der Afrika nahe legte, die Baumwollproduktion doch aufzugeben. Nach Bekanntwerden des Entwurfs meinte ein Vertreter der afrikanischen Nationen: »Wenn die Afrikaner Cancún ohne praktische Resultate verlassen, kommen sie vielleicht nicht mehr zurück; so viel Einsatz hat zu so wenig Erfolg geführt.«

Die WTO-Mitglieder, die die Konferenz verließen, allen voran die afrikanischen Länder, lehnten ausdrücklich die Einführung neuer Themen wie Investitionen, Öffentliche Beschaffung, Wettbewerbspolitik und Handelserleichterungen ab. Das Scheitern in Cancún, das auf das Scheitern in Seattle folgte, zeigt auch, wie dringlich es ist, Agrikultur und die intellektuellen Eigentumsrechte aus den Handelsabkommen zu entfernen. Diese Dinge werden besser den nationalen Systemen überlassen; man behandelt sie besser als Grundbedürfnisse und Fragen des Lebensunterhaltes denn als bloße Handels- und Konsumgüter.

Was die USA und die EU in Cancún zu sichern suchten, war das Recht auf Fortsetzung ihres Dumpings und ihres unfairen Handels durch Subventionierung ihres Agrobusiness. Sie wollten die WTO-Regeln für den Marktzugang nutzen, um die Weltmärkte zu übernehmen. Jetzt wo diese Taktik dank der jahrzehntelangen Arbeit von Bürgerrechtsgruppen und dank neuen Bündnissen zwischen Entwicklungsländern unter Beschuss gerät, nennt EU-Handelskommissär Pascal Lamy die WTO auf einmal ein »mittelalterliches Instrument«, und der US-Handelsbeauftragte Robert Zoellick bezeichnet die Delegierten der Dritten Welt als Gruppe von Versagern. Die reichen Länder signalisieren, dass sie selber keine Reformen wollen und dass auch die WTO nicht reformiert werden soll. Es ist jetzt unabdingbar, dass die einseitige Liberalisierung, welche die Bauern und die Landwirtschaft zerstört, gestoppt wird. Es wird Zeit, dass wir unsere nationalen und innerstaatlichen Interessen über die Habgier und die Betrügerei der mächtigen Unternehmen in den mächtigen Ländern stellen. Es ist an der Zeit, Importbeschränkungen wieder einzuführen, wie es die Kampagne der indischen Globalisierungskritiker Indian People's Campaign Against the WTO verlangt hat. Das Paradigma der Handelsliberalisierung hat in Cancún einen harten Schlag erlitten. Es wird Zeit, einem Paradigma für fairen Handel Form und Inhalt zu geben, einem Paradigma, das auf vitalen lokalen und nationalen Wirtschaften beruht. Es wird Zeit, dass wir die lokale Produktion über den internationalen Handel stellen.

In Anbetracht des Scheiterns der WTO-Konferenz in Cancún und in Ermangelung einer Vereinbarung auf Ministerebene, kann in Genf kein neues Thema und keine Erweiterung der Handelsordnung legitimerweise verhandelt werden. Der Verlust der Legitimität der WTO in Cancún sollte als Chance begriffen werden: eine Gelegenheit, demokratischen Raum zurückzugewinnen, unsere Wirtschaft so zu formen, dass sie dem Leben und nicht den Profiten dient.

Die Demokratie gewann in Cancún. Wir müssen jetzt diesen Sieg stärken, indem wir dafür sorgen, dass keine wirtschaftlichen und keine handelsbezogene Entscheidungen unsere Verfassungen und unsere grundlegenden Menschenrechte verletzen. Wir müssen dafür sorgen, dass der globale, von Unternehmensprofiten getriebene Handel nicht unsere Existenzen und lokalen Wirtschaftsformen bedroht. Wirtschaftliche Demokratie kann nur von unten nach oben wachsen wie ein Baum, der seine Wurzeln in den örtlichen Ökosystemen, den lokalen Kulturen und Wirtschaftsformen hat; sein Stamm kann dann starke nationale Wirtschaften tragen; und seine Äste nähren einen internationalen Handel, der nachhaltig, gerecht und fair ist. Cancúns Scheitern kann ein Sieg sein für die Alternativen, die wir alle anstreben, um die Erde und all ihre Menschen zu schützen.

In Seattle und Cancún haben die Menschen und die Regierungen des Südens ihr demokratisches Recht wahrgenommen und die Diktatur wurde für einen Moment zum Stillstand gebracht. Aber bereits wird mit anderen Methoden versucht, die Demokratie zum Entgleisen zu bringen. Das geschieht vorab durch die Teile-und-Herrsche-Politik des religiösen Fundamentalismus und die Ideologien der Ausgrenzung, welche die demokratischen Energien der Menschen ab- und umlenken.

Der freie Markt und der Fundamentalismus

Freihandelsabkommen wie die WTO-Verträge und die Strukturanpassungsprogramme der Weltbank und des IWF sind gegen den Willen des Volkes abgeschlossen worden. Die Entscheide in WTO, Weltbank und IWF werden undemokratisch getroffen. Die Politik, welche diese Institutionen verfolgen, verteilt den Reichtum um: von den Armen zu den Reichen und zu den globalen Konzernen. Eine wirtschaftliche Demokratie, in der alle Menschen an den wirtschaftlichen Entscheidungen und am Besitz von produktiven Gütern, speziell von natürlichen Ressourcen, teilhaben, wird vom freien Markt nicht gefördert. Eine Wirtschaftsdemokratie hat Raum für die kreativen produktiven Beiträge aller Mitglieder, unabhängig von Klasse, Geschlecht, Rasse oder Ethnie. Anders als in der Welt der Globalisierung gibt es in der Wirtschaftsdemokratie keine überflüssigen Menschen. Es ist die Erniedrigung, wie Müll behandelt zu werden, die Menschen in den religiösen Fundamentalismus treibt, wo sie hoffen, eine eigene Identität, einen Lebenssinn und eine gewisse Bedeutung zu finden. Deshalb nährt die Globalisierung religiösen Fundamentalismus, und die freien Märkte schaffen Terrorismus und Extremismus, nicht Demokratie. Amy Chua, Professorin für Recht an der Yale University schreibt in ihrem Buch *World on Fire:* »Die globale Ausbreitung der Märkte und der Demokratie schürt Gruppenhass und ethnisch motivierte Gewalt in der ganzen nichtwestlichen Welt. Weil Märkte und Demokratie in diesen Gesellschaften verschiedene ethnische Gruppen unterschiedlich begünstigen, produziert das Streben nach Marktdemokratie höchst instabile und entflammbare Bedingungen. Märkte konzentrieren enormen Reichtum in den Händen von ›Außenseiter‹-Minderheiten und entfachen unter den oft chronisch armen Mehrheiten ethnisch motivierten Neid und Hass.« (Chua 2004, 9)

Weil die Globalisierung Gleichberechtigung, Gerechtigkeit und Demokratie bedroht, nährt sie eine Kultur der Angst. Der religiöse Fundamentalismus wiederum lebt von dieser Angst. Keine Gesellschaft ist immun gegen diese Art kultureller Zersetzung. Es ist kaum überraschend, dass die Religion in Indien in den ersten Wahlen nach der Einführung der Liberalisierungs- und Marktreformen von WTO und IWF 1991 zur treibenden Kraft wurde. Und es ist auch keine Überraschung, dass in den USA-Wahlen von 2004 religiöse und kulturelle Werte, und nicht der Krieg im Irak oder die Ökonomie sich als entscheidende Faktoren entpuppten.

Durch die Umwandlung von positiven Identitäten in negative Identitäten schafft und verstärkt die Globalisierung die Kulturkriege. Die Wirtschaftsglobalisierung zerstört Kulturen und positive kulturelle Identität, weil sie Lebensunterhalte und Arbeitsplatzsicherheit zerstört. Die Menschen wissen nicht mehr, wer sie sind und wohin sie gehören. Ökologische und ökonomische Identitäten haben ihre Wurzeln an einem festen Platz und in einer Gemeinschaft. Wenn sichere Arbeitsplätze und Lebensunterhalte ruiniert werden, füllt sich das Vakuum an Lebenssinn mit negativer Identität, die lediglich noch darin besteht, »nicht der andere zu sein«. Viele

Bauern in den USA verlieren ihre Identität, weil Schulden und Pfändungen sie von ihrem Land vertreiben.

Diese entwurzelten Gemeinschaften werden mithilfe der negativen Identitäten manipuliert und zu Stimmvieh gemacht. Die Demokratie wird durch diesen auf negativen Identitäten begründeten Kulturkrieg daran gehindert, eine Wirtschaftsdemokratie zu sein. Ein Teufelskreis entsteht, in dem nichtnachhaltige menschenfeindliche Wirtschaftsformen durch negative Kulturen und eine negative Demokratie gestützt werden, welche nicht »vom Volk für das Volk« ist, sondern »von der Wirtschaft für die Wirtschaft«. Politiker müssen Wahlen gewinnen, können aber nicht im Namen ihrer Wählerschaft in die wirtschaftlichen Prozesse eingreifen. Anstatt auf ökonomische Gerechtigkeit konzentrieren sie sich also auf kulturelle und religiöse Identität und Unsicherheit. Ohne wirtschaftliche Demokratie wird die politische Demokratie zu einer Kraft, welche die Leute trennt, statt sie zusammenzubringen. Kulturelle Diversität und Pluralismus, das ist der Stoff, aus dem Demokratie gemacht ist. Doch die Übergriffe des Marktes und die Manipulationen der Politiker zerreißen das feine Gewebe.

Das Lokale und das Globale neu definieren

Die Wirtschaftsglobalisierung basiert auf künstlichen Handelsregeln, welche unsere Autonomie und Souveränität verletzen – ökologische, ökonomische, kulturelle, soziale, ethische und spirituelle Räume werden besetzt. Auf der einen Seite definiert die Globalisierung Leben als Geschäft und die Welt als Ware. Auf der anderen Seite werden unsere globalen

Erfahrungen auf globale Märkte und globale Institutionen beschränkt. Aber »global« kann auch etwas anderes heißen. Global kann sich auf unsere universale Menschlichkeit beziehen – so wie wir sie in unserem Leben erfahren, verkörpert durch verschiedene Konfessionen, eingeschrieben in der UNO-Deklaration der Menschenrechte. Global kann Menschen als eine Spezies unter vielen meinen, verschieden von aber auch verbunden mit anderen Lebewesen. Wir können das Globale als Mitglieder der Erdfamilie erfahren. Und als Mitglieder der Erdfamilie gebietet uns unser Bewusstsein, die Souveränität, die Integrität und die ökologischen Räume der anderen Spezies zu respektieren und zu schützen. Das wiederum mündet im Gebot, unseren ökologischen Fußabdruck auf dieser Erde zu verringern.

Die Lokalisierung berücksichtigt die sozialen und ökologischen Kosten unserer Produktionssysteme und Konsumgewohnheiten – und zwar nicht bloß nachträglich oder als äußerliche Übereinkunft wie der »Handel mit Emissionszertifikaten«, durch den Verschmutzung und Ungerechtigkeit noch zunehmen. Ressourcen können nur dann bewahrt, Lebensexistenzen geschützt und Gerechtigkeit und Nachhaltigkeit gesichert werden, wenn wir die Menschen und die Natur über Kommerz und Profit setzen, Ökologie und Gleichberechtigung über den Handel und die gelebte Wirklichkeit über die abstrakten Konstrukte des Konzernkapitalismus und der verschiedenen Patriarchate. Lokale Wirtschaftsformen allein machen nicht die ganze Wirtschaft aus, aber sie sind die Grundlage für einen fairen, nicht ausbeuterischen internationalen Handel.

Die Lokalisierung baut auf die Interdependenz von Natur und Kultur, von Menschen und anderen Spezies, von lokal und global, mikro und makro. Die Lokalisierung behandelt jeden einzelnen Ort als Zentrum der Welt und platziert jede Person und jedes Lebewesen im Zentrum eines immer weiter werdenden Kreises der Solidarität und Fürsorglichkeit. Der Neoliberalismus hingegen sieht Washington als Zentrum der Welt und erklärt alles, was nicht in diese Sichtweise passt, für entbehrlich. Wer die Washington-Brille aufsetzt, ist unfähig, die Vielfalt der Lebewesen wahrzunehmen, die Vielfalt der Kulturen und Ökonomien zu begreifen; er ist auch unfähig, die ökologischen und sozialen Kosten der erzwungenen Wirtschaftsglobalisierung zu sehen. Darum können die Förderer der Handelsliberalisierung die Schreie derer nicht hören, die die Kosten und Bürden dieser Wirtschaftsweise tragen oder die überflüssig sind. Die Globalisierung hat keinen selbstkorrigierenden Mechanismus. Die Lokalisierung hingegen reagiert ständig auf die ökologischen Rückmeldungen aus der Natur und die politischen und kulturellen Reaktionen der Menschen.

Künstliche Subventionen, welche die lokale Produktion zerstören, machen die nichtlokale Produktion nicht billiger. Der Mythos der billigen Nahrung gründet auf der Subventionierung der Energie, eine Praxis, die Transporte über weite Distanzen begünstigt und so die Preise von nichtlokalen Produkten verbilligt; er basiert auf Exportsubventionen, welche die internationalen Preise drücken und das Dumping fördern; und schließlich stützt er sich auf Agrobusiness-Monopole, welche den Konzernen die Versklavung und Ausbeutung von Bauern ermöglicht. Billige Nahrung ist in der Tat sehr kostspielig für die Umwelt, die Bauern und die Volksgesundheit. Sie ist nur deshalb billig, weil sie die realen Kosten nicht widerspiegelt. Dies ist eine trügerische Wirtschaft. Die Lokalisierung schafft im Gegensatz dazu ehrliche Wirtschaften mit realen Kosten und realen Preisen.

Es gibt alternative Projekte wie die Community-Supported Agriculture (Gemeinschaftshöfe, in denen sich Verbraucher und Partnerlandwirte zusammenschließen), Fair Trade und Solidaritätswirtschaften, welche die lokale Wirtschaft fördern, in denen die Konsumentinnen und Konsumenten volle Preise bezahlen und die Arbeit respektieren. Dass diese gerechten und ehrlichen Ökonomien noch klein sind, hat mit der Verzerrung der globalen Wirtschaft zu tun, welche durch undemokratische Handelspolitik voller Zwänge gestützt wird. Obwohl diese Wirtschaftsalternativen einzeln genommen klein sind, sind sie als ganzes doch bedeutsam. Der Kontext muss sich ändern, damit sich lokale Wirtschaften entwickeln und zu ihrem vollen Potenzial entfalten können. Die Erd-Demokratie basiert auf Vielfalt. Sie basiert auf multidimensionalen und multifunktionalen Äußerungen der Kreativität und Produktivität von Mensch und Natur. Damit lokale Wirtschaften wachsen können, müssen Regierungen ihre Pflicht tun – so wie es die Regierungen des Südens in Cancún taten, als sie die Beschleunigung und Erweiterung der Wirtschaftsglobalisierung bremsten. Diese Wirtschaftsformen brauchen auf der ganzen Welt Leute, die protestieren. Am allernötigsten aber brauchen sie aktiven Widerstand auf lokaler und nationaler Ebene und konstruktive Schritte hin zu einer lebendigen Wirtschaft. Eine lebendige Wirtschaft besteht aus gewaltfreien Wirtschaftsformen; es sind mitfühlende und ausgleichende Wirtschaften, ganz anders als die auf Gewalt und Gier gebaute Marktwirtschaft. Eine lebendige Wirtschaft kann bloß im nährenden Umfeld von lebendigen Demokratien wachsen.

Die Alternativen zur Wirtschaftsglobalisierung sind viel diskutiert worden – und oft steckt die Debatte in einer Entweder-oder-Dichotomie fest. Doch der Aufbau von lebendigen Demokratien ist keine Entweder-oder-Angelegenheit. Lebendige Demokratien müssen gleichzeitig institutionelle und staatliche Macht an die Bürgerinnen und Bürger und Gemeinden dezentralisieren und die nationalen Regierungen, die internationalen Institutionen und die Unternehmen der sozialen Kontrolle unterwerfen. Der Aufbau von Demokratie auf lokaler, nationaler und globaler Ebene schließt sich nicht bloß nicht aus; die Prozesse sind untrennbar. Nur wachsame, dynamische Bürgerinnen und Bürger können nationale Regierungen und globale Institutionen demokratisieren. Lebendige Demokratien fordern von den Regierungen die Rechte und Verantwortlichkeiten zurück, die in die Gemeinde und in die Zivilgesellschaft gehören, und sie verlangen von globaler Ebene, was auf die nationale oder lokale Stufe gehört. Nur auf dem Fundament einer starken lokalen Demokratie können starke nationale und globale Demokratien gebaut werden.

Mehrere Aspekte sind für den Bau einer lebendigen Demokratie wichtig: Wir müssen die Volksrechte neu erfinden und das Allgemeingut für die Gemeinschaft zurückfordern. Das beinhaltet sowohl die Übernahme der Kontrolle über Ressourcen, Erwerbsquellen und Entscheidungsprozesse des Staates wie auch die Wiedergewinnung der Ressourcen, welche die Unternehmen mithilfe der WHO-Regeln und der Strukturanpassungsprogramme von Weltbank und IWF privatisiert haben.

Wir müssen die Regierung neu erfinden und die Volkssouveränität erweitern, zum Schutz der Lebensgrundlagen, der Ressourcen und der Rechte des Volkes, das Kapital zu regulieren. Gleichzeitig müssen wir Gebiete zwischenstaatlicher Verantwortlichkeit definieren, um die Tätigkeiten zu regulieren, die globale ökologische Allmenden wie die Atmosphäre betreffen. Das vorherrschende Entwicklungsmodell stützt sich auf zentralisierte Regierungen, welche die Kompetenzen von lokalen Gemeinden und Bürgern usurpieren. Wir müssen das Regieren neu erfinden und den Individuen und Gemeinschaften zurückgeben, was in die Gesellschaft gehört, und wir müssen von den Unternehmen und globalen Institutionen diejenigen Entscheidungsbefugnisse zurückfordern, welche am besten in nationalen und demokratischen Kontexten aufgehoben sind. Zentralisierte Staatskontrolle, welche die Bauern daran hindert, ihr Saatgut zu sparen, oder zentralisierte Regierungskontrolle über Reproduktionsfragen sind Beispiele von Herrschaftsformen, die demokratische und freie Räume besetzen, welche den individuellen Personen, Familien und Gemeinden zustehen. Die Wirtschaftsglobalisierung baut die Rolle des Staates bei der Regulierung von Unternehmen ab, während die religiösen Fundamentalisten vom Staat eine stärkere Kontrolle der Menschen verlangen. Diese politischen Auswüchse und Entstellungen müssen korrigiert werden, wenn wir eine wirkliche Demokratie wollen.

Wir müssen die globalen Institutionen und ihre Führung neu erfinden. Globale Institutionen wie die Weltbank, der IWF und die WTO spiegeln weder den Volkswillen noch die demokratische Äußerungen wider. Globale Institutionen versagen je länger je mehr bei der Verteidigung der Bürgerinnen und Bürger dieser Welt. Sie werden zu Instrumenten von mächtigen Nationen und Konzernen. Gleichzeitig reißen die globalen Institutionen Macht an sich, die auf lokaler oder nationaler Ebene bleiben sollte. Die WTO hat zum Beispiel von lokalen Gemeinden und nationalen Regierungen das Recht auf Kontrolle der Biodiversität beansprucht. Das hat die lokalen Gemeinschaften zur Privatisierung und Einhegung ihres Saatgutes, ihrer Biodiversität und ihres gemeinsamen Wissensschatzes gezwungen. Es hat den nationalen Regierungen Gesetze auferlegt, welche sie daran hindern, Patentrecht angepasst an den eigenen soziökonomischen Kontext zu formulieren. Die Regeln für die Nutzung der Biodiversität werden am besten von lokalen Gemeinschaften aufgestellt. Die Verantwortlichkeit für Patente liegt richtigerweise auf nationaler Ebene, sodass die Bevölkerung diese nationale Politik beeinflussen kann und sicherstellt, dass ihre Regierung das Recht aller auf Zugang zu Saatgut, Nahrung und Medizin verteidigt. Die Neudefinition der Rolle, der Funktion und der Macht der globalen Institutionen legt gleichzeitig die Kompetenzen der globalen Unternehmen neu fest. Denn die Herrschaft der Unternehmen wird heute durch die globalen Institutionen und ihre undemokratischen Machtstrukturen begünstigt.

Weil wir in einer vernetzten Welt leben, haben Veränderungen auf lokaler Ebene globale Auswirkungen. Und Veränderungen auf globaler Ebene wirken sich auf die lokale Wirtschaft, auf lokale Kulturen und auf die lokale Demokratie aus. Eine lebendige Demokratie verbindet das Lokale, das Nationale und das Globale mit einer kreativen, kohärenten Synergie, welche Nachhaltigkeit, Gerechtigkeit und Frieden bringen kann. Weil diese Synergie aus der Selbstverwaltung unserer unterschiedlichen Leben kommt, gedeiht und wächst sie ohne äußere Kontrolle und Hierarchie.

Die Gesellschaft, der Staat und die Konzerne

Die Globalisierung hat das Verhältnis zwischen Gesellschaft, Staat und Wirtschaft ins Fließen gebracht. Was die Globalisierung unter anderem attraktiv macht, ist die Vorstellung, dass es weniger bürokratisch zu und her geht, dass es weniger Zentralisierung gibt und die Macht des Staates geschwächt wird. Indiens gegenwärtiger Premierminister und frühere Finanzminister Manmohan Singh kommentiert die Ideologie der Deregulierung so: »Macht sollte sich in die Chefetagen der Konzerne verschieben.« (RFSTE 1995)

In den letzten Jahren hat die ökonomische und politische Macht der transnationalen Unternehmen in der Tat drastisch zugenommen. Transnationale Konzerne kontrollieren weltweit ein Drittel des Reichtums. Der Handel innerhalb von Firmen und nicht mehr zwischen ihnen macht einen immer größeren Anteil des Welthandels aus.

Wirtschaftsglobalisierung bedeutet weniger staatliche Regulierung von Handel und Gewerbe. Hand in Hand damit geht eine vermehrte Einmischung in das Leben der Bürgerinnen und Bürger. Wenn die Globalisierung zunehmend Ressourcen von der öffentlichen zur privatwirtschaftlichen Sphäre lenkt, nehmen Unzufriedenheit und Dissens notwendigerweise zu. Überlebensmöglichkeiten gibt es manchmal bloß noch außerhalb des Gesetzes. In Bolivien zum Beispiel wurde der Diebstahl der öffentlichen Ressourcen durch die Privatisierung des Wassers geduldet; doch das Sammeln von Regenwasser war nun verboten. In einer solchen Situation wird sogar ein minimalistischer Staat, der sich auf Recht und Ordnung beschränkt, groß und allgegenwärtig; er verschlingt einen großen Teil des gesellschaftlichen Reichtums und besetzt das Leben jedes einzelnen Bürgers.

Der Machtzerfall des Nationalstaates konzentriert die Macht in den Händen der Unternehmen. Er überträgt Macht nicht ans Volk; er verlegt die Macht nicht nach unten in die Gemeinden. Macht wird auf lokaler Ebene entzogen und die staatlichen Institutionen wandeln sich. Statt die Gesundheit und die Rechte der Leute zu schützen, schützen die staatlichen Institutionen nun das Eigentum und die Profite der Unternehmen. Das führt zu einem Staat, der sich mehr für den Schutz der ausländischen Investitionen einsetzt als für seine Bürgerinnen und Bürger. Eine gute Illustration für diese Umwandlung ist der kürzlich angekündigte Vorschlag, dass ausländische Sicherheitsexperten künftig die indische Polizei für den Schutz von »Leben und Eigentum von ausländischen Investoren« ausbilden würden (zitiert in Shiva 1995b, 3). Ein weiteres Beispiel ist die jüngste Entscheidung der indischen Regierung, das erlaubte Minimum für Monosodiumglutamat – ein Stoff, welcher ernsthafte Gesundheitsprobleme wie Asthma verursacht – zu erhöhen. Dieser Beschluss setzte die Verbreitung von Schnellimbissketten wie Kentucky Fried Chicken über die Gesundheit der eigenen Bevölkerung (www.cnn.com/world/9509/india_kfc).

Wenn sich die Globalisierung ausdehnt, gerät sie in Konflikt mit dem demokratischen Raum, den die Bürgerinnen und Bürger brauchen, um die Bedingungen für ihre Gesundheit und ihr Wohlergehen zu schaffen und zu beeinflussen. Die Erweiterung der Unternehmenskontrolle wird oft als Erweiterung der Demokratie dargestellt: die Wahl der Konsumentinnen und Konsumenten sei größer geworden. Doch die Wahl innerhalb eines vorbestimmten Satzes von Möglichkeiten ist nicht Freiheit. Die Unternehmensdemokratie verlangt, dass wir die Selbstbestimmung über unser Leben und unsere

Gesellschaft aufgeben. Je größer der Entscheidungsspielraum beim Kauf von Autos oder Junkfood, desto weniger Möglichkeiten haben Gemeinschaften, ihre eigenen natürlichen Ressourcen auf demokratische Art zu kontrollieren.

Von der Ausgrenzung zur Integration

Unternehmenskontrolle oder Bürgerkontrolle über die natürlichen Ressourcen – welche der beiden Möglichkeiten weist eher in Richtung nachhaltiger, gerechter und demokratischer Zukunft? Wichtigstes politisches Thema ist in Indien zurzeit das Recht auf Überleben; die Zukunft der vielen armen Menschen, die ihren Lebensunterhalt heute dank offenem Zugang zu den natürlichen Ressourcen – Land, Wasser, Biodiversität – bestreiten können. In jedem dieser Bereiche entstehen große Konflikte darüber, wer die Ressourcen kontrollieren soll, die Unternehmen oder die Bürgerinnen und Bürger.

Soziale Bewegungen verlangen meist, dass die Macht nicht in den Händen der zentralisierten Nationalstaaten bleiben sollte. Macht sollte in der Gesellschaft verteilt und durch eine Vielfalt von Institutionen ausgeübt werden, mit einem Machtschwerpunkt auf lokaler Ebene und auf lokalen Gemeinschaften. Die Pläne der transnationalen Konzerne sehen hingegen vor, dass die Macht von der zentralisierten Kontrolle der Nationalstaaten in die noch zentralisiertere Kontrolle der globalen Unternehmen und globalen Institutionen wie der WTO, der Weltbank und des IWF übergeht.

Immer mehr Menschen definieren Demokratie neu als Entscheidungsbefugnis über ihren eigenen Alltag. Sie definieren die Nation als Angelegenheit der Bürgerinnen und Bürger und nicht als Angelegenheit eines Zentralstaats. Dieser Trend zur Lokalisierung entstand parallel zur Globalisierung. Wenn Globalisierung der von der Wirtschaft bevorzugte Weg für die Kontrolle durch Konzerne ist, so ist die Lokalisierung die Alternative der Menschen für den Schutz der Umwelt und der Lebensgrundlagen. Wo die staatliche Regulierung versagt, formuliert das Volk seine eigene ökologische und demokratische Antwort.

Eine lebendige Demokratie beruht auf der lebendigen Vielfalt der Kulturen und sozialen Gruppen, aber auch auf der Idee, dass wir alle einer Menschheit angehören und Gemeinsamkeiten mit allen Lebewesen und Lebensformen aufweisen. Die lebendige Demokratie ist gleichzeitig lokal und global und geht deshalb über die ausschließliche Entweder-oder-Logik hinaus. Sie entwickelt sich aus der Nichtdualität und Nichttrennbarkeit von Beziehungen. Beziehungen schaffen den Raum, in dem Menschen aufeinander eingehen können. Das wiederum schafft Verantwortungsgefühl und legt den Grundstein für Solidarität und Mitgefühl. Beziehungen gibt es, weil wir alle zur einen Erdfamilie gehören – wir teilen die gleiche Biosphäre, leben auf derselben Erde, haben dasselbe planetarische Zuhause, wir sind alle verwandt. Das ist unsere grundlegendste Identität. Sie ist geformt sowohl durch den speziellen Ort auf der Erde, an dem wir unseren Alltag leben, als auch durch das planetarische Bewusstsein, Mitglieder einer Erdfamilie, einer Menschheit zu sein.

Lokalisierung heißt nicht Abschottung

Lokalisierung heißt nicht Abschottung oder Engstirnigkeit. Es heißt bloß, dass die Logik der Globalisierung in jedem konkreten Fall, das heißt bei jeder ausländischen oder sehr großen Investition auf Nachhaltigkeit, Demokratie und Gerechtigkeit hin geprüft werden sollte. Es heißt auch, dass der Staat als Instrument zum Schutz der Volksinteressen zurückgefordert wird. Selbstverwaltung und Selbstregierung sind die Herzstücke jeder lebendigen Demokratie. Bloß Bereiche des Lebens, die sich nicht zur Selbstverwaltung eignen, brauchen eine andere Organisationsform. Eine wichtige Frage ist heute, wie der Staat auf eine Art und Weise neu erfunden werden kann, welche nicht zentralisiert, bürokratisch und kontrollierend ist, sondern verankert in und verantwortlich gegenüber der Gemeinschaft. Es wäre ein Fehler, Entscheidungen über die Verteilung von Gütern und Dienstleistungen und über Umweltfragen den unregulierten und verantwortungslosen Märkten zu überlassen. Die gesellschaftliche Regulierung von Märkten braucht starke Bürgerrechte und eine starke Sozialpolitik – das ist nicht gleichbedeutend mit Konsumwahl. Der Wettstreit zwischen transnationalen Konzernen, die Globalisierung wollen, und den einzelnen Gemeinschaften, die Lokalisierung anstreben, ist auch ein Streit darum, welcher Staat die Unternehmen regulieren und gleichzeitig die Freiheit seiner Bürgerinnen und Bürger anerkennen und stärken wird. Die Freiheit von Not – von Hunger, Obdachlosigkeit und Verelendung – ist die wichtigste Freiheit, ohne die es keine anderen Freiheiten geben kann. Diese Freiheit zu sichern, indem wir lebendige Demokratien bauen, die Zivilgesellschaft stärken und den einzelnen Menschen mehr Entscheidungsbefugnisse geben, ist das Demokratieprojekt unserer Tage.

Protektionismus von unten

Bewegungen für die Lokalisierung führen zu einem neuen Protektionismus von unten. Die Entscheidungsmacht und

-autorität über Umwelt und Wirtschaft verschiebt sich von zentralisierten Staaten zu selbstverwalteten Strukturen auf lokaler Ebene. Bürgerinnen und Bürger und Gemeindeorganisationen entscheiden nun, welche Rollen und Funktionen der Staat haben soll. Die Menschen versuchen die gesellschaftlichen Institutionen zu verändern – Gerichte, Polizei, Regierungsministerien –, welche heute den öffentlichen Willen missachten und die Interessen der transnationalen Unternehmen schützen, während sie die Interessen der Bürger, Kleinproduzentinnen und Kleinhändler opfern.

Seit 1991 haben die größten Weltkonzerne die Schlägertaktiken der Super-301-Klausel des US-Handelsgesetzes, den Liberalisierungsdruck von IWF und Weltbank sowie die Uruguayrunde des Allgemeinen Zoll- und Handelsabkommens GATT kombiniert, um in Indien neue Anlagemöglichkeiten zu erschließen. Dies führte dazu, dass die Interessen und Rechte der ausländischen Investoren über die Rechte und Interessen der Bürgerinnen und Bürger von Indien gestellt wurden. Doch in den letzten Jahren mussten die größten multinationalen Konzerne einsehen, dass es für ein demokratisches Funktionieren nicht bloß die Genehmigung der Regierung, sondern auch die der Bürgerinnen und Bürger braucht.

Ob Coca-Cola in Kerala, Suez in Delhi, Monsanto, Cargill und W. R. Grace in Karnataka, DuPont in Goa oder KFC in Delhi und Bangalore – die Aktivitäten der transnationalen Konzerne werden von lokalen Gruppen und Basisbewegungen in Frage gestellt. Lokale Gruppen tun sich zusammen und sagen: »Wir wollen über Investitions- und Entwicklungsmodelle entscheiden. Wir werden die Besitzverhältnisse und den Gebrauch unserer natürlichen Ressourcen bestimmen.« Diese Botschaft pflanzt sich fort, von Dorf zu Dorf, von einem Investitionsstandort zum nächsten. Eine neue Umweltphilosophie, welche auf demokratischer Dezentralisierung und politischer und wirtschaftlicher Lokalisierung beruht, wird hier in die Tat umgesetzt. Der Druck von unten zwingt den Staat, sich an seine Rolle als Treuhänder des öffentlichen Interesses und als Hüter des natürlichen und kulturellen Erbes zu erinnern und nicht bloß im Interesse der ausländischen Investoren zu handeln.

Jenseits des zentralisierten Staates und der superstaatlichen Systeme, welche für die Konzerninteressen arbeiten, entsteht ein Modell für eine effiziente Steuerung und Nutzung der Umwelt *(environmental governance)*. Lokalisierung entpuppt sich als Gegenmittel zur Globalisierung und zur ungehemmten kommerziellen Gier.

Vielfalt und Freiheit

Die Grüne Revolution ist ein Beispiel für die absichtliche Zerstörung von Biodiversität. Neue Biotechnologien wiederholen und steigern nun diesen Vorgang. Überdies arbeiten die neuen Technologien mit Patentmonopolen, welche durch die geistigen Eigentumsrechte des GATT, das Übereinkommen zum Schutz der biologischen Vielfalt und anderer Handelsplattformen gefestigt werden. Dadurch wird die Vielfalt der Lebensformen zum bloßen Rohmaterial für die industrielle Produktion und für Profite reduziert. Die neuen Technologien bedrohen gleichzeitig die Fortpflanzungsfreiheit der diversen Spezies und die freie und nachhaltige Wirtschaft der Kleinbauern und Produzenten, welche auf der Vielfalt der Natur basiert.

Samen zum Beispiel sind frei, sowohl im ökologischen Sinn der Selbstfortpflanzung als auch in der ökonomischen Bedeutung von Reproduktion der bäuerlichen Existenz. Diese Freiheit des Saatgutes ist ein schwerer Nachteil für die Saatgutkonzerne. Um einen Saatgutmarkt zu schaffen, müssen die Samen materiell so verändert werden, dass ihre Fortpflanzungsfähigkeit blockiert ist. Der rechtliche Status muss ebenfalls geändert werden, sodass das Saatgut vom gemeinschaftlichen Besitz einer Bauerngemeinde zum patentierten Privateigentum eines Saatgutkonzerns wird.

Das Saatgut entwickelt sich zum Schauplatz und Symbol der Freiheit im Zeitalter der Manipulation und Monopolisierung des Lebens. Ein Samen ist nicht groß und mächtig. Und trotzdem kann er in der kleinsten Hütte, im kleinsten Garten und in der ärmsten Familie als Zeichen des Widerstandes und der Kreativität lebendig werden. In der Kleinheit steckt Macht. Der Samen verkörpert auch Vielfalt und die Freiheit, am Leben zu bleiben. Saatgut-Freiheit ist mehr als die Freiheit der Bäuerinnen und Bauern von den Konzernen. Sie repräsentiert die Freiheit der vielfältigen Kulturen von zentralisierter Kontrolle. Im Samen verbinden sich ökologische Anliegen mit sozialer Gerechtigkeit. Das Saatgut könnte in dieser Phase der Rekolonialisierung durch den Freihandel die Rolle von Gandhis Spinnrad übernehmen – ein Symbol für Freiheit während Indiens Unabhängigkeitsbewegung.

In Zusammenarbeit mit den Bewegungen, die ich im Laufe der Jahre kennen gelernt habe, und nach erfolgreichem Widerstand gegen Blockaden und Druckversuche habe ich ein nationales Programm lanciert, das die Saatenvielfalt auf den Feldern der Bauern retten soll. Wir nennen es *Navdanya,* was wörtlich übersetzt »neun Samen« heißt und ein wunderbares

Symbol für den Reichtum der Vielfalt darstellt. Unser Saatgutschutz-Programm war nicht das erste seiner Art. Genetische Ressourcen wurden immer schon für die Züchtung aufbewahrt. Und die Risiken einer Züchtung hin zur Uniformität führten in den 1970er-Jahren zu staatlichen Genbanken. Diese Banken sammeln biodiverses Saatgut, aber sie tun es nicht in Zusammenarbeit mit den Bauern. Stattdessen fließt die Vielfalt von den Feldern der Bauern in die Genbanken und dann zu den industriellen Züchtern. Die Bäuerinnen und Bauern sind nur noch Konsumierende von industriellem Saatgut. Das schließt den Bauern von wichtigen Funktionen aus: Er ist nicht mehr Bewahrer der genetischen Vielfalt des Saatgutes und Innovator bei seiner Verwendung und Weiterentwicklung. Die bäuerliche Bevölkerung wird ihres biologischen und intellektuellen Erbes beraubt. Bei diesem Vorgehen wird Naturschutz von Produktion getrennt, und der Wissenschaftler vom Bauern. Navdanya will Bauern und Wissenschaftler eher horizontal denn vertikal verbinden, das Programm soll die Erhaltung der Biodiversität und zugleich die Produktion von Nahrung fördern. Und schließlich soll es das Wissen der Bäuerinnen und Bauern vergrößern, statt es zu stehlen.

Die fundamentalen Änderungen, auf die wir hinarbeiten, können nur langfristig erreicht werden. Doch Navdanya hat in den Dörfern, in denen wir arbeiten, bereits große Auswirkungen gezeigt. Wir erkannten, dass unsere kleinen Anstrengungen, die einheimische Saatgutvielfalt zu erhalten, nicht genügten. Deshalb taten wir uns zusammen mit der Bauernbewegung, um gemeinsam die Öffentlichkeit gegen die drohende Monopolisierung und Kontrolle allen Lebens durch die multinationalen Konzerne mit ihren neuen Biotechnologien und geistigen Eigentumsrechten zu mobilisieren.

1991 habe ich die Bauernorganisationen kontaktiert, um sie vor den neuen Trends zu warnen und um mitzuarbeiten an der Verteidigung des Rechts der Bauern, das Saatgut nach eigenem Gutdünken aufzubewahren, zu säen, auszutauschen und zu verändern. Im Februar 1992 organisierten wir eine nationale Konferenz zu GATT und Landwirtschaft zusammen mit der Karnataka Rajya Ryota Sangha (KRRS), der Bauernvereinigung der Provinz Karnataka. Im Oktober 1992 wurde an einer riesigen Bauerndemonstration in der südindischen Stadt Hospet, die von KRRS organisiert wurde, die Saatgut-Satyagraha lanciert. Wir folgten damit Gandhis *Satyagraha:* ein Kampf für die Wahrheit, der die Nichtkooperation mit ungerechten Regierungen beinhaltet. Im März 1993 organisierte der nationale Bauernverband Bharatiya Kison Union eine nationale Demonstration vor dem historischen Red Fort in Delhi, dessen Haupttor, das Lahore Gate, jedes Jahr zum Unabhängigkeitstag eine große Menschenmenge anzieht. 1993 wurde der Unabhängigkeitstag, der 15. August, mit den Bauern zusammen gefeiert, die ihre *samuhik gyan sanad* (»kollektive Eigentumsrechte«) bekräftigten. Am 2. Oktober 1993 feierten 500 000 Bauern in Bangalore ein Jahr Saatgut-Satyagraha. Auch Bäuerinnen und Bauern aus anderen Drittweltländern sowie Wissenschaftlerinnen und Wissenschaftler, welche sich solidarisch für die Rechte der Bauern und eine nachhaltige Landwirtschaft einsetzen, nahmen daran teil. Diese Internationalisierung der Saatgut-Satyagraha innerhalb eines einzigen Jahres gab dem Begriff Globalisierung eine neue Bedeutung. Globalisierung hieß nicht mehr nur globale Märkte, wie das der Sprachgebrauch der Freihandelspropagandisten suggerierte; es meinte jetzt die Globalisierung des Widerstandes von unten gegen die zentralisierte Kontrolle über das ganze Leben. 1994 begannen wir die Neem-Kampagne gegen die Patentierung von Neem durch die Firma W. R. Grace – die Samen und Blätter des Neembaums, auch Indischer Flieder genannt, liefern wertvolle natürliche Schutzstoffe. Wir mobilisierten die Bevölkerung, um die Regierung an der Unterzeichnung des GATT-Abkommens in Marrakesch 1994 zu hindern. Als 1995 die WTO gegründet wurde, organisierten wir uns, um sie kontinuierlich in Frage zu stellen und herauszufordern. International organisierten wir uns 1994 als International Forum on Globalization (IFG) und, nach Seattle, als Netzwerk Our World is Not for Sale (»Die Welt ist keine Ware«). In Indien trafen sich 250 Organisationen in der Bewegung People's Campaign Against the WTO. Diese Kampagne wurde von S. P. Shukla auf die Beine gestellt, einem früheren indischen GATT-Botschafter , der in der Uruguay-Runde vermittelt hatte und wusste, mit welchen Tricks den Leuten die undemokratischen Abkommen aufgezwungen werden. In der People's Campaign engagierten sich vier ehemalige Premierminister, Gewerkschaften, Frauengruppen, Bauernvereinigungen und Umweltbewegungen. Im Jahr 2000 versammelte sich die Bewegung für das Naturrecht der Menschen auf natürliche Ressourcen dort, wo Mangal Pandey 1857 die erste indische Unabhängigkeitbewegung initiiert hatte. Wir gelobten, unsere fundamentalen Freiheiten zurückzufordern und zu verteidigen; Freiheiten, die mit dem Land, den Wäldern, der Biodiversität, der Nahrung und dem Wasser zu tun haben. So wurden die Bewegungen Bija Swaraj (Biodiversität und Saatgutdemokratie), Anna Swaraj (Nahrungsdemokratie) und Jal Swaraj (Wasserdemokratie) geboren. Auf diese Bewegungen werde ich im nächsten Kapitel näher eingehen.

Lokales Saatgut ist eine Methode geworden, mit der man Monokulturen und Monopolrechte bekämpfen kann. Der nachhaltige Wechsel von Uniformität zu Diversität respektiert die Rechte aller Spezies. Das einheimische Saatgut zu schützen ist etwas anderes, als einfach Rohmaterial für die Biotech-Industrie bereitzustellen. Die vom Aussterben bedrohten Samen tragen in sich die Anlagen zu einem andern Denken und einer andern Befriedigung unserer Grundbedürfnisse.

Die Erhaltung der Diversität ist aber vor allem das Bekenntnis zu vielfältigen Alternativen in Gesellschaft und Natur, in Wirtschaft und Wissen. Die Vielfalt zu pflegen und zu bewahren ist heute kein Luxus. Es ist eine zwingende Notwendigkeit für unser Überleben. Es ist Grundbedingung der Freiheit für alle. In der Vielfalt hat auch das Kleinste seinen Platz und seine Funktion. Das Gedeihen des Kleinen zu ermöglichen ist der wirkliche Prüfstand für Freiheit.

Saatgut als Menschenrecht

Samen sind das erste Glied in der Nahrungskette. In Sanskrit bedeutet *bija*, »Samen«, auch »Quelle des Lebens«. Saatgut zu sparen und zu entwickeln ist unsere Pflicht; Saatgut zu teilen unsere Kultur.

Patente auf Samen und genetische Ressourcen stehlen uns ein angeborenes Recht und nehmen uns unsere Existenzgrundlage, indem sie das Aufsparen und Teilen des Saatgutes zum Diebstahl von geistigem Eigentum erklären. Das ist ein Angriff auf unsere Kultur, auf unsere Menschenrechte und auf das Leben selbst.

Die armen Bauern des Südens können mit Saatgutmonopolen nicht überleben. Deshalb wird das Gerichtsverfahren gegen den kanadischen Bauer Percy Schmeiser nicht bloß über dessen eigenes Schicksal entscheiden, sondern auch über das von Milliarden von Bauern. Schmeisers Rapsernte wurde durch Monsantos genetisch veränderten Roundup-Ready-Raps verunreinigt. Statt Schmeiser für die Verschmutzung seiner Ernte zu entschädigen, klagte ihn Monsanto wegen »Diebstahls an geistigem Eigentum« an (Shiva 2002). Dieser ungerechte und unethische Prozess von Monsanto gegen Schmeiser ist ein Verbrechen gegen die Bauern. Denn er belohnt den Verschmutzer mit noch mehr Rechten und Profiten. Das Verursacherprinzip wird umgedreht: Der Verschmutzer zahlt nicht, er wird bezahlt.

Diese perverse Rechtsprechung muss korrigiert werden, im Interesse aller Bauern und aller Spezies. Die Freiheit der Bauernbevölkerung muss höher gewertet werden als die der Wirtschaftsmonopole. Das Überleben der Bauern ist mehr wert als die Habgier der Unternehmen. Die Zukunft von Schmeiser ist unsere Zukunft. Seine Saatgut-Freiheit ist unsere Freiheit. Seine Rechte als Bauer sind ein Symbol für die Menschenrechte aller Bauern.

Gandhis Vision der Bewegungen Swadeshi (wirtschaftliche Unabhängigkeit), Swaraj (politische Selbstbestimmung), Satyagraha (das Festhalten an der Wahrheit) und Sarvodaya (Wohlfahrt für alle) regt uns an, lebendige Wirtschaftsformen und lebendige Demokratien aufzubauen. In seinem Vermächtnis finden wir Hoffnung, wir finden Frieden und wir finden zu unserer eigenen Kreativität. Mit Gandhi beginnen wir unsere konstruktive Aufbauarbeit und machen aus ihr wirkungsvollen Widerstand. Wenn eine Regierung die TRIPS-Gesetze durchsetzt, wie es die indische Regierung mit drei Zusätzen zum Patentrecht und der Schaffung einer neuen Gesetzgebung zur Pflanzenvielfalt getan hat, erinnern wir uns an Gandhis Worte: »Solange der Aberglaube weiterbesteht, dass die Menschen ungerechten Gesetzen gehorchen sollten, so lange wird Sklaverei existieren.« Wir finden neuen Mut für unser Engagement mit Bija Satyagraha, unseren Einsatz für die Freiheit des Saatgutes. Mahatma Gandhi rief die Salz-Satyagraha ins Leben, um gegen die Salzgesetze und die Kolonialisierung des Salzes durch das britische Imperium zu protestieren. In dieser Tradition engagiert sich das People's Movement in Indien für die Bija Satyagraha; die Mitglieder versprechen, gegen die ungerechten und unmoralischen geistigen Eigentumsrechte Widerstand zu leisten und auf keinen Fall zu kooperieren.

Während die genetische Verschmutzung unsere Biodiversität und die Globalisierung unsere Bauern bedroht, schaffen wir lebendige Wirtschaftsformen und lebendige Demokratien, welche auf Swadeshi und Swaraj beruhen. Genau so wie ein Samen die Möglichkeit zum Keimen und Wachsen und zur ständigen Erneuerung in sich trägt, hat Gandhis Vermächtnis die Möglichkeit zu keimen, zu wachsen und unsere Aktionen und Strategien für Freiheit passend zur heutigen Zeit und zum heutigen Kontext zu erneuern.

Aus einem kleinen Samen sind unsere Swadeshi-Bemühungen gewachsen und umfassen nun *jaiv kheti* (biologischer Anbau) und gerechten Handel. Swadeshi im Interesse der Erhaltung der Biodiversität hat sich organisch zum Swaraj des *jaiv panchayat* (lebendige Demokratie) entwickelt. Alles auf dem Grundstein des Widerstandes, der Satyagraha – das heißt der Nichtzusammenarbeit mit unmoralischen, ungerechten Gesetzen (Shiva 2003).

Gandhis Vermächtnis lebt und gibt uns die Hoffnung, dass wir immer neue Methoden finden werden, um das Leben in seiner Vielfalt freizuhalten. Gandhis Vermächtnis trägt den Samen für die Freiheit der Menschen und aller anderen Lebewesen in sich. Gandhis Vermächtnis ist die Hoffnung der Menschheit.

Im Alltag beginnen

Der Erfolg der Proteste in Seattle und Cancún und die erstaunliche Mobilisierung für die Weltsozialforen sind Beispiele für eine neu entstehende Politik, die auf Vielfalt und Selbstverwaltung basiert, statt auf Monokulturen und Manipulation. Die Bewegungen propagieren ein neues Demokratiemodell der Selbstverwaltung. Der Erfolg sowohl auf lokaler als auch auf globaler Ebene ist ein Gradmesser für das Potenzial von Selbstverwaltung als Basis für die Umwandlung der Politik auf allen Ebenen.

Die Gewalt der Wirtschaftsglobalisierung einerseits und andererseits die Kriege, die durch oberflächliche Religionen und engstirnige nationalistische Identitäten ausgelöst werden, verlangen eine Antwort, die gleichzeitig lokal und universal ist.

Die vorherrschende Form der Wirtschaftsglobalisierung erhebt ein enges, sehr begrenztes Interesse zu universaler Gültigkeit. Das Aufzwingen von fremden Interessen beinhaltet eine tiefe strukturelle Gewalt und löst Teufelskreise der Gewalt aus. Identitäten sind bedroht, Sicherheiten werden ausgehöhlt und es kommt zu Reaktionen in Form von »Terrorismus«. Das Universale kann nicht ein aufgezwungenes lokales Interesse sein. Es entsteht, wenn Menschen nach dem universalen Prinzip der Gewaltfreiheit leben – Gewaltfreiheit bringt der Natur ökologische Nachhaltigkeit und den Menschen soziale und wirtschaftliche Gerechtigkeit. Das Universale ist die Entfaltung des Potenzials von vielfältigen und zahlreichen lokalen Initiativen, welche auf selbstverwaltete Art handeln, aber geleitet werden durch das gemeinsame Prinzip der Liebe und des Respekts vor dem Leben. Der russische Schriftsteller Lev Tolstoj schrieb kurz vor seinem Tod: »Man muss verstehen, dass das Wohl der Menschen allein in ihrer Einigkeit liegt, und dass diese Einigkeit nicht durch Gewalt erzwungen werden kann. Einigkeit kann bloß dann erreicht werden, wenn jede Person – ohne an die Einheit selber zu denken – daran denkt, wie die Gesetze des Lebens am besten zu erfüllen sind. Nur dieses höchste Gesetz der Liebe, das für alle Menschen gleich ist, kann die Menschheit einigen.« (Tolstoj, 1909)

Die mechanistische kartesianische Weltsicht lässt es unter anderem zu, dass dem anderen eine Position mit Gewalt aufgezwungen wird, in der Überzeugung, dass das zum Wohle dieses anderen geschieht. Der Irakkrieg soll für die Iraker gut sein. Auf der anderen Seite macht diese Auffassung eines mechanistischen Universums die Menschen klein; sie wagen es nicht mehr, die Initiative zur Veränderung zu ergreifen.

Gandhi bemerkte dagegen: »Wir wollen die Tatsache hervorheben, dass niemand auf die anderen warten muss, um den richtigen Weg zu finden. Menschen zögern im Allgemeinen, den Anfang zu machen, wenn sie spüren, dass ein Ziel nicht ganz erreicht werden kann. Doch eine solche Ansicht ist in Wirklichkeit ein Hindernis für den Fortschritt.« (Gandhi 1940)

Die Bewegung für eine lebendige Demokratie beruht auf der Erkenntnis, dass wir da beginnen können, wo wir gerade sind und dass wir unseren Alltag mit den kühnsten Visionen und höchsten Werten angehen können. Die Prinzipien der Erd-Demokratie – dass wir Mitglieder der Erdfamilie sind, dass unsere tiefste Identität unsere Erd-Identität ist und dass es unsere höchste Pflicht ist, alles Leben auf der Erde zu schützen – erwuchsen aus der Jaiv-Panchayat-Bewegung.

Am 9. August 1999 sandten Hunderte von Jaiv-Panchayat-Dörfern dem Generaldirektor der WTO Mike Moore ein Kündigungsschreiben; es war Teil ihrer Kampagne gegen die Biopiraterie. Im Brief stand auszugsweise: »Wir möchten Sie darüber informieren, dass wir Ihnen nicht erlauben werden, Entscheide zu fällen, die ganz und gar in unsere Gerichtsbarkeit und in unser dezentralisiertes demokratisches System gehören. Aufgrund unserer unveräußerlichen Rechte, welche von unserer Verfassung und der Convention on Biological Diversity (eine UNO-Vereinbarung über Biodiversität, die am Erdgipfel unterzeichnet wurde) anerkannt sind, werden wir der WTO nicht erlauben, unsere Rechte zu unterlaufen und diejenigen zu schützen, welche unser Wissen und unsere Biodiversität rauben.«

Mike Moore reiste daraufhin nach Indien. Und die indische Regierung musste gegenüber der WTO einräumen, dass es problematisch war, den lokalen Gemeinschaften die TRIPS aufzuzwingen. Später kam es zum Widerstand gegen die von der WTO eingeführten genetisch veränderten Organismen (GVO). Die GVO-Kritik ist eine globale Antwort von lokalen und nationalen sozialen Bewegungen auf den von den USA angeheizten Disput mit Europa.

Die Bewegung für eine lebendige Demokratie basiert auf einer Symbiose von Lokalem und Globalem, Mikro- und Makro-Ebene. Navdanya hätte nicht gegründet werden können ohne das Wissen und die Inspiration der internationalen Laws of Life Conference über Biotechnologie und Dritte Welt, die 1987 kritische Frauen und Männer aus Wissenschaft und Nichtregierungsorganisationen zusammengebracht hatte. Und die Widerstandsbewegungen gegen TRIPS und GVOs auf globaler Ebene hätten nie in derselben Form stattgefunden, wenn nicht ökologische Anbaumethoden als überlegene Alternativen zu Gentechnik, zu goldenem Reis und Proteinkartoffeln entdeckt und erschlossen worden wären. Wir haben Biodiversität und Wissen als lebendige Allmenden dargestellt und verteidigt. Mit der Forderung nach gemeinschaftlichen geistigen Eigentumsrechten und gemeinschaftlichen Saatgutbanken haben wir Alternativen geschaffen, und zwar nicht bloß für einzelne Orte, sondern für alle Gesellschaften. Wir weigerten uns, die Einhegung unserer letzten Freiheiten zuzulassen. Und unser Widerstand hat in verschiedenen Bereichen und an verschiedenen Orten Raum für andere geschaffen.

Biodiversität statt Monokultur

Industrielle Agrikultur, welche auf große Mengen von Chemie und Wasser angewiesen ist, drängt Richtung Uniformität und Monokultur und führt zum Verlust von Biodiversität. Jede agroklimatische Zone hat ihre eigenen Anbaumethoden entwickelt, mit Pflanzen, die den Umweltbedingungen angepasst sind. Die industrielle Agrikultur zerstört die Ökosysteme und die landwirtschaftliche Vielfalt. Sie bringt gewisse Anbaupflanzen zum Verschwinden. Reis und Weizenmonokulturen etwa haben die verschiedenen Hirsearten, Hülsenfrüchte und Ölsaaten ersetzt, welche oft in Misch- und Wechselkultur angebaut wurden. Und schließlich zerstört die industrielle Agrikultur die Vielfältigkeit traditioneller Saaten und ersetzt sie

mit uniformen Pflanzen, welche den Agrochemikalien angepasst sind, nicht den Ökosystemen und dem Klima.

Ausgehend von einem wilden Wassergras haben indische
Bauern über Jahrhunderte hinweg Tausende von Reissorten
kultiviert. Keine andere Kulturpflanze ist dermaßen weit entwickelt. Es gibt Reisarten für Tausende von ökologischen Ni-
schen im ganzen Land, von den gemäßigten hohen Hügeln
des Himalajas über die tropischen Ebenen bis zu den Tief-
wasser- und Salzwassersümpfen der Meeresküste. Die Artenvielfalt des kultivierten Reises in Indien kann als reichste der
Welt angesehen werden; man schätzt etwa 200 000 Varietäten.

Indiens Reissorten weisen ein großes Spektrum von mor-
phologischen und physiologischen Charakteristiken auf. Sie
brauchen zwischen 60 und 200 Tagen bis zu ihrer Reifung
und sie sind an die verschiedensten ökologischen Bedingungen angepasst. Die Kornlänge variiert von 3,5 bis zu 14 Milli-
metern und der Durchmesser von 1,9 bis 3 Millimeter. Die
Farbe des Reiskorns und seine Qualität reichen vom roten
Reis zum feinen weißen Langkornreis, von parfümierten und
unparfümierten Körnern zum Klebereis. Allein um Jeypore
im ostindischen Orissa wurden über 1500 morphologisch
unterschiedliche Kulturpflanzen gefunden. Jede lokale Reissorte hat sich mit der Zeit an das Ökosystem der entspre-
chenden Region angepasst, auch an die Umweltschwankun-
gen und die Launen des Monsuns. Sogar unter schlechten Bedingungen kann mindestens eine kleine Ernte erwartet
werden. Diese traditionellen Sorten sind von den Bauern
Jahrtausende hindurch auf gewünschte Eigenschaften hin
ausgewählt und gezüchtet worden: Geschmack, Kochqua-
lität, Aroma und medizinische Eigenschaften.

In seinem Klassiker *Wheats of India* (»Der Weizen Indiens«) haben der Landwirtschaftswissenschaftler Sir Albert Howard und seine Frau G. C. C. Howard zusammen mit Habibue Rehman Khan Tausende von Weizensorten ausgemacht, die alle zu zehn Subspezies gehören. Heute gibt es in den meisten Regionen bloß noch eine Handvoll Sorten, welche an die landwirtschaftlichen Chemikalien angepasst sind.

Ist dieser Verlust von Diversität notwendigerweise schlecht? Moderne Agrikulturexperten sehen die Uniformität als Vorteil; sie bringe größere Erträge und man könne speziell angepasste Landwirtschaftsgeräte entwickeln. Die Wissenschaftler stehen unter immer größerem Druck, schnell eine adaptierte oder neu entwickelte Sorte auf den Markt zu bringen, und so versuchen sie meistens in ein einziges Gen eine bestimmte Eigenschaft wie Schädlingsresistenz einzuschleusen. Traditionelle Resistenz ist nicht so einfach. Resistenz kann das Produkt mehrerer zusammenarbeitender Gene sein. Doch die Züchtung solch komplexer Resistenzen ist zu zeitraubend, zu kompliziert und zu kostspielig für den modernen Züchter.

Mit dieser 1-Gen-Resistenz öffnet der Züchter Krankheiten und Schädlingen Tür und Tor, müssen diese doch bloß eine einzige Schranke überwinden. Die Gefahr solcher Uniformität hat man in der Geschichte verschiedentlich erlebt. Bekannte Beispiele sind die irische Kartoffel-Hungersnot um 1840; die Vernichtung der Perlhirse durch falschen Mehltau, welche in Indien 1971 zum Hungersterben führte; und die jüngste Krise in den Reisfeldern Südasiens aufgrund der verbreiteten Infektion des Reises mit dem Stunt-Virus.

Der Vorteil von traditionellen Sorten zeigte sich in Sambia, wo 90 Prozent des einheimischen Bedarfs durch eine höchst uniforme hybride Maissorte gedeckt werden. 1974 erlitt der Mais einen Mehltaubefall und 20 Prozent der

Hybridpflanzen wurden infiziert, während die Auswirkung auf den traditionellen Mais vernachlässigbar war (Rapport et al. 2003, 322 und http://healthwrights.org/books/HHWL/ HHWLchapt15.pdf). Das ist ein konkretes Beispiel der Stärke von natürlicher Vielfalt. Kürzlich veröffentliche Untersuchungen aus Westbengalen zeigen einen dramatischen Anstieg der Reisschädlinge und -krankheiten nach Einführung von Hochertragssorten.

Für viele Bauerngemeinden bedeutet also die Diversität – ob sozial, kulturell oder genetisch – Sicherheit. Genetische Vielfalt gibt den Bäuerinnen und Bauern Sicherheit gegen Schädlinge, Krankheiten und unerwartete klimatische Bedingungen. Sie hilft ihnen auch, ihre Ernte zu maximieren, und zwar in den traditionell sehr verschiedenartigen Feldern, in denen sie ihre Nutzpflanzen anbauen. Sie erzielen höhere Erträge, indem sie eine Mischkultur pflegen mit Sorten, die in jedem einzelnen Fall an ihr Mikroumfeld angepasst sind, und nicht durch den Rückgriff auf eine oder einige wenige »moderne« Sorten. Solche uniformen Sorten erreichen ihr Potenzial bloß, wenn auch die Umgebung uniform ist. Das setzt überragende Bodenqualität voraus, Fruchtbarkeit und der Wasserstand müssen mithilfe von Düngern und Bewässerungssystemen konstant gehalten werden. Solche Bedingungen sind für kleinere Bauern unerreichbar. Und wo sie natürlich vorhanden waren, hat der Gebrauch von Kunstdünger zur zunehmender Bodenerosion und Bodenverarmung geführt. Die ganzjährige Bewässerung führte zu einer drastischen Absenkung des Wasserspiegels. Große Bewässerungsprojekte mittels Flusseindämmungen haben mehr ökologische und soziale Probleme gebracht als gelöst.

Genetische Diversität liefert den Bauerngemeinschaften

auch eine Reihe von Produkten, die unterschiedlich verwertet werden können. Einige Sorten einer bestimmten Nutzpflanze sind vielleicht gut für den unmittelbaren Verzehr, andere für Langzeitlagerung, noch andere haben große Schädlingsresistenz usw. Dieser genetische Reichtum ist obendrein ein wichtiges Reservoir von Vielfalt für die Agrikultur auf der ganzen Welt. Sie liefert wichtige Information über Schädlings- und Krankheitsresistenz, Nährwert und andere Faktoren.

Dank jahrtausendealter Erfahrung und einer guten Kenntnis ihrer Bedürfnisse und ihrer landwirtschaftlichen Produktion haben einzelne Gemeinschaften spezifische Strategien für den Anbau entwickelt, Zwischenfruchtbau und Agroforstwirtschaft zum Beispiel. Die traditionellen Landwirtschaftssysteme verwenden immer verschiedene Sorten derselben Nutzpflanze. Bei selbstbestäubenden Getreiden wie Sorghum, Reis, Weizen und Gerste und bei Pflanzen, die vegetativ fortgepflanzt werden wie etwa Kartoffeln und Bananen, kann die Zahl der verwendeten Sorten sehr hoch sein.

Weltweit gibt es ein wachsendes ökologisches Bewusstsein unter den Konsumentinnen und Konsumenten und auch eine größere Nachfrage nach chemiefreier Nahrung. Die einheimischen Sorten, welche ohne Chemikalien entwickelt worden sind, eignen sich am besten für biologischen Anbau und andere alternative Anbaumethoden.

Giftige Verschmutzung

Industrielle Landwirtschaft basiert auf dem Einsatz von giftigen Chemikalien wie Pestiziden und Herbiziden. Solche Chemikalien, etwa Agent Orange, wurden zuerst als Massenvernichtungswaffen entwickelt. Die Katastrophe von Bhopal ist ein tragisches Mahnmal für die Gefahren von toxischen Agrochemikalien. Diese Chemikalien werden produziert, weil die neuen Sorten auf Krankheit und Schädlinge sehr anfällig sind.

Wann immer vom International Rice Research Institute, der globalen Reisgenbank, neue Reissorten nach Asien eingeführt wurden, stellte sich heraus, dass diese auf Krankheit und Schädlinge anfällig waren. Die Reishochleistungssorte IR-8 wurde in Südostasien 1968 und 1969 durch Bakterienbrand vernichtet (Shiva 1988, 109). 1970 und 1971 wurde die Ernte durch den Tungro-Virus zerstört. 1975 wurden 2000 Quadratkilometer einer neuen Reissorte in Indonesien durch Schädlinge vernichtet. 1977 wurde IR-36 entwickelt, eine Sorte die gegen acht häufige schlimme Krankheiten und Schädlinge resistent sein sollte, darunter auch Bakterienbrand und Tungro. Doch dieser Reis wurde von zwei neuen Viren attackiert, dem »Ragged Stunt Virus« und dem »Wilted Stunt Virus«.

Im nordindischen Pandschab war die Erfahrung mit den neuen Sorten nicht besser. Sie brachten eine Vielzahl von neuen Schädlingen und Krankheiten mit sich. Die Reissorte Taichung Native 1, die erste 1966 eingeführte Zwergsorte, war anfällig für den Bakterienbrand und die Weißrückenzwergzikade. 1968 wurde sie durch die Sorte IR-8 ersetzt, die gegen Stengelfäule und die Brown-Spot-Krankheit immun sein sollte, aber von beiden befallen wurde. Spätere Sorten, etwa IR-103, IR-106, IR-108 und IR-109, die alle nach dem Versagen der früheren Zwergvarianten auf den Markt kamen, wurden speziell auf ihre Krankheits- und Schädlingsresistenz hin gezüchtet. Die Sorte IR-106, welche gegenwärtig etwa 80 Prozent des Reisanbaus im Pandschab ausmacht, wurde als resistent gegen die Weißrückenzwergzikade und die Stengelfäule angesehen, als sie 1976 eingeführt wurde. Seither ist sie von beiden befallen worden, dazu noch von blätterfressenden

Käfern wie dem Zünsler und dem Igelkäfer, von Stengelbohrern und etlichen anderen schädlichen Insekten. Die Wundersorten haben die Vielfalt der traditionell kultivierten Pflanzen verringert und sind selber zum Einfallstor und zum Nährboden von Schädlingen geworden.

Gemäß dem unabhängigen Forschungsinstitut Indian Council for Agricultural Research erreicht bloß 1 Prozent aller Pestizide den angezielten Schädling, der Rest wirkt sich ungezielt auf die Umgebung aus. Es wird auch geschätzt, dass trotz intensiver Verwendung von Pestiziden Schädlinge gegenwärtig etwa 35 Prozent der Ernte beeinträchtigen; das entsprechende Verhältnis vor Einsatz der Pestizide betrug zwischen 5 und 10 Prozent. Die Zahl der schädlichen Insekten steigt ebenfalls an. Die Zahl der Insektenarten, welche Reisfelder befallen, stieg von 40 im Jahr 1920 auf 299 im Jahr 1992 an. Für Hülsenfrüchte vergrößerte sich die Zahl der Schädlingsarten von 10 auf 240 und für Weizen von 10 auf 120 (Shiva et al., o. J.). Doch immer noch nimmt die Entwicklung und der Gebrauch von Pestiziden zu.

Der jüngste Bericht des parlamentarischen Untersuchungskommission Indiens zur Frage der Pestizide in Soft Drinks zeigt, wie allgegenwärtig diese Gifte geworden sind. Die Untersuchung ergab einen hohen Prozentsatz von Pestiziden in allen Varianten von Coca-Cola- und Pepsi-Getränken. Ein Umweltproblem ist zum Problem für die Volksgesundheit geworden.

Schwindende Wasserressourcen

Die industrielle Landwirtschaft vergeudet und verschmutzt Wasser. Saatgut, welches für die chemiegestützte Landwirtschaft gezüchtet wird, braucht fünf- bis zehnmal mehr Wasser als die für den biologischen Anbau gezogenen Sorten. Außerdem führt die Bevorzugung von wasserintensiven Nutzpflanzen wie Reis, Weizen und Zuckerrohr zu einer Verdrängung von wassersparenden, hochwertigen, nährstoffreichen Saaten wie den durch Regen bewässerten Weizen (Kathia, Mandua) oder die bezüglich Wasser sehr bescheidene Hirse. Der chemische Anbau steigert den Wasserbedarf und verringert gleichzeitig die Speicherfähigkeit der Böden, weil weniger organisches Material in die Erde zurückkommt. Intensive Bewässerung führt ebenfalls zu schwerwiegenden Bodenproblemen: zur Vernässung (die Schaffung einer feuchten Wüste) oder zur Versalzung (das Aufsteigen des Salzes an die Oberfläche).

Bodenerosion und Bodenfruchtbarkeit

Die industrielle Landwirtschaft führt zu einer starken Erosion des Bodens und der Bodenfruchtbarkeit. Jahrhundertelang wurde die Bodenfruchtbarkeit in Indien durch gute Anbaupraktiken konstant gehalten. Die reichen Schwemmböden der Indo-Ganges-Ebene im Norden Indiens sind Hunderte von Jahren bebaut worden, ohne dass die Bodenfruchtbarkeit abnahm. Über diese Erde sagten die damals berühmten Agrarwissenschaftler Albert Howard und Yeshwant Wad: »Feldberichte aus zehn Jahrhunderten belegen, dass das Land Jahr für Jahr ausreichende Ernten hervorbringt, ohne an Fruchtbarkeit zu verlieren. Ein perfektes Gleichgewicht wurde erreicht zwischen dem Bedürfnis der Menschen nach einer guten Ernte und den natürlichen Prozessen, welche die Fruchtbarkeit wiederherstellen.« (Howard / Wad in Gandhi 1949, 185)

Und in seiner Ansprache an die Landwirtschaftsabteilung

des Indian Science Congress sagte George Clarke in seiner Funktion als Präsident: »Wenn wir die Fakten genau betrachten, müssen wir den Bauern aus Nordindien als den ökonomischsten Landwirt der Welt bezeichnen, jedenfalls was die Nutzung von wichtigen Elementen der Fruchtbarkeit wie Nitrogen betrifft. Er erreicht mit ein klein wenig Nitrogen mehr als jeder andere Bauer, den ich kenne. In diesen Provinzen müssen wir uns nicht vor Bodenerosion fürchten. Die gegenwärtige Fruchtbarkeit kann auf unbegrenzte Zeit erhalten werden.« (Clarke in Gandhi 1949, 83)

Doch diese Jahrhunderte der naturnahen Kultivierung wurden in bloß fünf Jahrzehnten unvorsichtigen Anbaus zunichte gemacht. Monokulturen setzten den Boden Wind und Regen und einer zunehmenden Erosion aus. Chemische Düngemittel beschädigten die Fauna und Flora des Bodens, welche die Fruchtbarkeit schaffen und erhalten.

Treibhausgase und Klimawechsel

Die industrielle Landwirtschaft mit ihren chemie- und treibstoffintensiven Methoden ist zu einem schönen Teil für die Treibhausgasemissionen verantwortlich. Sie verursacht 25 Prozent des weltweiten Ausstoßes von CO_2, 60 Prozent der Methangas-Emissionen und 80 Prozent des Stickoxides, alles starke Treibhausgase.

Stickoxide sind als Treibhausgas zweihundertmal stärker als CO_2. Stickoxid fällt bei der Verwendung von Nitrogendünger an. Rund 70 Millionen Tonnen Nitrogendünger werden jedes Jahr in der Landwirtschaft gebraucht; sie produzieren 22 Millionen Tonnen Stickoxid-Abfall.

CO_2-Emissionen aus der Verbrennung von fossilen Brennstoffen für landwirtschaftliche Zwecke in England und

Deutschland belaufen sich auf 46 bzw. 53 Kilogramm pro Hektar. Solche Emissionen sind in der nichtindustriellen Landwirtschaft etwa siebenmal niedriger, das heißt, die Industrialisierung der Landwirtschaft wird den CO_2-Ausstoß weltweit noch steigern (Goldsmith 2004, 7).

Die Verschmutzung der Atmosphäre durch die Treibhausgase wird durch Fluten und Trockenheiten noch verschlimmert. Die Instabilität des Klimas ist eine Bedrohung für die Landwirtschaft und die Nahrungssicherheit. Der Wechsel zu einer ökologischen Landwirtschaft und zu einem biologischen Anbau ist eine ökologische, ökonomische und für unsere Sicherheit unerlässliche Notwendigkeit.

Biologischer Anbau ist ökologisch und wirtschaftlich

Die industrielle Landwirtschaft wird trotz ihrer hohen Kosten für die Umwelt gefördert, finanziert und subventioniert. Es wird argumentiert, diese ökologischen Kosten müssten für die gesteigerte Produktivität in Kauf genommen werden. Die Produktivität der industriellen Agrikultur ist jedoch negativ. Es wird mehr an Ressourcen hineingesteckt als gewonnen. Im Allgemeinen wird Produktivität durch den Einsatz von arbeitserleichternden Maschinen und Chemikalien gesteigert. In diesem Fall ist aber nicht Arbeitskraft die knappe Größe. Land und Wasser sind es. Wenn wir, statt uns auf die Arbeitskosten zu konzentrieren, Energie, natürliche Ressourcen und Eingaben von außen mit einbeziehen, dann hat die industrielle Agrikultur keine höhere Produktivität als die ökologischen Alternativen. Über die letzten 50 Jahre hinweg führte der Wechsel vom innerbetrieblichen Input (vorab menschliche Arbeitskraft) zum hohen außerbetrieblichen Input (Maschinen, Kunstdünger usw.) in der Landwirtschaft zu einer sechsundsechzigfachen Abnahme der Produktivität (Goldsmith 2004, 7). Wir brauchen eine ökologische Umkehr zu einer Nahrungsproduktion, bei der wir weniger Ressourcen verbrauchen.

Diese Zahlen basieren auf einer Studie, welche traditionelle Polykulturen mit industriellen Monokulturen vergleicht. Die Studie zeigt, dass ein polykulturelles System aus 5 Input-Einheiten 100 Nahrungseinheiten produzieren kann, während das industrielle System 300 Input-Einheiten benötigt, um dieselben 100 Nahrungseinheiten hervorzubringen. Die 295 verschwendeten Input-Einheiten hätten polykulturell 5900 Nahrungseinheiten produzieren können. Die Monokultur ist ein Rezept, mit dem man die Menschen aushungert, nicht ernährt.

Oft wird zugunsten der industriellen Agrikultur argumentiert, dass bloß diese im Verein mit industriellen Züchtungsmethoden die gesteigerte Nahrungsproduktivität garantieren kann, die für eine wachsende Erdbevölkerung notwendig ist. Doch da die Ressourcen und nicht die Arbeitskräfte den limitierenden Faktor bei der Nahrungsproduktion darstellen, ist die Ressourcenproduktivität und nicht die Arbeitsproduktivität hier maßgebend. Nötig ist eine effizientere Nutzung der Ressourcen, sodass dieselben Ressourcen mehr Leute ernähren können. Eine sechsundsechzigfache Abnahme der Leistungsfähigkeit der Nahrungsproduktion bei gleichem Ressourcenverbrauch ist keine effiziente Strategie für die Ernährung der Welt mit ihrem begrenzten Angebot von Land, Wasser und Biodiversität.

Ökologische Agrikultur basiert auf einer Misch- und Fruchtwechselkultur und auf der Produktion einer Vielfalt von Nutzpflanzen. Traditionelle landwirtschaftliche Systeme haben Polykulturen entwickelt, weil von einer Fläche, die mit verschiedenen Saaten bepflanzt wurde, mehr Ertrag geerntet werden kann als von derselben Fläche mit getrennten mono-kulturellen Feldern. Durch die Bepflanzung mit einer Mi-schung aus Sorghum und Erbsenbohnen (auch Tauben- oder Straucherbse genannt) produziert ein Hektar denselben Er-trag wie 0,94 Hektar Sorghum-Monokultur und 0,68 Hektar Erbsenbohnen-Monokultur zusammen. Dieser Index zur Er-forschung der relativen Erträge von Mischkulturen gegen-über Reinkulturen heißt Land Equivalent Ratio (LER).

Kleine biodiverse Höfe steigern sowohl den Ertrag wie auch das Einkommen des Kleinbauern. Kleine Bauernbe-triebe in Westbengalen, welche 55 verschiedene Saaten an-bauen, erzielten pro Hektar ein zweieinhalbmal höheres Ein-kommen als Betriebe mit 14 Saaten und ein siebenmal höhe-res als Monokulturbetriebe.

Der gängige Mythos besagt, dass Monokulturen und in-dustrielle Landwirtschaft nötig sind, um mehr Nahrung zu produzieren und dass Biodiversität zerstört werden muss, um das Hungerproblem zu lösen. In Wirklichkeit erhöhen sich Wert und Ertrag von Agrarerzeugnissen durch die Diversifi-zierung der Nutzpflanzen ganz erheblich (Deb 2004, 7).

Demokratie für alle

Kulturen sind auch durch die Natur geformt worden, und kulturelle Vielfalt hat sich parallel mit der Biodiversität ent-wickelt. Diese Kulturen haben ihrerseits positive Identitäten begründet – mit einem festen Platz im Ökosystem und in der Wirtschaft. Wenn die Menschen nun vertrieben werden und die Unsicherheiten zunehmen, wird diese Identität verformt und zerstört. Negative Wirtschaftsformen und eine negative Politik schüren ihrerseits negative Kulturen und Identitäten. In diesen negativen Kulturen und Identitäten sind Terrorismus, Extremismus und Xenophobie sehr ansteckend. Die Menschheit definiert sich nun durch ihre Unmenschlichkeit. Kulturell, politisch und wirtschaftlich dominieren Teufelskreise der Gewalt und der Ausgrenzung.

Um des Überlebens willen müssen wir den Wechsel wagen von diesen Teufelskreisen zu positiven Kreisen der Gewaltlosigkeit; von negativen Wirtschaftsformen des Todes und der Zerstörung zu lebendigen Wirtschaftsformen, welche das Leben auf der Erde und unser Leben erhalten; von einer negativen Politik der Korruption und des Faschismus zu lebendigen Demokratien, welche die Anliegen und Beiträge aller berücksichtigt; und von negativen Kulturen, welche zur gegenseitigen Vernichtung führen, zu positiven und lebendigen Kulturen, die Fürsorglichkeit, Solidarität und einen sorgfältigen Umgang mit der Natur pflegen.

Erd-Demokratie lässt die Entstehung einer lebendigen Wirtschaft, einer lebendigen Demokratie und einer lebendigen Kultur zu.

Die Globalisierung hingegen bedroht das Überleben – indem sie Millionen von Menschen ihr Recht auf Leben abspricht und ein politisches Klima schafft, in dem negative Identitäten sprießen. Menschenrechte müssen sich auf das Recht der Menschheit konzentrieren, im Frieden miteinander und mit dem Rest der Erdfamilie zu überleben. Die Wirtschaftsglobalisierung schafft keine globalen Märkte, sie schafft globalen Irrsinn. Dieser Irrsinn muss gestoppt werden. Mit kollektivem Willen und mutigen Interventionen müssen wir nicht die Symptome der Unsicherheit angehen, sondern die Hauptgründe dafür.

Es ist wichtig, den Eindruck zu beseitigen, die Globalisierung sei natürlich und unvermeidlich. Die Globalisierung ist ein politisches Projekt und es braucht eine politische Antwort. Unsere politische Antwort muss die Menschen in all ihrer Vielfalt ins Zentrum des wirtschaftlichen Denkens stellen. Wir dürfen die Abschaffung der Menschenrechte durch allmächtige Konzerne nicht zulassen. Wir müssen aufhören damit, Unternehmen, Märkte und Kapital wie Personen zu behandeln, zu deren Absicherung die ganze Menschheit aufs Spiel gesetzt werden kann.

Und wir müssen eine Strategie für Menschenrechte entwickeln, welche alle Menschen und alle Rechte einschließt. Die meisten Befreiungsbewegungen der jüngsten Geschichte waren einseitig und elitär. Sie arbeiteten für eine bestimmte Klasse oder Rasse. Und häufig basierten sie auf Gewalt. Sie schlossen andere Spezies aus, sie schlossen kulturelle Vielfalt aus, und sehr oft schlossen sie die Politik der Frauen aus, welche gesellschaftliche Änderungen durch Änderungen im eigenen Alltag herbeiführen wollten. Wir haben heute die Chance, die Freiheit auf integrative Weise und in all unserer Vielfalt anzustreben. Wir können die Freiheit partnerschaftlich mit anderen Spezies teilen. Und wir wollen die Freiheit ohne Gewalt gewinnen. Diese Freiheit der Vielfalt ist die Alternative zur Globalisierung.

Die Globalisierung hat die repräsentative Demokratie an den Rand ihres Funktionierens gebracht. Die Kombination von Wirtschaftsglobalisierung und Wahldemokratie trennt Regierende und Regierungen von der Gesellschaft und dem Volk. Ob eine Staatsführung trotz verbreitetem Widerstand in der Bevölkerung die Globalisierung antreibt, ob sie gegen den demokratischen Willen des Volkes eine militaristische Politik durchsetzt oder ob sie die Teile-und-Herrsche-Politik des religiösen Fundamentalismus und des Fremdenhasses schürt – eine solche Regierung führt nicht zu wirtschaftlicher Gerechtigkeit, zu Frieden und sozialer Harmonie. Die Trennung zwischen dem Volk und seinen Führern ist offensichtlich. Die nächsten Schritte zur Wiedererlangung der Demokratie werden jedoch vom Volk bestimmt, nicht von den so genannten Führern.

Eine lebendige Demokratie ist für uns zu einem Aufbauprozess für Alternativen geworden, in dem wir gleichzeitig Macht zurückgewinnen.

3. Lebendige Kultur

Unsere Zeit ist durch verschiedene Arten von Gewalt ge-kennzeichnet – wirtschaftliche, militärische und kulturelle Gewalt. Die Gewalt der herrschenden Kultur wird verstärkt durch die gewalttätige Antwort von denjenigen, deren Land und Kultur besetzt wird. Ein nichtnachhaltiges Wirtschafts-system, welches auf den Prinzipien von Freihandel, Habgier und Imperialismus basiert, schafft Teufelskreise der Gewalt, aus denen es scheinbar keinen Ausweg gibt.

Während einer öffentlichen Diskussion zum Thema Glo-balisierung und Gewalt in Udipi, Südindien, kommentierte Samdhong Rinpoche, der Premierminister der tibetanischen Exilregierung, den Ausdruck »eine Kultur der Gewalt«. Er sagte, dass Gewalt gar keine Kultur haben könne. Das Wort »Kultur« heißt in Sanskrit *sanskriti* (oder *samskrta: Sam* heißt »zusammen« und *krta* »gemacht«) und meint Aktivitä-ten, welche Gesellschaft und Gemeinschaft zusammenhalten. Gewalt zerbricht Gesellschaften und baut sie ab statt auf. Eine Praxis der Gewalt kann deshalb nie als »Kultur« be-zeichnet werden. In Sanskrit und Hindu gibt es ein Wort für destruktive Prozesse – *vkriti,* »dasjenige, welches zersetzt und verletzt«. Im Englischen und Deutschen wird der Aus-druck »Kultur der Gewalt« jedoch oft verwendet. Während der britischen Herrschaft in Indien wurde Gandhi gefragt, was er von der westlichen Zivilisation halte. Er antwortete: »Das wäre eine gute Idee.« Ein imperialistischer Westen kann kein zivilisierter Westen sein, denn zivilisierte Menschen können nicht andere Zivilisationen und Kulturen zerstören. Zivilisiert sein heißt leben und leben lassen, und das sowohl auf individueller wie auch auf gesellschaftlicher Ebene.

Der Imperialismus hat immer vorgegeben, andere Kulturen zu zivilisieren, während er in Wirklichkeit andere Kulturen zerstört und die Menschen ihrer Menschlichkeit, Vielfalt und Identität beraubt hat. Lebendige Kulturen beruhen auf kultureller Vielfalt und respektieren unsere universale und gemeinsame Menschlichkeit. Tödliche Kulturen basieren auf dem imperialistischen Universalismus – einer gewaltsamen Durchsetzung der kulturellen Prioritäten der Imperialmacht. Die universale Ordnung der Globalisierung und des Imperialismus gründet nicht auf einer universalen Verantwortlichkeit, auf Mitgefühl und Solidarität, sondern auf Eroberung und Kolonialisierung der Ressourcen, der Geschichte, der Vergangenheit und der Zukunft.

Falscher Universalismus führt zu Krieg und Gewalt; wahrer Universalismus, der auf unserer gemeinsamen Menschlichkeit, unserer Einheit und unserer Verbundenheit gründet, liefert die Voraussetzungen für Frieden, Zusammenarbeit und Koexistenz. Vielfalt und Autonomie werden im falschen Universalismus des Imperialismus, in der Wirtschaftsglobalisierung, in den Kreuzzügen und Dschihads als Problem und Krankheit behandelt. Aber im Universalismus, der Frieden schafft, sind sie ein Ausdruck von Freiheit.

In den Augen der Imperialisten verschwinden die Unterschiede und Traditionen, wenn nichtwestliche Kulturen besetzt und erobert werden. Die Welt wird nach dem Bild der Kolonialisatoren neu geformt – und die Kolonisierten werden für ihre »Befreiung« dankbar sein. Man nannte das früher die Bürde des Weißen Mannes. Diese Idee lebt fort in der Verbreitung von »Demokratie« und in einem Krieg, der »Operation Irakische Freiheit« heißt.

Dass die Imperialisten nicht einsehen, dass sie unfähig sind, die Autonomie, Selbstbestimmung, Handlungsfähigkeit und Integrität der anderen zu respektieren, schafft Gewalt in vielen Formen.

Die Wirtschaftsglobalisierung hat einen Krieg gegen die Bauern entfesselt, gegen die Frauen, gegen andere Spezies und gegen andere Kulturen. Das Projekt der Wirtschaftsglobalisierung beruht auf dem Zwang zur Monokultur– eine Nahrungsmonokultur geformt von McDonald's, Monsanto und Coca-Cola; eine Kleidungsmonokultur; eine Medienmonokultur; eine Transportmonokultur. Doch wir beobachten kein Verschwinden der Vielfalt. Im Gegenteil: kulturelle Unterschiede gewinnen an Bedeutung. Es gibt jedoch zwei verschiedene Arten von Bewegungen für kulturelle Vielfalt, die am Wachsen sind.

Eine davon ist die extremistische und elitäre »Talibanisierung« der Kultur – eine patriarchale, militaristische Antwort auf das Imperium, die die Gewalt des Imperiums imitiert. Während diese Bewegung der imperialen Besetzung widersteht, führt sie gleichzeitig Krieg im Innern – gegen Frauen, Minderheiten und andere Gruppen. Im vom Taliban beherrschten Afghanistan sind die Gewalt gegen Frauen und die Zerstörung der Buddhafiguren in Bamiyan Beispiele für die Zerstörung von Kultur unter dem Deckmantel des Schutzes von Kultur. Dass die Wahlen 2004 in den USA auf »rote« und »blaue« Staaten und Konflikte über so genannte kulturelle Werte reduziert wurden, ist ein weiteres Bespiel für die Zerstörung von Vielfalt und Pluralismus durch die Konstruktion einer elitären Identität. Solche Etikettierungen entzünden die Kulturkriege, Kreuzzüge und Dschihads unserer Zeit.

Die andere Bewegung für kulturelle Vielfalt findet man in der Bewegung für Frieden, Nachhaltigkeit und Gerechtigkeit, welche die Vielfalt durch Sorge und Solidarität schützen will, nicht durch Eroberung und Herrschaft. Diese positiven, vielfältigen Identitäten bieten Alternativen zum imperialistischen, patriarchalen Modell der Beziehung zum Anderen. Der Dalai Lama sagt, dass nur Mitgefühl und Respekt für die Menschenrechte von Leuten jeglicher Kultur eine gute Grundlage für das öffentliche Leben und internationale Beziehungen abgeben können: »Für mich ist klar, dass es echtes Verantwortungsgefühl erst dann geben kann, wenn wir Mitgefühl entwickeln. Nur eine spontane Empathie für andere kann uns wirklich dazu bewegen, etwas für sie zu tun.

Demokratie ist das System, welches dem Wesen der Menschen am nächsten kommt. Diejenigen unter uns, die in einer Demokratie leben, müssen deshalb dafür kämpfen, dass alle Menschen in ihren Genuss kommen … Wir müssen das Recht aller Völker und aller Nationen respektieren, ihren eigenen Charakter und ihre unverwechselbaren Werte zu behalten.« (Dalai Lama 1992)

Die Philosophie der Vielfalt und eine universale Verantwortlichkeit bieten die Grundlage, um mitten in einer tödlichen Kultur eine lebendige Kultur aufzubauen.

Von Kulturen des Todes zu Kulturen des Lebens

Warum zerstören wir als Spezies die Grundlage unserer Existenz und unseres Überlebens? Wieso endet jeder Versuch,

Sicherheit aufzubauen, in Unsicherheit? Wie können wir als Mitglieder der Erdgemeinschaft Sicherheit so neu erfinden, dass das Überleben aller Spezies und die Zukunft vielfältiger Kulturen gesichert sind? Wie vollziehen wir den Wechsel von lebensvernichtenden Tendenzen zu lebenserhaltenden Prozessen? Wie können wir aus den Ruinen der dominierenden Kultur des Todes und der Zerstörung Kulturen aufbauen, die Leben erhalten und feiern?

Wenn die Wirklichkeit durch abstrakte und von den herrschenden Mächten bestimmte Konstrukte ersetzt wird, ist es einfach, Natur und Gesellschaft im Interesse von Profit und Macht zu manipulieren. Das Wohlergehen von realen Menschen und realen Gesellschaften wird durch das Wohlergehen von Unternehmen ersetzt. Die reale Produktion der Ökonomien von Natur und Gesellschaft wird durch abstrakte Konstrukte des Kapitals ersetzt. Das Reale, das Konkrete, das Lebensspendende wird in künstlich konstruierte Währungen umgewandelt.

Eng verbunden mit der Normierung und der Verdinglichung durch die Abstraktion sind eine Monokultur des Denkens und das logische Gesetz des ausgeschlossenen Dritten. Dies alles bedroht das Leben in seiner Vielfalt, seiner Selbstorganisation und seiner Selbsterneuerung.

Die Monokultur des Denkens

Die Monokultur des Denkens ist eine reduktionistische Perspektive, welche die Welt als Monokultur sieht und begreift. Es ist ein Denken, das blind ist für Vielfalt und ihren Reichtum, das kulturelle und biologische Vielfalt – die Grundvoraussetzungen für ökologische und kulturelle Sicherheit – vergisst oder gar ausrottet.

Mit dem Gesetz des ausgeschlossenen Dritten, welches auf einer Entweder-oder-Logik basiert, werden Ausgrenzung, Ökozid und Genozid legitimiert. Dieses Gesetz baut die Welt auf sich gegenseitig ausschließenden Kategorien auf und verbannt so Vielfachheiten und Pluralismus ebenso wie Beziehungen und Verbundenheit. Es schließt gemeinsame Räume von Natur und Kultur aus. Es verneint die Existenz von Biodiversität in der Landwirtschaft und von Nahrungsproduktion in Wäldern. Es verleugnet kulturelle Vielfalt in unserem Wissen, unserer Nahrung, unserer Kleidung.

Auch wenn die Marktwirtschaft die Naturwirtschaft untergräbt und neue Formen der Armut und der Entrechtung schafft, wird der Markt als Lösung für das Problem der ökologisch verursachten Armut propagiert. Diese Situation tritt auf, weil die Expansion des Marktes automatisch als Schritt hin zu Entwicklung und zur Beseitigung der Armut interpretiert wird. In der Ideologie des Marktes werden die Menschen als arm definiert, wenn sie nicht in bedeutendem Ausmaß an der Marktwirtschaft teilnehmen, wenn sie also nicht Waren konsumieren, die für den Markt produziert und durch den Markt verteilt werden. Leute, die ihre Bedürfnisse durch Selbstversorgung stillen, werden als arm und rückständig angesehen.

Kulturelle Wahrnehmungen führen ebenfalls zu Vorurteilen über die Marktwirtschaft. Wie der Sozioökologe Rudolf Bahro feststellte, wird eine kulturell bestimmte Kargheit – etwa nichtwestliche Konsummuster – oft als Elend und Armut missverstanden (Bahro 1984, 211). Menschen werden als arm eingeschätzt, wenn sie Hirse oder Mais essen, verbreitete nichtwestliche Grundnahrungsmittel, welche den industriell verarbeiteten Lebensmitteln weit überlegen sind (und im

Westen als Reformkost eine Renaissance erleben). Häuser, die mit einheimischen Materialien gebaut werden, sind kein Zeichen von Armut, sondern stellen in vielen Fällen eine ökologische, weiter entwickelte Bauweise als Betonbauten dar. Ebenso sind natürliche Fasern und einheimische Kleidung, angepasst an regionenspezifische Bedürfnisse, den maschinengefertigten Nylonkleidern weitaus überlegen, vor allem im tropischen Klima. Der Westen legitimiert mit seiner falsch angelegten Definition von Armut und Rückständigkeit die nichtnachhaltigen Formen der Entwicklung. Dies wiederum verschärft die materielle Armut und das Elend, weil wichtige Ressourcen in ressourcenverschleißenden Produktionsprozesse abgeleitet werden.

Wenn wir einmal aus dem geistigen Gefängnis der Separierung und Ausgrenzung ausbrechen und sehen, wie verbunden die Welt ist, zeichnen sich neue Alternativen ab. Verzweiflung wird zu Hoffnung. Gewalt weicht der Gewaltlosigkeit. Mangel verwandelt sich in Überfluss und Unsicherheit in Sicherheit. In der Gewaltfrage ist Vielfalt die Lösung, nicht das Problem.

Der konkrete Kontext der Kultur – die Nahrung, die wir essen, die Kleidung, die wir tragen, die Sprachen, die wir sprechen, die Glaubenssätze, an die wir uns halten – sind die Quelle der menschlichen Identität. Doch die Wirtschaftsglobalisierung hat die Kultur besetzt und sie auf eine konsumorientierte Monokultur von McDonald's und Coca-Cola auf der einen und negative Hassidentitäten auf der anderen Seite reduziert.

Die kartesianische Idee der Freiheit basiert auf Separierung und Unabhängigkeit. Dieses Verständnis von Unabhängigkeit hat seine Wurzeln im kapitalistischen Patriarchat.

Mächtige Männer, die Kapital und Land besitzen, geben vor, sie seien unabhängig, während sie auf Frauen, Bauern, Arbeiter, auf andere Kulturen und andere Spezies angewiesen sind. Diese Männer können überdies so tun, als ob diejenigen, die sie ausbeuten und von denen sie unterstützt werden, von ihnen abhängig wären. Das Patriarchat sieht die Frauen als abhängig. Der Imperialismus sieht sich selber als Befreier – die Freiheit und Befreiung der Kolonialisierten ist vom Imperium abhängig. Blindheit für die Rolle der anderen führt zu einer Arroganz der Macht und der Herrschaft und zu Gewalt. Mit genau dieser arroganten Blindheit und diesem Mangel an Bewusstsein behaupten Gremien wie der rechtskonservative Thinktank PNAC (Project for the New American Century): »Eine amerikanische Führung ist gut für Amerika und gut für die Welt; und eine solche Führung braucht militärische Stärke, diplomatische Energie und bindende moralische Prinzipien.« (www.newamericancentury.org)

Dieses Paradigma der imperialistischen Globalisierung zwingt allen Gesellschaften die Monokultur der Gier und des Konsumismus gewaltsam auf und nennt das Ganze »wirtschaftliche Reform«. Die daraus resultierende Unsicherheit wird externalisiert. Das Aufkommen enger elitärer Identitäten, heißt es, sei lediglich ein giftiges Nebenprodukt der Globalisierungskultur.

Die Identität des Konsumenten auf dem globalen Markt und die negative Identität von Kulturen des Hasses und der Angst können uns nichts geben, was uns wahrhaft menschlich macht – keine Hoffnung, keinen Sinn und keine Erfüllung. Negative Identitäten werden zwar als Bindungen gefeiert, welche die Gesellschaft zusammenhalten. »Es gibt kein engeres Band als eines, das durch das Blutvergießen eines gemeinsamen Feindes entsteht«, erklärte ein Artikel in der Zeitung *Business Week* nach den Terroranschlägen in Madrid 2004. Doch diese negative Hass-Identität ist krankhaft *(Business Week* in Shiva 2004b).

Sterbende Kulturen bringen sich selber um, und aus ihrer negativen Identität heraus entfesseln sie Gewalt gegen andere. Der Selbstmordattentäter ist zum Symbol sterbender Kulturen geworden; er bezeugt die Hoffnungslosigkeit der negativ erfahrenen Identität.

Ahimsa – eine Kultur der Gewaltlosigkeit

Identitäten können aber auch durch Mitgefühl und das Bewusstsein, dass wir alle zur Erdfamilie gehören, geformt werden. Diese zutiefst positiven Identitäten gründen auf der Erkenntnis, dass wir eine gemeinsame evolutionäre Geschichte und eine gemeinsame Zukunft haben. Diese Bande ist stärker als der Hass. Wir, besonders die indigenen Völker, haben ein starkes Heimatgefühl. Wir haben Bindungen zur Familie, zur Gemeinde, zum Land. Wir haben eine Identität als Mitglied der Erdfamilie. Wir haben eine gemeinsame Menschlichkeit, welche universal ist, auch wenn wir in der lokalen Kultur eingebettet sind. Wir sind sowohl ortsgebundene wie universale Wesen. Lebendige Kulturen sind dynamisch, entwicklungsfähig, selbsterneuernd und friedlich. Lebendige Kulturen sind im Leben verwurzelt – im Leben der Erde und im Leben der Gemeinschaft.

Die durch die Wirtschaftsglobalisierung verursachten ökonomischen, ökologischen und sozialen Krisen erfordern, dass wir auf diesem Planeten auf neue Art denken und leben. Sie verlangen eine neue Weltsicht, in welcher Mitgefühl statt Habgier globalisiert wird. Ein neues Bewusstsein, in welchem wir nicht im besten Fall auf Konsumentinnen und Konsumenten von global gehandelter Ware reduziert werden – und im schlimmsten Fall auf kleine, zersplitterte eindimensionale Wächter der Rasse, der Religion oder der Ethnizität. Wir können und wir wollen unser Leben als planetarische Wesen erfahren, mit einem planetarischen Bewusstsein. Wir wollen darauf achten, was unsere Aktionen und unser Konsum andere Menschen, andere Spezies und künftige Generationen kosten.

Nicht nur sind wir mit allem Leben auf dem Planeten verbunden, mit Vergangenheit und Zukunft, auch die vielfachen und vielfältigen Dimensionen unseres Lebens sind miteinander verbunden. Die Wirtschaft formt die Kultur, die Kultur formt die Wirtschaft.

Erd-Demokratie verbindet die Kultur wieder mit dem Wie und Was unserer Produktion und Konsumtion und mit unserer gesellschaftlichen Organisation.

Erd-Demokratie setzt bei den alltäglichen Verrichtungen an, aber sie hat auch das Potenzial für die Veränderung von Regierungen, internationalen Agenturen, Nichtregierungsorganisationen und Unternehmen von unten. Sie schafft ein neues Paradigma für die weltweite politische Steuerung (Global Governance), während sie gleichzeitig die lokalen Gemeinschaften stärkt. Die ökologische und ökonomische Sicherheit können so verbessert werden. Diese Grundlagen machen die Gesellschaft immun gegen den Virus des Gruppenhasses und der Gruppenangst.

Erd-Demokratie bietet eine neue Art des Sehens, eine Perspektive, in der nicht alles mit allem im Krieg ist, sondern in der wir zusammenarbeiten können, um Frieden, Nachhaltigkeit und Gerechtigkeit zu schaffen in unserer gewalttätigen und unbeständigen Zeit.

Erd-Demokratie liefert einen Kontext für lebendige Kulturen – sie wird sowohl von der zeitlosen Weisheit alter Weltanschauungen inspiriert wie auch von der neu entstehenden Solidarität der globalen Bürgerrechtsbewegungen gegen Globalisierung, Krieg und Intoleranz. Die Menschheit verband in der Vergangenheit ein planetarisches Bewusstsein. Unsere zeitgenössischen Krisen – die vielfachen negativen Auswirkungen der Globalisierung – werden die Menschen in Zukunft noch enger verbinden. Wir erfahren uns selber gleichzeitig als lokal, national und global. Diese Vielfalt und die dazugehörende Gewaltfreiheit und die Verbundenheit bringen eine neue lebendige Kultur unseres gemeinsamen Menschseins und unserer reichen Unterschiede hervor.

Wie Gandhi sagte, ist Gewaltfreiheit nicht bloß die Abwesenheit von Gewalt. Es ist ein aktives solidarisches Engagement. *Ahimsa* oder Gewaltlosigkeit ist die Grundlage vieler Glaubenssysteme, die auf indischem Boden entstanden sind. Ins Wirtschaftliche übersetzt heißt Gewaltlosigkeit, dass unsere Produktionssysteme, unser Handel und unser Konsum nicht den ökologischen Raum anderer Spezies oder anderer Menschen aufbrauchen sollen. Gewalt entsteht, wenn unsere herrschenden Wirtschaftsstrukturen und unsere wirtschaftlichen Organisationen den ökologischen Raum anderer Spezies und Menschen an sich reißen und ihn einhegen.

Ein historischer indischer Text, die *Isho Upanishad,* besagt: »Das Universum ist die Schöpfung des Höchsten Wesens, bestimmt zum Wohlergehen aller Schöpfung. Jedes einzelne Lebwesen muss deshalb lernen, sich wohl zu fühlen indem es in enger Verbindung mit anderen Spezies Teil des Systems wird. Lasst nicht zu, dass irgendeine Spezies auf die Rechte anderer übergreift.« (Shiva 1998)

Wenn wir uns in Konsum- und Produktionsmustern bewegen, welche mehr nehmen, als wir brauchen, sind wir gewalttätig. Nichtnachhaltiger Verbrauch und Produktion konstituieren eine gewalttätige Wirtschaftsordnung.

In der *Isho Upanishad* heißt es weiter: »Ein egoistischer Mensch, der die Ressourcen der Natur überbeansprucht, um seine eigenen, immer steigenden Bedürfnisse zu befriedigen, ist nichts als ein Dieb; denn das Ausnutzen von Ressourcen über die eigenen Bedürfnisse hinaus bedeutet den Verbrauch von Ressourcen, auf die andere ein Recht besitzen.« (Shiva 2001a, 153)

Die eurozentrische Auffassung des Eigentums sieht Kapital als die einzige Form von Investition und behandelt also Einkünfte aus Kapitalvermögen als die einzige Form von Ertrag, die besonders geschützt werden muss. Nichtwestliche indigene Gemeinschaften und Kulturen erkennen an, dass auch Arbeit oder Hege und Pflege Investitionen sein können. Solche Kulturen schützen auch andere Einsätze als das Kapital. Sie schützen eine Kultur der Erhaltung und eine Kultur der Fürsorglichkeit und des Teilens.

Ahimsa verbindet Gerechtigkeit und Nachhaltigkeit in einem tiefen Sinn. »Nicht mehr nehmen, als du brauchst« stellt sicher, dass es im Ökosystem genug für andere Spezies und für die Erhaltung der wichtigen ökologischen Prozesse gibt, um Nachhaltigkeit zu gewährleisten. Ahimsa stellt ebenfalls sicher, dass genug Ressourcen als Lebensgrundlage für verschiedene Gruppen von Menschen vorhanden sind.

Nicht mehr zu nehmen als wir brauchen ist außerdem der höchste Ausdruck des Vorbeugeprinzips; es stellt sicher, dass wir Schaden verhindern, auch wenn wir nicht alle Auswirkungen unseres Verhaltens verstehen.

Vielfalt und Pluralismus sind notwendige Charakteristiken einer Ahimsa-Wirtschaftsordnung. Wenn wir uns nicht an den Rechten anderer vergreifen, werden die verschiedenen Spezies überleben; die verschiedensten Handelsformen und Berufe können sich entwickeln. Vielfalt ist deshalb ein Barometer der Gewaltlosigkeit und widerspiegelt die Nachhaltigkeit und die Gerechtigkeit, welcher in der Gewaltlosigkeit verkörpert wird.

Vielfalt ist eng verknüpft mit der Möglichkeit der Selbstverwaltung. Es ist deshalb die Basis für die Bewegungen Swadeshi und Swaraj, die wirtschaftliche und die politische Unabhängigkeit. Dezentralisierung und lokale demokratische Kontrolle sind der politische Ausdruck von Vielfalt. Die Bedingungen, unter denen verschiedene Spezies und Gemeinschaften die Freiheit zur Selbstorganisation haben und unter denen sie sich nach ihren eigenen Bedürfnissen, Strukturen und Prioritäten entwickeln können, sind gleichzeitig Voraussetzungen für Frieden.

Lebendige Gesellschaften, lebendige Ökosysteme, lebendige Organismen und lebendige Kulturen zeichnen sich also durch drei Merkmale aus:

1. das Prinzip der Vielfalt
2. das Prinzip der Selbstbestimmung, Selbstregulierung und Selbsterneuerung
3. das Prinzip der Wechselwirkung zwischen Systemen, das auch Gesetz des Rückflusses oder des Nehmens und Gebens genannt wird.

Unsere Vielfalt macht Gegenseitigkeit und eine Kultur des Gebens und Nehmens möglich. Gegenseitigkeit macht Selbstverwaltung möglich. Zutiefst autonom und selbstverwaltet, doch tief verbunden – mit der Erde, mit allen Lebewesen und miteinander – schaffen die Menschen die Bedingungen für ihr künftiges Überleben. Eine Erd-Demokratie wird geboren, auch wenn wir noch von Gewalt und Krieg umgeben sind.

Globalisierung und Kulturkriege

Die Wirtschaftsglobalisierung ist nicht bloß für ökonomische Kriege und Klassenkämpfe verantwortlich. Sie trägt auch zu den Kulturkriegen und zu ethnischen und religiösen Konflikten bei. Wenn die Monokultur der Wirtschaftsglobalisierung ethisch und religiös unterschiedlichen Gesellschaften aufgezwungen wird, werden die Unterschiede nicht eliminiert – sie mutieren zu gefährlichen Formen: religiöser Fundamentalismus, ethnische Säuberung oder andere Symptome von Kulturkriegen. Diese kulturellen Mutationen werden durch verschiedene Faktoren gefördert.

Wie die US-amerikanische Philosophin Amy Chua in ihrem Buch *World on Fire* schreibt, kommt die ökonomische Polarisierung der Globalisierung zu bereits existierenden Klassenunterschieden hinzu. Diese Klassenunterschiede spiegeln oft ethnische Muster wieder. Klassenkonflikte, so argumentiert sie, werden in der Folge als ethnische Konflikte getarnt.

Wenn die verschiedenen Kulturen durch die Globalisierung eine Bedrohung ihrer Werte, Normen und Bräuche erleben, gibt es eine heftige kulturelle Gegenreaktion. Wenn diese kulturelle Antwort nicht gleichzeitig die wirtschaftliche Demokratie verteidigt und lebendige Wirtschaftsformen schafft, so nimmt der Widerstand die Form von negativen Identitäten und negativen Kulturen an.

Kultur und Wirtschaft sind nicht zu trennen. Die neoliberale Ideologie der Entwicklung und die Globalisierung wünscht sich die Kultur weg, aber die Kultur dominiert und wird zum Surrogat für die Sorge um die Lebensgrundlagen und die wirtschaftliche Sicherheit. Fundamentalistische Religion wird, wie Karl Marx so treffend beobachtete, ein »Opium für die Massen«.

Politiker und politische Parteien, welche das Programm der Wirtschaftsglobalisierung ganz und gar unterstützen, rechtfertigen und stützen ihre Macht ebenfalls zunehmend mit einer exklusivistischen Religion – und behaupten, ihre Macht komme direkt von Gott, nicht von der Wirtschaft und dem Kapital. »Die gottgegebene Herrschaft« scheint die Epidemie unserer Zeit zu sein. Ein Konzept, nämlich der Absolutismus, der mit dem Feudalismus gestorben ist, kommt wieder zurück in Form der repräsentativen Demokratie im Kontext der Globalisierung.

Die Kolumnistin und Pulitzerpreisgewinnerin Maureen Dowd aus den USA hebt hervor, dass die evangelikalen fundamentalistischen Christen, welche Präsident Bush ein zweites Mal zur Macht verhalfen, nicht an christliche Lehrsätze wie folgende glauben: »Liebe deinen Nachbarn«, »Den Menschen ein Wohlgefallen, »Gesegnet seien die Friedfertigen« und »Richte nicht, auf dass du nicht gerichtet werdest«. Sie zitiert den Evangelistenprediger Bob Jones, der dem Präsidenten geschrieben hat: »Christus hat Ihnen erlaubt, sein Diener zu sein [...] um der göttlichen Gerechtigkeit Nachdruck zu verschaffen«. Daraufhin definiert Jones Bushs Auftrag: »Durch Ihre Wiederwahl hat Gott Amerika gnädigerweise – obwohl das Land es nicht verdient – eine Atempause von der Gottlosigkeit gewährt. Stellen Sie ihre eigenen Ansichten auf die vordere

Herdplatte und heizen sie auf. Sie schulden den Liberalen gar nichts. Diese Leute verachten Sie, weil sie Ihren Christus verachten.« (Dowd 2004) Im Buch *The Faith of George W. Bush* (»Der Glauben von George W. Bush«) des christlichen Autors Stephen Mansfield steht, Bush habe vor der ersten Wahl 2000 gesagt:»Mir ist, als ob Gott meine Präsidentschaftskandidatur will. Ich kann es nicht erklären, aber ich spüre, dass das Land mich brauchen wird. Etwas wird geschehen… Ich weiß, es wird für mich und meine Familie nicht einfach sein, aber Gott will, dass ich es tue.« *(Guardian* 2003)

In ähnlicher Weise erklärte in Indien der Präsident der indischen Volkspartei Bharatiya Janata (BJP) L. K. Advent: »Die BJP ist in Wirklichkeit das von Gott auserwählte Instrument, um unser Land aus den gegenwärtigen Problemen heraus und zu den Höhen eines allumfassenden Erfolges zu führen.« *(Indian Express* 2004)

Imperialismus ist sowohl ein wirtschaftlicher wie ein kultureller Prozess. Es ist kein Zufall, dass jetzt eine Welle von arrogantem, verblendetem religiösen Eifer aufkommt, mit dem die Gefallenen, die Verfluchten und die Barbaren gerettet werden sollen. Heute wird das Etikett des Barbarismus Afghanistan, Irak, Iran und Syrien aufgedrückt. Vor zwei Jahrhunderten, als Indien das Ziel der imperialistischen Eroberung war, war es dieses Land, das imperiale Erlösung nötig hatte. Zu der Zeit, als Indiens verarbeitende Industrie und die Landwirtschaft zerstört wurden, lief im britischen Unterhaus eine Debatte über die Notwendigkeit der Zivilisierung und Christianisierung Indiens. Der Parlamentarier William Wilberforce beschrieb Indien als »tief gesunken, in den schlimmsten Tiefen des moralischen und sozialen Elends und der Entehrung«; er ignorierte die Rolle, die der Imperialismus bei der Verelendung Indiens und der Bereicherung Englands spielte (Dharampal 1999, 103). Wilberforce schrieb den Erfolg der Briten ihrer »religiösen und moralischen Überlegenheit« zu – und plädierte dann dafür, dass die Barrieren zur Verbreitung »der Segnungen des christlichen Lichts beseitigt werden, sodass das ›weite Land‹ und die ›einsamen Herzen‹ erstrahlen können in Wahrheit, Liebe und Trost des Himmels.« (Dharampal 1999, 103)

Der Aufstieg eines Imperiums geht Hand in Hand mit einem Imperialismus der Religion und der Kultur. Beide teilen eine Intoleranz für Vielfalt und die Illusion der Befreiung durch Zerstörung. In jedem Imperium gibt es religiöse Fundamentalisten wie heute die evangelikalen Christen in den USA. Der Imperialismus der Religion und Kultur hat gleichzeitig zwei Funktionen – er verbirgt die Wurzeln der wirtschaftlichen Ungerechtigkeit und Entrechtung und er offeriert kulturelle Kolonialisation als Heilmittel dafür.

Die Kriege des Imperiums und die Wirtschaftskriege der Globalisierung sind zu einem einzigen Feldzug verschmolzen. Symbol dieser Konvergenz ist die Ernennung von Paul Wolfowitz, einem wichtigen Architekten des Irakkrieges und Mitglied des rechtskonservativen Thinktanks PNAC (Project for the New American Century), zum Präsidenten der Weltbank.

Die imperialistische Globalisierung entpuppt sich als schlimmster Genozid unserer Zeit. Sie verwandelt einen Großteil der Menschen in bedrohte Spezies. Kleinbauern – das sind zwei Drittel der Menschheit – werden zur bedrohten Spezies wegen des Programms der globalisierten, industrialisierten Landwirtschaft. Frauen – die Hälfte der Menschheit – werden ebenfalls zur bedrohten Spezies, wenn subtile Änderungen in gesellschaftlichen Regeln ein Ungleichgewicht bringen und die patriarchalen Vorurteile der traditionellen Kulturen sich mit den patriarchalen Vorurteilen des globalen Kapitalismus treffen und die Frauen überflüssig machen.

Der Krieg gegen die Bauern

Als Lee Kyung Hae seinen Märtyrertod starb, trug er ein Schild mit der Aufschrift »Die WTO tötet Bauern«. Er wollte anlässlich des WTO-Ministertreffens in Cancún die Aufmerksamkeit auf den schlimmsten Genozid unserer Zeit lenken – den Genozid an den Kleinbauern durch die Regeln der Globalisierung. Sein Suizid ist lediglich der sichtbarste unter den Zehntausenden von Suiziden von Bauern. Dreißigtausend Bauern sind innert eines Jahrzehnts in Indien durch die Globalisierungspolitik getötet worden. Gemäß Indiens nationaler Kriminaluntersuchungsbehörde National Crime Bureau haben im Jahr 2004 rund 16 000 Bauern Selbstmord begangen. Innert eines halben Jahres wurden 2004 allein im Staat Andhra Pradesh 1860 Selbstmorde von Bauern registriert (*Economic Times* 2004, 3).

Selbsttötungen unter Bauern kamen in Indien 1997 auf. Das profitgetriebene globalisierte und industrialisierte Agrobusiness zerstört absichtlich die kleinen Betriebe, enteignet Kleinbauern und macht sie entbehrlich.

Die indische Bauernschaft, die größte Gruppe von überlebenden Kleinbauern in der Welt, ist in der Krise und steht vor dem Aussterben. Zwei Drittel der Menschen leben in Indien direkt vom Land. In dieser Nation mit ihrer Milliarde Einwohnern, welche das Land für mehr als 5000 Jahre bewirtschaftet haben, ist die Erde ein sehr großzügiger Arbeitgeber. Doch wenn die Landwirtschaft von der Erde, dem Boden, dem Klima und der Biodiversität losgelöst und stattdessen an die globalen Konzerne und die globalen Märkte gebunden wird, wird die Großzügigkeit der Erde durch die Habgier der Konzerne ersetzt. Die Lebensfähigkeit von Kleinbauern und kleinen Betrieben wird zerstört. Die Selbsttötungen der Bauern sind die tragischsten und dramatischsten Symptome der Überlebenskrise der indischen Landbevölkerung.

Die rapide Zunahme der Verschuldung ist ein Hauptgrund für die Entscheidung der Landwirte, sich das Leben zu nehmen. Zwei Faktoren haben die Landwirtschaft von einer positiven in eine negative Ökonomie für die Farmer verwandelt – die steigenden Produktionskosten und die fallenden Preise der landwirtschaftlich produzierten Ware. Beide Faktoren haben ihre Ursache in der Politik der Handelsliberalisierung und der Wirtschaftsglobalisierung.

1998 zwangen die Strukturanpassungsmaßnahmen der Weltbank Indien, seinen Saatgutsektor für Weltkonzerne wie Cargill, Monsanto und Syngenta zu öffnen. Die globalen Konzerne veränderten die Input-Ökonomie von einem Tag auf den anderen. Das von den Bauern aufgesparte Saatgut wurde durch das konzerneigene Saatgut ersetzt, welches Düngemittel und Pestizide benötigt und nicht wieder ausgesät werden kann.

Die Konzerne verhindern das Aufsparen und Wiederaussäen von Saatgut durch Patente und dadurch, dass Samen ohne Fortpflanzungsfähigkeit gezüchtet werden. In der Folge müssen die Bauern für jede Saat neue Samen kaufen. Was traditionell eine freie verfügbare Ressource war, wenn man einen Teil der Ernte zurückbehielt, wird jetzt zur kostspieligen Ware. Diese neue Ausgabe vergrößert die Armut und führt zur Verschuldung.

Der Wechsel vom selbstverwalteten Saatgut zum Konzernmonopol auf dem Samenangebot bedeutete auch einen Wechsel von der Biodiversität zur Monokultur in der Landwirtschaft. Im Distrikt Warangal in Andhra Pradesh wurden traditionell verschiedene Gemüse, Hirsesorten und Ölsaaten angebaut. Die Einführung der Baumwollmonokulturen führte zu einem Verlust des Reichtums in den Züchtungen der Bauern und in der natürlichen Evolution.

Monokulturen und Uniformität erhöhen das Risiko von Missernten. Variantenreiches Saatgut, das an die unterschiedlichen Ökosysteme angepasst ist, wird durch die überstürzte Einführung von uniformen und oft unerprobten Samen auf dem Markt abgelöst. Als Monsanto 2002 erstmals Bt-Baumwolle in Indien einführte, verloren die Bauern 1 Milliarde Rupien (etwa 20 Millionen Euro) infolge von Missernten. Statt 1500 Kilogramm pro Acre (0,4 Hektar) wie von der Firma versprochen, war der Ertrag bloß 200 Kilogramm für die gleiche Fläche. Statt einem Einkommen von 10000 Rupien pro Acre hatten die Bauern 6400 Rupien Verlust hinzunehmen. Als im Staat Bihar das Saatgut der Bauern durch Monsantos Hybridweizen ersetzt wurde, missriet die ganze Ernte; das brachte 4 Milliarden Rupien Verluste und vergrößerte die Armut der bereits sehr armen Bauern (Shiva et al. 2003, 15). Arme Bauern im Süden können die Saatgutmonopole der globalen Konzerne nicht überleben. Die Selbstmord-Krise zeigt, dass das Überleben der Kleinbauern mit den Saatgutmonopolen der Konzerne unvereinbar ist.

Die indischen Bauern spüren Druck noch von anderer Seite: der dramatische Fall der Preise von landwirtschaftlichen Produkten als Folge der Freihandelspolitik der WTO. Die WTO-Regeln für den Handel mit der Landwirtschaft sind eigentlich Anleitungen zum Dumping. Sie erlauben reichen Ländern, ihre Landwirtschaftssubventionen zu erhöhen, während sie andere Länder daran hindern, ihre eigenen Landwirte vor künstlich verbilligten Importprodukten zu schützen. 400 Milliarden US-Dollar an Subventionen zusammen mit der erzwungenen Beseitigung von Importbeschränkungen sind ein perfektes Rezept für Bauernselbstmorde. Global sind die Preise für Weizen von 216 Dollar pro Tonne im Jahr 1995 auf 133 Dollar pro Tonne 2001 gefallen; Baumwollpreise von 98,2 Dollar pro Tonne 1995 auf 49,1 Dollar pro Tonne 2001; Sojabohnen von 273 Dollar pro Tonne 1995 auf 178 Dollar pro Tonne 2001. Diese Preise sind nicht wegen einer Änderung in der Produktivität gefallen, sondern wegen einer Zunahme der Subventionen und einer Zunahme von Marktmonopolen unter Kontrolle einer Handvoll Agrobusinesskonzerne.

Die Regierung der USA zahlt 193 Dollar pro Tonne an ihre Sojafarmer, was den Preis für Soja auf dem Weltmarkt künstlich herabsetzt. In Indien hat das billige Soja wegen der Beseitigung der Höchstquoten und der Senkung der Importzölle nicht nur die Existenzen der Sojafarmer zerstört, sondern auch die Lebensunterhalte von Farmern anderer ölproduzierender Saaten wie Kokosnuss, Senf, Sesam und Erdnuss beeinträchtigt.

Auch die Baumwollproduzenten werden in den USA mit 4 Milliarden Dollar jährlich unterstützt. Dies hat den Baumwollpreis künstlich herabgesetzt, und die USA beherrschen nun den Weltmarkt, der vorher armen afrikanischen Ländern wie Burkina Faso, Benin und Mali zugänglich war. Wenn die USA Baumwolle mit 230 Dollar pro Acre subventionieren, können die afrikanischen Landwirte nicht mithalten. Afrikanische Baumwollbauern verlieren 250 Millionen Dollar jedes Jahr. Deshalb sind die kleinen afrikanischen Länder aus den Verhandlungen in Cancún ausgestiegen, was zum Abbruch des WTO-Ministertreffens führte.

Globalisierung als Genozid

Die manipulierten Preise der global gehandelten landwirtschaftlichen Güter stehlen Einkommen von den armen Bauern des Südens. Eine Studie der Forschungseinrichtung Research Foundation for Science, Technology and Ecology (RFSTE) in Delhi zeigt, dass die indischen Bauern wegen der sinkenden Agrarpreise jährlich 26 Milliarden Dollar verlieren. Das ist eine Last, die sie in ihrer Armut nicht tragen können. Wenn die Schulden zunehmen – die mit Einkünften von ihrem Bauernbetrieb nicht bezahlt werden können – werden die Landwirte gezwungen, eine Niere zu verkaufen oder gar sich umzubringen. Saatgutreserven geben den Bauern Leben. Saatgutmonopole nehmen ihnen das Leben weg.

Die Verwendung des Begriffes Selbstmord verschleiert die sozialen Ursachen für diese Tat. Wenn man sie als Akte von individuellen Bauern ansieht, dann sind es Selbstmorde. Wenn man die 16 000 Selbstmorde der indischen Bauern im Jahr 2004 als Resultat einer bestimmten Wirtschaftspolitik betrachtet, ist es nicht mehr Selbstmord; dann ist es Genozid.

Ein Bericht der Weltgesundheitsorganisation WHO über Gewalt identifiziert Genozid als »eine besonders abscheuliche Form von kollektiver Gewalt, weil die Täter des Genozids absichtlich eine bestimmte Bevölkerungsgruppe anpeilen, um diese zu zerstören.« Der Bericht definiert im Folgenden die kollektive Gewalt: »Der instrumentelle Gebrauch von Gewalt durch Menschen, welche sich selber mit einer bestimmten Gruppe identifizieren – ob diese Gruppe nun vorübergehend ist oder einen permanenteren Charakter hat –, gegen eine andere Gruppe oder einen Kreis von Individuen, um ihre politischen, ökonomischen oder sozialen Ziele zu erreichen.« (WHO 2002, 215)

In der UNO-Konvention über die Verhütung und Bestrafung des Völkermordes wird das Verbrechen so definiert: »In dieser Konvention bedeutet Völkermord eine der folgenden Handlungen, die in der Absicht begangen wird, eine nationale, ethnische, rassische oder religiöse Gruppe als solche ganz oder teilweise zu zerstören. [...]

c) vorsätzliche Auferlegung von Lebensbedingungen für die Gruppe, die geeignet sind, ihre körperliche Zerstörung ganz oder teilweise herbeizuführen.« (www.admin.ch/ch/d/ff/1999/5359.pdf)

Die WTO-Regeln für die Landwirtschaft sind dazu gemacht, die Kleinbauern zu zerstören und die Landwirtschaft in die Hände des Agrobusiness zu schieben. Die Handelsregeln erlegen unseren Kleinbauern Lebensbedingungen auf, welche unweigerlich ihre physische Zerstörung als souveräne Produzenten mit sich bringen. Die WTO-Politik ist also ein Genozid an den Kleinbauern.

Die Politik, die Handelsabkommen und die Technologien, die entwickelt werden, um den Weg für die unternehmerische Kontrolle der Landwirtschaft zu ebnen, setzen Gewalt systematisch als Instrument gegen die Farmer ein. Die Gruppe der Täter umfasst die WTO, die Weltbank und den IWF, die globalen Agrobusinesskonzerne und die Regierungen. Das WTO-Agrarabkommen fördert tatsächlich den »Produzentenabgang« – ein zahmer Ausdruck für die Zerstörung von bäuerlichen Lebensunterhalten. Zwar erkennt die Weltbank die

Produktivität der Kleinbauern an und stellt fest: »Die kleinen Betriebsinhaber sind ausgezeichnete Verwalter ihrer eigenen Ressourcen – ihres Landes und Kapitals, ihrer Düngemittel und ihres Wassers.« Trotzdem sprechen die Weltbankvertreter von der Notwendigkeit, die Bauern von der Betriebsweise, die sie »Subsistenz« nennen, abzubringen, weg also von einer unabhängigen souveränen landwirtschaftlichen Produktion. Um dem Agrobusiness billige Arbeitskräfte zu liefern und für die Produktion von künstlich verbilligten Exportgütern ist die Weltbank willens, mit ihren Entwicklungsrezepten Millionen von Farmern ihre Freiheit und ihr Leben zu nehmen.

Die Globalisierung führt zu einem Wachstum ohne Arbeitsplätze und schafft »ungelernte« Arbeiter, indem sie die qualifizierten und erfahrenen Bauern von ihrem Grund und Boden vertreibt. Die absichtliche Entwurzelung der Bauern kommt einer absoluten Verweigerung des Rechts auf eine Existenz und des Rechts auf Leben gleich. Es ist ein Akt der beabsichtigten Gewalt für ein ökonomisches und politisches Ziel – die Unternehmenskontrolle der Nahrungswirtschaft.

Indien ist eines der Länder, die die unfairen Landwirtschafts-Regeln der WTO immer wieder in Frage stellen und zusammen mit Brasilien und China das G20-Bündnis anführen. Dieses Bündnis setzt sich ein für die Sicherung der Lebensgrundlagen von Kleinbauern und wehrt sich gegen die Ungerechtigkeit eines Freihandels, der auf hohen Subventionen und Dumping basiert. Doch im eigenen Land wollen die offiziellen Stellen in Indien den Zusammenhang zwischen dem Freihandel und dem Überleben der Bauern durchaus nicht wahrhaben.

Die Regierung setzt alles daran, um die Selbstmorde der Bauern und die wirtschaftlichen Prozesse der Globalisierung fein säuberlich zu trennen. Sie versucht, die Diskussion darüber zum Schweigen zu bringen. Eine von der Regierung von Karnataka eingesetzte Expertengruppe empfiehlt: »Die Regierung sollte die Personen strafrechtlich verfolgen, welche für die Irreführung der Öffentlichkeit und der Regierung verantwortlich sind und die falsche Informationen verbreiten, indem sie die Selbstmorde der Bauern den Missernten und der Verschuldung zuschreiben.« (Veeresh Comittee 2004, 113)

Doch die Selbstmorde der Bauern können nicht von der Verschuldung und der wirtschaftlichen Notlage getrennt werden, denen die Bauern gegenüberstehen. Das Thema Verschuldung ist nicht neu. Bauern haben sich schon früher für Schuldenfreiheit engagiert. Im 19. Jahrhundert gab es die Aufstände im nordindischen Deccan: Bauernproteste gegen die Schuldenfalle, in welche sie gestoßen wurden, um billige Baumwolle für die Textilindustrie in England zu liefern. In den 1980er-Jahren organisierten sich die Bauern für die Entschuldung; diesmal ging es um die Verschuldung des öffentlichen Haushaltes im Zusammenhang mit der Grünen Revolution. Gegenwärtig, in der Globalisierung, verlieren die Bauern ihre soziale, kulturelle und wirtschaftliche Identität als Produzenten. Nicht bloß ihr Lebensunterhalt, sondern ihre ganze Identität ist bedroht. Bauern, welche traditionell als Produzenten angesehen wurden, sind nun Konsumenten – Konsumenten von teurem Saatgut und teuren Chemikalien. Angesichts einer unmenschlichen, brutalen und ausbeuterischen Konvergenz von globalem Unternehmenskapitalismus und lokalem Feudalismus fühlen sich die Bauern machtlos. Die bürokratischen und technokratischen Systeme des Staates eilen den herrschenden Wirtschaftsinteressen zu Hilfe und schieben die Schuld auf die Opfer.

Wir müssen diesen Krieg gegen die Kleinbauern stoppen. Wir müssen die Regeln für den agrikulturellen Handel neu schreiben. Wir müssen das Paradigma unserer Nahrungsproduktion wechseln. Die Ernährung der Menschheit sollte nicht von der Ausrottung von Bauern und von Arten abhängen. Eine andere Landwirtschaft ist möglich und notwendig – eine Landwirtschaft, welche die Lebensgrundlagen der Bauern schützt, die Erde und ihre Biodiversität sowie die Volksgesundheit.

Agroexport und Auftragslandwirtschaft

Die Bauernselbstmorde sind ein Resultat der Verschuldung und die Schulden ein Resultat der steigenden Kosten des landwirtschaftlichen Inputs und der fallenden Preise der landwirtschaftlichen Produkte. Beide, die steigenden Produktionskosten sowie die fallenden Agrarpreise sind nicht zufällige Ergebnisse der Handelsliberalisierung und der von den Agrokonzernen angetriebenen ökonomischen Reformen. Die Bauernselbstmorde sind deshalb unvermeidliche Folgen einer Agrarpolitik, welche das Wohl der Konzerne im Auge hat und dasjenige der Bauern vernachlässigt. Die Lösung der Wirtschaftsglobalisierung für die von den Regierungen geförderte und eingeleitete landwirtschaftliche Krise ist eine größere Kontrolle der Unternehmen über die Landwirtschaft durch so genannte Auftragslandwirtschaft. Der Bericht des Veeresh-Komitees über die Bauernselbstmorde in der Region Karnataka empfiehlt: »Für ausgewählte Saaten können spezielle Wirtschaftszonen bezeichnet werden. Durch die Förderung des Auftraganbaus sollten kleine und marginale Betriebe konsolidiert werden können, und solche Betriebe würden wirtschaftlich lebensfähig.« (Veeresh 2004, 113) Dieser Ratschlag offeriert die Krankheit als Kur.

Kleine Betriebe sind an sich nicht unwirtschaftlich, sondern durchaus lebensfähig. Sie sind in der Tat produktiver und effizienter als große Betriebe. Die Beschränkungen der kleinen Landwirtschaftsbetriebe liegen in der Unlauterkeit und Ungerechtigkeit der globalisierten und von Konzernen kontrollierten Landwirtschaft, nicht in der Größe.

Die Produktivität der Kleinbauern ist auch dann überlegen, wenn man sie im Kontext der Biodiversität misst. Auf Biodiversität achtende Messungen der Produktivität zeigen, dass die Kleinbauern die Welt ernähren könnten. Ihre Erträge, die sich aus vielfältigen Ernten und aus unterschiedlichen Anbauten für unterschiedliche Zwecke zusammensetzen, sind Zeugen höchster Produktivität. In Brasilien beträgt die Produktivität eines Betriebes von unter 10 Hektar 85 Dollar pro Hektar, jene einer 500-Hektar-Farm bloß noch 2 Dollar pro Hektar. In Indien hat eine Farm von unter 2 Hektar eine Produktivität von 735 Rupien pro halbes Hektar, während eine 14-Hektar-Farm für die gleiche Fläche noch eine Produktivität von 346 Rupien aufweist (Shiva 1995a, 16).

Wenn Kleinbetriebe absichtlich ruiniert werden, wird beides zugleich zerstört: die ländlichen Existenzen der einzelnen und die Nahrungssicherheit von allen, da große Industriefarmen in Bezug auf Ressourcen, Energie und Nährwert weniger produktiv sind als kleine.

Die Empfehlung, für ausgewählte Saaten spezielle wirtschaftliche Zonen zu bezeichnen und die Auftragslandwirtschaft zu fördern, wird die Krise der indischen Bauern und der indischen Landwirtschaft noch vertiefen. Wer eine Saat in einer Exportzone oder speziellen Wirtschaftszone anbaut, verlässt sich auf eine riskante Monokultur und auf die totale Kontrolle der Händler und der Konzerne über die Preise.

Solche Bauern sind gefangen in der Abhängigkeit vom Handel, weil sie keinen Diversitätspuffer haben. Sie müssen das verkaufen, was sie angebaut haben, wenn sie überleben wollen. Und sie müssen ihre Produkte zu dem Preis absetzen, den die Käufer diktieren. Auftragslandwirtschaft ist eine Form von Leibeigenschaft; sie stößt die Produzenten in immer tiefere Schuld und Abhängigkeit.

Agroexport-Zonen (AEZ) wurden geschaffen, um den Export von landwirtschaftlichen Gütern zu erleichtern und den Bauern für ihre Produkte höhere Preise zu bringen. Das Ziel der AEZ ist es, Indien zu einem starken Player auf dem landwirtschaftlichen Weltmarkt zu machen. Zu diesem Zweck hat die Exportbehörde APEDA (Agriculture and Processed Food Product Export Development Authority) einen Marktplatz für virtuellen Handel, die Virtual Trade Fair, entworfen. Indische Früchte, Gemüse und andere landwirtschaftliche Produkte können via Tastendruck online auf der ganzen Welt gekauft und verkauft werden. Es wird angenommen, dass die indischen Bauern von der Entwicklung der AEZ profitieren und dass sie dem internationalen Agrarhandel mit der modernen »vom Hof zum Hafen«-Methode ihren Stempel aufdrücken werden. Die AEZ sollen ausgewählten ländlichen Regionen zugute kommen. Doch ganz Indien ist eine Agrarwirtschaft; alle Regionen brauchen Investitionen und Unterstützung. AEZ werden zur Unterentwicklung der Landwirtschaft in Nicht-AEZ-Regionen führen. Und nicht nur das: AEZ werden die Probleme, die zu den Bauernselbstmorden führen, nicht lösen.

Die höchsten Selbstmordraten finden sich nämlich in Andhra Pradesh und Pandschab, den zwei Staaten mit der höchsten Abhängigkeit von Hochertragssorten, der größten

Durchdringung mit Monsanto-Saaten und der höchsten Konzentration von Industrielandwirtschaft. Die Staaten, in denen die Bauern ihr eigenes Saatgut verwenden und für den Eigenbedarf sowie lokale Märkte anbauen, entgehen der Schuldenfalle, welche die Bauern andernorts in die Verzweiflung und Hoffnungslosigkeit treibt.

Die Krise der Kartoffelbauern zeigt, dass die Fixiertheit der Regierung auf die speziellen Exportzonen und die Auftragslandwirtschaft Teil des Problems sind und nicht dessen Lösung. In Uttar Pradesh begannen die Bauernselbstmorde dann, als die Exportzonen für Kartoffeln geschaffen wurden. Die Bauern gaben 255 Rupien pro Zentner für die Produktion aus, aber die Kartoffeln wurden für bloß 40 Rupien pro Zentner verkauft, was einen Verlust von 215 Rupien für jeden Zentner bedeutete. Die Produktionskosten belaufen aufsich zwischen 55 000 und 65 000 Rupien pro Hektar; 40 000 davon allein für das Saatgut. Konzerne wie Pepsi und McDonald's erhalten billigere Kartoffeln für Chips und Pommes frites, aber ihre Profite saugen den Kleinbauern das Leben weg.

Die Krise der Kartoffelpflanzer steht wie die Krise der Produzenten von Tomaten, Baumwolle, Ölsaaten und anderen Nutzpflanzen in direktem Zusammenhang zur Freihandelspolitik von Weltbank und WTO. Die Politik der Globalisierung und der Handelsliberalisierung haben eine allgemeine Landwirtschaftskrise und insbesondere eine Kartoffelkrise geschaffen. Diese Krise zeigt sich auf drei Ebenen:

1. Ein Wechsel in der Politik von »Nahrung und Bauern zuerst« zu »Handel und Unternehmertum zuerst«.
2. Ein Wechsel von der Vielfalt in der Landwirtschaft zu Monokulturen und Standardisierung, zu chemie- und kapitalintensiver Produktion und einer Deregulierung des

Inputsektors, vor allem des Saatguts, was zu einer Erhöhung der Produktionskosten führt.

3. Deregulierung der Märkte und Rückzug des Staates von einer effektiven Preisregulierung, was einen Zusammenbruch der Preise für landwirtschaftliche Güter nach sich zieht.

Die neue Landwirtschaftspolitik schafft die Unterstützung für die Bauern ab und schafft dafür neue Subventionen für die Agrarindustrie und das Agrobusiness. In einer Diskussion über die Kartoffelkrise erwähnte der Landwirtschaftsminister von Uttar Pradesh die Beiträge an die Kühlung und den Transport der Güter als staatliche Antwort auf die Krise. Diese Subventionen gehen nicht an die Farmer. Sie gehen an den Handel und die Unternehmen. Pepsis Auftritt im Pandschab illustriert diese »Handel zuerst«-Politik. Als der Marktpreis für Tomaten 2 Rupien pro Kilo betrug, bezahlte Pepsi den Bauern bloß 0,5 bis 0,8 Rupien pro Kilo und sackte ein Zehnfaches davon als Transportsubvention von der Regierung ein. Die Besitzer von Kühlräumen in Uttar Pradesh haben 500 Millionen Rupien an Subventionen bekommen, aber dieses Geld kommt nicht den Bauern zugute. Ein Bauer *bezahlt* dem Kühlraumbesitzer 120 Rupien pro Sack für die Aufbewahrung. Und die Kühlraumbesitzer nutzen die Krise und erhöhen die Preise. Angesichts der Massenproduktion von Kartoffeln in Uttar Pradesh ist dies eine gewaltige Umleitung von finanziellen Ressourcen von den verschuldeten Farmern zu den Händlern, und von den Produzenten zu Industrie und Gewerbe.

Die Regierung kündet ständig neue Tricks und Maßnahmen an, mit denen sie die Beschaffungspreise lenken und Beschaffungszentren schaffen will; doch eigentlich ist die Regierungsintervention in Form von Preisregulation und Vermittlung unter der Globalisierung vollständig verschwunden. Die Regierung setzte 195 Rupien pro Zentner als Beschaffungspreis von Kartoffeln fest und gab die Eröffnung von acht Beschaffungszentren bekannt. Doch es wird keine eigentliche Beschaffungspolitik zur Unterstützung der Bauern und zur Sicherung fairer Preise betrieben. Die Preise sind demzufolge auf 40 bis 100 Rupien pro Zentner gefallen. Das ist eine wahre Goldgrube für die landwirtschaftliche Produkte verarbeitende Industrie, welche so aus den Chips einen noch größeren Profit zieht. Aber es ist eine Katastrophe für die Bauern, welche in ihrer Verzweiflung in den Selbstmord getrieben werden. Die verarbeitende Agrarindustrie zahlt den Bauern 0,8 Rupien pro Kilo für Kartoffeln, während der 200g-Beutel Chips für 10 Rupien weiterverkauft wird. Für 13 Millionen Tonnen Kartoffeln ergibt das einen Transfer von 20 Milliarden Rupien (400 Millionen Euro) weg von den verarmten Bauern von Uttar Pradesh und hin zu den globalen Unternehmen.

Das Rezept der Weltbank für Indien ist der Gemüseanbau für den Export. AEZ sind ein Teil dieser Politik. Doch Indien gibt fast dreimal mehr aus, um Gemüse auf dem Weltmarkt einzukaufen, als dass es aus dem Gemüseexport einnimmt. 2002 verkaufte Indien Gemüse für 248 Millionen Dollar als Resultat dieser Gemüseexportpolitik; aber im gleichen Zeitraum importierte Indien Gemüse für 678 Millionen Dollar.

Der Wechsel vom individuellen Bauern zum Großunternehmen und vom Nahrungsanbau für den Eigenbedarf zum globalen Handel soll die Exporte der Dritten Welt steigern, die Einkommen der Bauern erhöhen und die Armut in der Dritten Welt verringern. Doch das Gegenteil passiert. Der indische Export von Tee nahm ab: von 211 000 Tonnen 1997/98 auf 128 000 Tonnen 2002/03. Der Wert der Tee-Exporte fiel von 20 Milliarden Rupien auf 11 Milliarden in derselben Zeitspanne (Shiva / Jalees 2003, 47). Die Obsession mit Export reduziert die Exporte und die Einkommen; statt die Armut zu beenden, beendet der Export das Leben der Bauern.

Die Globalisierung der Landwirtschaft versagt auf jeder Ebene. Sie schadet dem Planeten und den Menschen. Nur das globale Agrobusiness profitiert von diesem Krieg gegen die Bauern und das Land.

Eine gewaltfreie Landwirtschaft ist das Kernstück unserer Suche nach Frieden. Es ist eine Kultur des Zusammenwirkens mit der Erde. Die Erneuerung landwirtschaftlicher Traditionen, die die Erde und all ihre Lebewesen erhalten, muss zentral sein bei der Schaffung neuer lebendiger Kulturen. Landwirtschaft macht 70 Prozent der Landnutzung aus, 70 Prozent der Wassernutzung und 70 Prozent der Lebensunterhalte auf dem Planten. Die Samen dieser lebendigen Kulturen werden überall gesät. Inmitten der Verwüstung, welche die industrialisierte, globalisierte Landwirtschaft angerichtet hat, entstehen neue Esskulturen. Wo immer es solche Initiativen gibt, so klein sie auch sein mögen, ändert sich die Kultur.

Die lebendige Kultur der Nahrung und der Nahrungsproduktion vereint ökologische Bewegungen, den Tierschutz, die Bauernvereinigungen und die Konsumentengruppen in einer neuen Bewegung zum Schutz der biologischen und kulturellen Diversität. Monokultur und Monopole machen der Vielfalt und Zusammenarbeit Platz. Der Mangel weicht dem Überfluss. Statt Unsicherheit gibt es Sicherheit. Die Agrikultur des Krieges wird ersetzt durch eine Agrikultur des Friedens – Frieden für die Erde, Frieden für den Planeten, Frieden für die Tiere und Frieden für die Menschen.

Der Krieg gegen die Frauen

Die Globalisierung als Projekt des kapitalistischen Patriarchats hat die Gewalt gegen Frauen beschleunigt und vertieft. Die Globalisierung beraubt die Frauen ihrer Produktivität und Kreativität. Nahrung und Wasser, welche traditionell durch das Wissen und die Arbeit der Frauen bereitgestellt wurden, werden nun zu Wirtschaftsgütern gemacht. Und wenn die Frauen von ihren produktiven Rollen in der Gesellschaft vertrieben werden, werden sie entbehrlich.

Die Explosion des Frauenhandels ist eine andere Dimension der Auswirkungen der Globalisierung. Die Sexindustrie ist oft die einzige Überlebensmöglichkeit für Frauen als Wirtschaftsflüchtlinge der globalisierten Ökonomie. In einer Warenwelt werden auch die Frauen zu einer bloßen Ware, welche gekauft und verkauft, gehandelt und konsumiert werden kann. Der Menschenhandel mit Frauen hat dort dort am meisten zugenommen, wo die Globalisierung die Arbeit der Frauen am meisten zerstört hat, namentlich in Asien und Osteuropa.

Handel versus Naturwirtschaft

Frauen waren bisher die hauptsächlichen Produzentinnen der Bedarfswirtschaft. Sie sind die Lieferantinnen von Nahrung und Wasser, von Gesundheit und sozialer Sicherheit.

Das »Wachstum« der globalen Ökonomie hat zur Zerstörung der Naturwirtschaft geführt – durch welche die Erneuerung der Umwelt stattfindet. Das Wachstum hat auch die Bedarfswirtschaft der Menschen zerstört – in welcher die Frauen arbeiten, um die Gesellschaft zu erhalten. Ironischerweise gilt diese harte unbezahlte Tätigkeit oft nicht als Arbeit.

Wenn die Marktwirtschaft in Schwierigkeiten gerät, ist es die informelle Wirtschaft (welche großmehrheitlich aus Frauenarbeit besteht), welche die Löcher stopfen muss und für die Wiederherstellung des Gleichgewichts bezahlt. In vielen Fällen gleichen die Regierungen ein finanzielles Defizit dadurch aus, dass sie soziale und wirtschaftliche Entwicklungsprogramme substanziell kürzen, was massive Lohnsenkungen mit sich bringt. In Zeiten der strukturellen Anpassung und der Sparprogramme treffen die Kürzungen der öffentlichen Ausgaben meist vor allem die Armen und die Frauen.

In dem Maße wie der Handel die Häuslichkeit als Leitbegriff abgelöst hat, hat sich auch die Bedeutung des Begriffes »Wert« selbst verändert. Wert ist im Kontext von Handel und Tausch neu definiert worden. Wenn etwas nicht handelbar ist, hat es keinen wirtschaftlichen Wert. Die Annahme, dass etwas bloß einen Wert hat, wenn es gegen Geld getauscht werden kann, hat auch die Naturwirtschaft wertlos gemacht, obwohl sie eigentlich unbezahlbar ist. Die Marginalisierung sowohl der Frauenarbeit wie der Arbeit der Natur gehen einher mit einer Wahrnehmung des Zuhauses als ein Ort, an dem nichts von wirtschaftlichem Wert produziert wird.

Der Abschluss der Uruguay-Runde des GATT und die Einsetzung der WTO am 1. Januar 1995 haben alle Themen, auch die inneren Angelegenheiten, in die globale Wirtschaft eingebracht. Alles, was im Leben wichtig ist – Ethik, Werte, Ökologie, Nahrung, Kultur, Wissen und Demokratie – sind als Sache des internationalen Handels in die globale Arena gestellt worden.

Unnötig zu sagen, dass damit die Perspektiven und Situationen von Frauen selbst in den entlegensten Dörfern des Südens direkt mit den Perspektiven und der Macht der Männer, die die globalen patriarchalen Institutionen kontrollieren, zusammenprallen.

Globalisierung und Gender

In der gegenwärtigen Phase der Globalisierung muss die Genderanalyse zwei große Richtungsänderungen vornehmen. Erstens: Weil die Globalisierung sich selber vor allem als Beseitigung von nationalen Barrieren für Handel und Investitionen darstellt, muss die Genderanalyse aus dem exklusiv auf innere Angelegenheiten gerichteten Analysemodell (ob es sich auf die Familie oder das Land bezieht) heraustreten und sich um ein Verständnis der Genderbeziehungen zwischen Akteuren auf globaler Ebene bemühen.

Zweitens: Genderanalyse muss sich von der Konzentration auf das Endresultat abwenden, welche die Frauen stets zum Opfer macht, weil sie sich bloß mit der Auswirkung auf die Frauen beschäftigt. Um eine Veränderung zu erreichen, müssen wir Strukturen und Transformationen analysieren und die grundlegenden Kräfte untersuchen, welche die Gesellschaft formen. Der globale Finanzhandel und die Wirtschaftswelt sind nicht genderneutrale Institutionen; sie wirken sich auf Männer und Frauen, Reiche und Arme und verschiedene Völker unterschiedlich aus.

Diese Institutionen und Strukturen werden von Männern geschaffen, beherrscht und kontrolliert. Weil sie von einem bestimmten Geschlecht, einer bestimmten Klasse und Rasse von Menschen gestaltet werden, nämlich vorab von Männern der reichen G7-Länder, sind diese Institutionen Ausdruck und Vehikel der Visionen, Bestrebungen und Annahmen dieser spezifischen Interessengruppe.

Die Genderanalyse der Globalisierung kann sich deshalb nicht auf deren Auswirkungen auf Frauen beschränken. Sie muss die patriarchale Basis der Paradigmen, Modelle, Prozesse und politischen Maßnahmen und Projekte analysieren, welche von diesen globalen Institutionen vorangetrieben werden. Sie muss berücksichtigen, wie die Anliegen, Prioritäten und Wahrnehmungen der Frauen bei der Definition der Wirtschaft ausgelassen werden. Sie muss auch berücksichtigen, dass die Frauen bei der wirtschaftlichen Problemstellung und beim Vorschlagen und Durchführen von Lösungen abwesend sind.

Religiöser Fundamentalismus und Marktfundamentalismus

Religion und Kapitalismus haben gemeinsame Wurzeln im Patriarchat. Trotzdem werden sie gemeinhin als sich bekämpfende Kräfte gesehen: Das religiöse Patriarchat verteidigt die Traditionen und das kapitalistische Patriarchat drängt Richtung Fortschritt und Modernität. Das Aufkommen einer neuen, durch das globale Kapital bestimmten Weltordnung – die Globalisierung – wird deshalb oft als eine Entwicklung verstanden, die das religiöse Patriarchat untergräbt und die Frauen befreit. Doch wir sind gegenwärtig nicht Augenzeugen eines Wettstreits, sondern eines Zusammenspiels zwischen religiösem und kapitalistischem Patriarchat, zwischen religiösem Fundamentalismus und Marktfundamentalismus.

Religion stellt sich dem Markt oft entgegen. Doch wenn der Markt selbst zur vorherrschenden Religion wird und die Form eines Marktfundamentalismus annimmt, kann er mit dem religiösen Fundamentalismus zusammentreffen. Dieses Zusammentreffen geschieht auf verschiedenen Ebenen.

Sowohl der Marktfundamentalismus als auch der religiöse Fundamentalismus bringen die Frauen als Menschen zum Verschwinden. Frauen werden auf Sexobjekte oder von Männern kontrollierte Reproduktionsmaschinen reduziert – entweder durch den Markt oder durch die Anrufung religiöser Texte.

Wenn der Marktfundamentalismus ökonomische Unsicherheit produziert, wenden sich die Menschen dem religiösen Fundamentalismus als einer Quelle von Sicherheit zu. Sie erfinden ihre Identität neu, um mit der Kultur der Unsicherheit umgehen zu können. Rechte Ideologien wachsen direkt proportional zu den Unsicherheiten, die der deregulierte Markt hervorbringt.

Die Globalisierung schwächt die demokratische Kontrolle über wirtschaftliche Prozesse. Die repräsentative Demokratie hat keinen wirtschaftlichen Inhalt mehr. Das Vakuum wird mit xenophoben, exklusivistischen fundamentalistischen Ideologien gefüllt, welche die Menschen von ihren wirklichen Bedürfnissen trennen und eine illusionäre Sicherheit anbieten.

Religion, welche in einer eingebetteten, einschließenden, kommunalen Form ein ausgleichendes Wertesystem zu den Auswüchsen des Marktes abgeben könnte, ist in ihrer fundamentalistischen Variante Teil des Teufelskreises von Gewalt und Ausschluss geworden.

Die Globalisierung hat einen Wettstreit offen gelegt zwischen frauenbezogenen Weltanschauungen, Wissens- und Produktionssystemen, welche die Grundbedürfnisse und die Teilhabe aller sichern, und einem patriarchalen System des

Wissens und der Wirtschaft, welches auf Gewalt und Krieg gründet. Weil die Arbeitsteilung die Bedarfswirtschaft vor allem in den Händen der Frauen gelassen hat, schaffen, erhalten und erneuern die Frauen Leben. Die globalen patriarchalen Institutionen entfesseln Tod und Zerstörung, weil sie das Leben zu besitzen und zu kommerzialisieren suchen. Die Themen sind alt, die Methoden neu. Die Paradigmen sind alt, die Projekte neu. Der patriarchale Drang zur Kontrolle und zur Besitznahme sind alt, die Ausdrucksformen neu. Der ökologische und feministische Kampf für den Schutz des Lebens ist uralt, der Kontext der globalisierten Wirtschaft ist neu. Die Heldensaga unserer Tage ist der Kampf ums Überleben.

Wenn sich die Unternehmen zwecks Profitmaximierung Nahrung und Wasser aneignen, werden die Wirtschafts- und Wissenssysteme der Frauen zerstört. Wenn die Marginalisierung der Frauen fortschreitet, nimmt auch die Gewalt gegen sie zu.

Das kapitalistische Patriarchat und das religiöse Patriarchat teilen die folgenden Eigenschaften: Herrschaft von Männern mit ökonomischer oder religiöser Macht über andere Menschen und über die Erde; Geringschätzung von Frauen, Arbeitern und anderen Lebewesen; Entfremdung von der Erde und von lebenden Kulturen und Wirtschaftsformen.

Fetozid – wenn Frauen verschwinden

Man sagt, dass die Globalisierung die Gesellschaft modernisieren und die Stellung der Frauen verbessern wird. Doch das Gegenteil passiert. Die patriarchalen Werte des Marktes tun sich zusammen mit den frauenfeindlichen Werten des religiösen Patriarchats, was nicht nur zu einer Marginalisierung, sondern zu einer eigentlichen Eliminierung der Frauen führt.

Das Phänomen des weiblichen Fetozids in Indien zeigt, wie das kapitalistische Patriarchat und die Traditionen des religiösen Patriarchats zusammenarbeiten und eine neue Welle von Gewalt gegen Frauen entfesseln. Diese Entwicklung ist kein Zufall.

Am Schauplatz der Grünen Revolution im Pandschab hat die Welle der weiblichen Fetozide ihren Ausgang genommen (Shiva 1989, 118). Diese Region war auch die erste, welche die Fruchtwasserpunktion für die gezielte Abtreibung weiblicher Föten instrumentalisiert hat. Das Aufkommen von Technologien wie der Amniozentese und des Ultraschalls haben es den Familien ermöglicht, das Geschlecht ihres ungeborenen Kindes zu erfahren und selektiv die weiblichen Föten abzutreiben. Zwischen 1978 und 1983 sind nach der Durchführung von Geschlechtsbestimmungstests 78 000 weibliche Föten abgetrieben worden. Das sich verändernde Geschlechterverhältnis bei den Kindern zeigt das Ausmaß der Krise. Dieses Geschlechterverhältnis wird berechnet als Zahl der Mädchen pro 1000 Knaben in der Altersgruppe 0 bis 6 Jahre. Es gibt eine systematische Abnahme des Anteils an Mädchen von 976 im Jahr 1961 auf 927 in 2001. Die Abnahme war am ausgeprägtesten nach 1981, als die Geschlechtsbestimmungstechnologien zunehmend verfügbar wurden.

Das Geschlechterverhältnis bei Kindern		
Jahr	Anzahl Mädchen pro 1000 Knaben (0–6 Jahre)	Abnahme gegenüber Vorjahr
1961	976	–
1971	964	– 12
1981	962	– 2
1991	945	– 17
2001	927	– 18

Bloße Diskriminierung ist unter dem Druck der Globalisierung zur radikalen Eliminierung geworden. Die traditionelle Bevorzugung von männlichen Nachkommen wurde kombiniert mit der Vermarktung des Lebens selber, um die Frauen noch weiter zu entwerten. Das Zusammentreffen der Patriarchate wird zur Bedrohung für das bloße Überleben der Frauen.

Indiens Bevölkerung ist zwischen 1991 und 2001 um 21 Prozent auf 1,03 Milliarden angewachsen. Doch während die Gesamtbevölkerung wuchs, sank der Anteil an Mädchen. Vergleicht man Geschlechterverhältnis und Bevölkerungswachstum in dieser Zeit, zeigt sich, dass es in Indien 36 Millionen Frauen weniger gibt, als natürlich zu erwarten wären. Das ist die Hälfte der 60 Millionen »verschwundener« Frauen der Welt – der Frauen, die aufgrund geschlechtsselektiver Abtreibungen gar nie geboren wurden (*Indian Express* 1997).

Die Globalisierung zerstört Arbeitsplätze und Lebensunterhalte, aber sie schafft Konsumdenken. Ein Mittel, um sich Konsumwünsche erfüllen zu können, ist die Erzwingung einer Mitgift. Der in manchen Gemeinschaften übliche Brautpreis, in welcher die Familie des Bräutigams der Familie der jungen Frau etwas zahlt und das Geschenk eines *stree-dhan* – ein Frauengut, das in den Händen der Frauen bleibt – werden durch eine Mitgift für Luxuskonsum ersetzt. Der traditionelle Brautpreis wird der Familie des Mädchens gegeben in Anerkennung der Tatsache, dass diese Familie ein produktives Mitglied der Hauswirtschaft verliert. Die Mitgift hingegen wird von der Familie der jungen Frau bezahlt; sie entwertet die jungen Ehefrauen, indem sie sie als Bürde für die neue Familie interpretieren. Die Verbreitung der Mitgiftkultur – das Geld wird meist zum Kauf von Konsumgütern wie

Autos, Fernseher und Kühlschränke verwendet – begleitet die Ausbreitung der allgemeinen Konsumkultur und wird von ihr angesteckt.

Die Bürde der Mitgift kostet Frauenleben. Das Phänomen der »Mitgiftmorde«, welches in den letzten Jahrzehnten aufgetaucht ist, bezeichnet die Tötung von Ehefrauen durch ihre angeheirateten Verwandten, weil die Familie der Frau die immer höheren Mitgiftforderungen nicht erfüllen können. Mehr als 5000 Frauen fallen in Indien jedes Jahr dem Mitgifttod zum Opfer (Gopalan / Shiva 2000, 226). Zu diesen Todesfällen kommt der weibliche Fetozid hinzu, der sowohl mit der Erosion der Lebensgrundlagen der Frauen wie mit den überrissenen Mitgiftforderungen zusammenhängt.

Während die Bedrohung durch die Mitgift sich über das Land verbreitet, nimmt auch die Entbehrlichkeit der weiblichen Kinder zu. Ungefähr 84 Prozent der Gynäkologen führen in Bombay gegenwärtig Amniozentesen durch und sehen sie »als ein Dienst an Frauen, welche keine weiteren Töchter möchten« (Ravindra 1986). Eine Studie von Gynäkologen in Bombay stellte fest, dass 64 Prozent »die Fruchtwasserpunktion allein zur Geschlechtsbestimmung vornehmen« (Lingam 1998, 209–218). Die finanziellen Kosten eines Geschlechtsbestimmungstests und einer Abtreibung sind tiefer als die Tausenden von Rupien für die Mitgift eines Mädchens. In einer Welt, die zunehmend vom kapitalistischen Patriarchat dominiert wird, ist Geld der einzige Wertmaßstab – für Frauen wie auch für alles andere.

Trotz dem indischen Pre-Natal Diagnostic Techniques Act von 1994, einem Gesetz, welches den Gebrauch der vorgeburtlichen Tests regulieren und ihren Missbrauch verhindern soll, werden die neuen reproduktiven Technologien zunehmend als Mittel für den Femozid verwendet. »Abtreibung ist zu einer selbstzerstörerischen Methode für die Vermeidung von unerwünschten Schwangerschaften geworden. Nicht bloß die weiblichen Föten werden zerstört; Frauen nehmen oft wiederholt zu Abtreibungen Zuflucht, was auf ihre fehlende Kontrolle über ihren Körper hinweist und auf ihre Unfähigkeit, ihr Recht auf sichere Verhütung durchzusetzen. Das Ganze macht noch schlimmer, dass die geschlechterselektiven Abtreibungen in Indien überhand nehmen, vor allem auch im relativ wohlhabenden, aber sehr frauendiskriminierenden Nordwesten mit seiner ausgeprägten Bevorzugung von Söhnen.« (Shiva M./Bose 2003b, 3)

Vibhuti Patel, Professorin an Mumbais SNDT Women's University schreibt über eine Werbung, welche die Amniozentese als Instrument für geschlechtsselektive Abtreibungen anpreist: »›Better Rs. 5000 now than 5 Rs. lakhs later‹ – das heißt: besser 5000 Rupien für weiblichen Fetozid ausgeben als 500 000 Rupien für die Mitgift einer erwachsenen Tochter. In dieser Logik ist es besser, arme Menschen oder die Massen der Dritten Welt umzubringen als sie in Armut und Entbehrung schmachten zu lassen. Diese Logik nimmt auch an, dass soziale Übel wie die Mitgift gottgegeben sind und wir nichts daran ändern können. Also bestraft man das Opfer. Dabei wäre es weitaus humaner und realistischer, in die Erziehung, die Gesundheit und das Selbstwertgefühl einer Tochter zu investieren, um sie selbstständig zu machen, als schwangere Mütter und ihre angehenden Töchter so brutal zu behandeln.« (Patel 2004)

Die Einführung der industriellen chemischen Landwirtschaft im Pandschab vertrieb die Frauen aus ihrer ländlichen Existenz. Dort, wo die industrielle Agrikultur die Frauen nicht ihres Lebensunterhalts beraubt hat, macht die Arbeit der Frauen den Hauptteil der landwirtschaftlichen Produktion aus. Doch in den Feldern des Pandschabs sieht man Männer Traktor fahren oder Chemikalien versprühen. Zuerst verschwanden die Frauen aus ihren produktiven Rollen in der Landwirtschaft. Jetzt verschwinden sie durch den weiblichen Fetozid aus der Gesellschaft. Die Entwertung der Frauen und das Aufkommen von neuen Technologien zusammengenommen sind ein Todesurteil für ungeborene Mädchen.

Wenn der weibliche Fetozid bloß Resultat einer traditionellen Voreingenommenheit gegen Frauen wäre, dann wäre er auf Regionen beschränkt, wo die Diskriminierung von Mädchen in der Vergangenheit extrem war und würde abnehmen, wenn sozioökonomische Änderungen diese traditionellen Strukturen auflösten. Doch der weibliche Fetozid verbreitet sich wie eine Pest über die indische Gesellschaft: Die Regionen mit höherem wirtschaftlichem Wachstum und einer schnelleren »Modernisierung« und Integration in die Weltwirtschaft zeigen sogar höhere Raten des weiblichen Fetozids und ein einseitigeres Geschlechterverhältnis bei Kindern. Kamalesh, eine Frauenaktivistin der Haryana-Region, berichtet, die Situation werde immer schlimmer: »Früher gab es noch Schuldgefühle in dieser Sache. Jetzt ist es eine Frage der freien Wahl.« (Philipose 2001) Je größer das Wirtschaftswachstum und der Wohlstand, desto höher die Zahl der fehlenden Mädchen. Im Pandschab, Haryana, Delhi und Gujarat – im wohlhabenden Nordwesten Indiens – ist die Rate auf unter 900 Mädchen pro 1000 Knaben gefallen. In Kurukshetra, im Nordosten des Staates Haryana, sind es noch 770 Mädchen, in Ahmedabad, der 5-Millionen-Stadt in Gujarat, sind es 814 und im Südwesten des Unionsterritoriums Delhi sind es 845.

Einzelstaaten mit tieferem wirtschaftlichem Wachstum und weniger Integration in die globale Wirtschaft wie Kerala, Goa, Sikkim, Mizoram und Tripura verzeichnen keine Änderungen im Geschlechterverhältnis bei Kindern.

Der Bericht »Fehlende Mädchen: eine Fallstudie aus Delhi« des Gesundheits- und Familienministeriums hält fest: »Die Volkszählung von 1991 ergab, dass mehr als 71 000 weibliche Säuglinge und Kinder unter sechs Jahren fehlen. Die Zählung von 2001 belegt die unbestreitbare Tatsache, dass Delhi sowohl seine geborenen wie seine ungeborenen weiblichen Kinder dezimiert. Es gibt jetzt 139 173 weniger Mädchen in der Altersgruppe 0 bis 6 Jahre. Die Stadt dezimiert weiterhin weibliche Kinder gleich nach der Geburt, im Mutterleib oder seit neuem vor der Empfängnis. Bereits 1991 läuteten die Glocken Sturm. Die Volkszählung von 2001 ist praktisch das Totengeläut für die weibliche Hälfte unserer Bevölkerung.« (Ministry of Health and Family Welfare 2003, 1)

Delhi, Hauptstadt von Indien, hat die höchsten Alphabetisierungsraten, das höchste Pro-Kopf-Einkommen und verzeichnet auch die meiste Gewalt gegen Frauen. Zwischen 1991 und 2000 stieg der Anteil der Lesefähigen insgesamt von 75 auf 82 Prozent, während die Alphabetisierungsrate unter den Frauen von 67 auf 75 Prozent stieg. Doch während ihre Chancen auf dem Markt zunahmen, nahmen auch die Gefahren für Frauen zu. Je mehr eine Region globalisiert ist, desto mehr Gewalt gibt es gegen Frauen. In Delhi passieren 32,9 Prozent aller Vergewaltigungen, 23,3 Prozent des sexuellen Missbrauchs und 17,4 Prozent aller Mitgifttode – das sind die höchsten Prozentsätze unter den 23 größten Städten Indiens (Rajalakshmi 2002).

Viele verschiedene Kräfte zusammen verweigern den Frauen ihr Recht auf Leben. Die Vertreibung der Frauen von der produktiven Arbeit, die Zerstörung der Bedarfswirtschaften, das Wachstum der Konsumkultur und die Kommerzialisierung wirken alle zusammen bei der Entwertung der Frauen in der Gesellschaft. Das Aufkommen der Technologien zur pränatalen Geschlechtsbestimmung und ein wachsendes Einkommen, das deren Anwendung erschwinglich macht, haben die patriarchalen Vorurteile noch verstärkt, statt sie abzuschwächen. Die Auswahl des Geschlechts durch die Abtreibung weiblicher Föten wird zum endgültigen Werkzeug für die Beseitigung entbehrlicher Frauen (Shiva M./Bose, 2003a).

Wächterinnen über Leben und Zukunft

Wenn das kapitalistische und das religiöse Patriarchat sowie der Markt- und der religiöse Fundamentalismus sich zusammentun und das Leben auf der Erde gefährden, antworten Frauen mit Gewaltlosigkeit und dem festen Willen, das Leben auf der Erde zu verteidigen und sich der Gewalt gegen Frauen zu widersetzen.

Die Globalisierung definiert die Stellung und das Verständnis der Schöpfung neu. Unternehmen wie Monsanto rauben und patentieren etwa die Eigenschaften von uraltem indischem Weizen und werden so zu »Erfindern« und »Schöpfern« der Pflanzen. Unternehmen wie Suez, Vivendi und Coca-Cola bezeichnen Wasser in Flüssen und in unterirdischen Wasserläufen als »Rohmaterial« und das Wasser, das sie verpacken, als ihr Produkt. Das kapitalistische Patriarchat macht also die Schöpfung und die Natur zum Rohmaterial und den Akt der Beherrschung, Zerstörung und Ausbeutung zum Akt der Schöpfung. In Wissenschaft und Technologie hat dieser patriarchale Mythos der Schöpfung zu Patenten auf Leben geführt und zu Gesetzen wie der TRIPS-Vereinbarung der WTO. Im wirtschaftlichen Bereich führen die patriarchalen Werte zur Zerstörung von Haushalten und lokalen Wirtschaftsformen und eines ganzen Ökosystems. Diese Zerstörung zählt als »Wachstum«. Entbehrlichkeit wird als Befreiung interpretiert.

Was im Irakkrieg geschieht, ist Zerstörung. Doch man bezeichnet es als Rekonstruktion. Unschuldige Menschen wurden getötet; mehrere tausend Jahre Zivilisationsgeschichte wurden zerstört und ausradiert, und doch sprach Jay Garner – der US-General im Ruhestand, der zum Chef der US-Zivilverwaltung ernannt wurde – von der Geburt eines neuen Systems für den Irak.

Bomben gebären keine Gesellschaften. Sie löschen Leben aus. Neue Gesellschaften werden nicht durch die Zerstörung des historischen und kulturellen Erbes einer alten Zivilisation »geboren«. Vielleicht war die Zerstörung von Iraks historischem Erbe Voraussetzung für die Illusion von der Geburt einer neuen Gesellschaft

Vielleicht sehen die Führer in den USA diesen Gewaltakt nicht, weil ihre eigene Gesellschaft auf dem Genozid der amerikanischen Ureinwohner aufgebaut ist. Die Vernichtung anderer wird als etwas Natürliches angesehen von denen, die das Kommando in der alleinigen Supermacht der Welt innehaben. Vielleicht ist die Wahrnehmung der absichtlichen Zerstörung einer Zivilisation und von Tausenden von unschuldigen Leben als Geburtsprozess ein Ausdruck der Schöpfungsillusion des westlichen Patriarchats. DieseWahnvorstellung verwechselt Zerstörung mit Schöpfung und Vernichtung mit Geburt. Sie stellt Kapital und Maschinen, sogar Kriegsmaschinen, als

Quellen der Schöpfung dar. Die Natur und menschliche Gesellschaften hingegen, vor allem nichtwestliche Gesellschaften, sind entweder tot, träge und passiv oder aber gefährlich und kannibalistisch. Diese Weltsicht schafft die »Bürde des Weißen Mannes«: Er muss die Natur und unsere Gesellschaften »befreien«, was er als Geburt der Freiheit sieht.

Religionen, welche die Integrität der Schöpfung und die Heiligkeit allen Lebens anerkennen, bieten dieser Zerstörung Widerstand. Und während die Männer an der Macht ihre Religion in fundamentalistische Begriffe fassen, die den Marktfundamentalismus stützen, mobilisieren Frauen in verschiedensten Kulturen ihren Glauben, ihre Spiritualität und ihre Kräfte, um die Erde und das Leben auf der Erde zu schützen. Obwohl sie unter der doppelten Bürde des kapitalistischen und des religiösen Patriarchats leiden, sind es die Frauen, die die lebenszentrierten Kulturen, Wirtschaftsformen und Demokratien anführen und schützen. Bewegungen zur Rettung der Wasserressourcen werden von Frauen angeführt. Bewegungen zur Verteidigung der Biodiversität werden von Frauen angeführt. Bewegungen für das Recht auf Nahrung werden von Frauen angeführt. Frauen überwinden ihre Marginalisierung und entpuppen sich als Wächterinnen über Leben und Zukunft.

Bäuerinnen haben über Jahrtausende hinweg Saatgut aufbewahrt und weitergezüchtet. Basmati ist bloß eine der 100 000 Reissorten, welche von indischen Bauern und Bäuerinnen entwickelt wurden. Vielfalt und Mehrjährigkeit sind die Prinzipien, die unsere Saatgutkultur begründen. In Zentralindien versammeln sich die Bauern zu Beginn jeder landwirtschaftlichen Saison vor der Gottheit des Dorfes und bieten ihr ihre Reissorten an, dann tauschen sie das Saatgut aus.

Dieses jährliche Fest namens *akti* erinnert an die Pflicht des Aufbewahrens und Teilens von Saatgut unter der Landbevölkerung. Es festigt die Partnerschaft zwischen den Bauern und der Erde.

Geschlechterungleichheit sowie die Ausgrenzung und Eliminierung der Frauen gehen auf patriarchale Systeme zurück, die sich durch Religion oder in wirtschaftlichen und politischen Systemen organisieren. Die Entfremdung vom Leben und von lebendigen Prozessen ermöglicht die Herrschaft von lebensfeindlichen Systemen. Echte Geschlechtergleichheit erfordert, dass man die Frauen in ihrer ganzen Menschlichkeit sieht – als Produzentinnen und Schöpferinnen, als Wächterinnen der Kultur, als politische Entscheidungsträgerinnen, als spirituelle Wesen. Diese umfassende Menschlichkeit der Frauen wird zur heilenden Kraft, welche den Teufelskreis der Gewalt brechen kann. Ein Teufelskreis, der entsteht, wenn man die Unmenschlichkeit der Menschen zum Maßstab des Menschseins macht, Habgier zum organisierenden Prinzip der Wirtschaft und Genozid oder Suizid zum Ausdruck der religiösen Inbrunst. Grundlegend für die exklusivistischen Philosophien der fundamentalistischen Marktideologie und der religiösen Ideologie ist die Polarisierung der Identität. In der indischen Philosophie denken wir in der Begrifflichkeit *so-hum:* »Du bist, also bin ich.« Die Fundamentalismen jedoch funktionieren auf der Basis: »Wenn du bist, bin ich nicht« oder »Meine Existenz bedingt deine Vernichtung«. Samuel Huntingtons *Kampf der Kulturen* basiert auf diesem Paradigma des gegenseitigen Ausschlusses, also der gegenseitigen Vernichtung: »Für Menschen, die ihre Identität suchen und ihre Ethnizität neu erfinden, sind Feinde unabdingbar.« (Huntington 1998, 18)

Frauen weigern sich, Teil einer Kultur des Hasses und der Gewalt zu sein. Frauen zeigen in ihrem ganzen Leben, dass Liebe und Mitgefühl, Teilen und Geben nicht bloß mögliche menschliche Eigenschaften sind – sie sind notwendige Eigenschaften für unsere Menschlichkeit.

Patriarchate versehen das »Menschsein« mit unmenschlichen, gewalttätigen, habgierigen, ausbeuterischen und destruktiven Zügen. Frauen definieren Menschsein neu als Fähigkeit zur Fürsorge und zum Teilen, zum Lieben und Schützen. Es geht darum, die Geschenke der Natur zu bewahren, nicht sie zu besitzen, und die Stärke und Sicherheit in der Vielfalt zu finden, nicht in unterdrückenden Monokulturen. Was das Patriarchat als Quelle der Schwäche bezeichnet, ist eigentlich eine Quelle der Stärke. Und die Pseudostärken des Patriarchats, welche auf Gewalt und Herrschaft beruhen, haben ihren Ursprung in der Schwäche, die von der Trennung und Entfremdung kommt, von der Angst vor den anderen und vor der Souveränität und Freiheit der anderen. Wir sind heute Zeugen der schlimmsten Gewalt. Aber wir sind auch dabei, die Gewaltlosigkeit neu zu erfinden und neuen Mut zu schöpfen für die Verteidigung des Lebens, auch unseres eigenen.

1997 gründeten Jean Großholtz, Begründerin des Instituts für Frauenstudien am Mount Holyoke College in Massachusetts, USA, die Biologin Christine von Weizsäcker aus Deutschland, Beth Burrows, Direktorin des Edmonds Institutes, einer Nichtregierungsorganisation für Umwelt und Technik in Washington, und ich zusammen das internationale Frauennetzwerk Diverse Women for Diversity. Wir erklärten: »Wir Frauen in all unserer dynamischen und wunderbaren Vielfalt beobachten die zunehmende Gewalttätigkeit gegen die menschliche Seele, den menschlichen Verstand und den menschlichen Körper sowie die kontinuierliche Besetzung und den Angriff auf die Erde und all ihre Lebewesen.

Wir verlangen von unseren Regierungen, internationalen Organisationen, transnationalen Unternehmen und einzelnen Männern, welche unsere Wut teilen, dass sie die Krise angehen, die durch die Schaffung von Monokulturen und durch die Reduktion, Einhegung und Ausrottung der biologischen und kulturellen Vielfalt verursacht wurde.

Wir müssen darauf bestehen, dass diejenigen, welche die Krise anpacken, den Frauen, den indigenen Völkern, den Bauern und allen, die ihre Bedenken auf lokaler Ebene geäußert haben, zuhören und ihre Führung anerkennen. Wir verlangen von ihnen, dass sie jenen Aufmerksamkeit zollen, deren Weisheit, Verantwortung, Wissen und Engagement sich in der Bewahrung der Vielfalt, die wir heute genießen, zeigt.« (o. A.)

Globalisierung hat zwei Bedeutungen. Der Begriff kann auf unsere universale Menschlichkeit hinweisen, auf die Kulturen des Mitgefühls und der Solidarität, auf unsere gemeinsame Identität als Erdenbürger. Ich nenne diese Globalisierung Erd-Demokratie. Die vorherrschende Bedeutung und Form der Globalisierung ist jedoch die wirtschaftliche Globalisierung oder Unternehmensglobalisierung. Das ist die Globalisierung des kapitalistischen Patriarchats – in welchem alles und jedes eine Ware ist, alles käuflich, und der einzige Wert, den eine Sache hat, ist der Preis, den sie auf dem Weltmarkt bringen kann. Alle anderen Werte sind lediglich »tarifliche oder außertarifliche« Handelsbarrieren. Nichtkommerzielle Werte und die Leben und Kulturen, welche sie stützen, kommen nicht mehr vor.

Walt Martin und Magde Ott schreiben in ihrem Buch *Albert Schweitzer: Reference for Life* (»Ehrfurcht vor dem Leben«): »Einheit in der Vielfalt, Vielfalt in der Einheit, das ist der natürliche Zustand des Lebens. Wir sind voneinander abhängig – Pflanzen, Tiere, Menschen – und brauchen das fein abgestimmte Spiel zwischen den verschiedenen Lebensformen, um gesund zu bleiben. Diese natürliche Wechselbeziehung der Menschengattung ist nicht die künstliche ›Globalisierung‹ von oben, welche der Mehrheit von einigen wenigen aufgezwungen wird. Sie kommt von unten, aus dem Volk, ist organisch, grundlegend für unser Leben und stammt aus der tiefen Erfahrung, dass Leben universal ist. Wir wollen leben und sind ›Leben, das leben will, inmitten von Leben, das leben will‹ wie es Schweitzer so treffend gesagt hat.« (Martin / Ott, 3)

Der unwiderstehliche Drang zu leben und das Leben in seiner Vielfalt zu genießen ist grundlegend für die Schaffung einer lebendigen Kultur. Lebendige Kulturen nähren das Leben; sie verbreiten nicht Tod und Zerstörung, Furcht und Unsicherheit. Lebendige Kulturen entwickeln sich aus unserer Verbundenheit mit allem Leben. Alle Kultur beruht auf Identität. Doch die Wirtschaftsglobalisierung und die Fundamentalismen reduzieren unsere Identitäten. Als Teil der Erdfamilie sind wir Erdenbürger und haben Erd-Identitäten, welche beides umfassen: die spezifische Identität eines einzelnen Ortes und die globale planetarische Identität. Als Teile von Ländern haben wir ein Bürgerrecht. Als Mitglieder von Gemeinschaften haben wir mehrere Gemeinschaftsidentitäten – durch das, was wir tun, was wir essen, was wir tragen, was wir sagen. Diese diversen, mehrfachen Identitäten formen unser Selbst und wer wir sind. Und diese Identitäten sind nicht unvereinbar mit unserer gemeinsamen Menschlichkeit. Ohne Vielfalt haben wir keine Menschlichkeit.

Lebendige Kulturen sind Kulturen des Lebens, die auf der Ehrfurcht vor allem Leben beruhen – vor dem Leben von Frauen und Männern, Reichen und Armen, Weißen und Schwarzen, Christen und Muslimen, menschlichen und nichtmenschlichen Lebewesen.

Ehrfurcht vor dem Leben beruht auf Mitgefühl und Sorge für den anderen, auf Anerkennung der Autonomie und Eigenständigkeit des anderen und auf dem Bewusstsein, dass wir für unsern Unterhalt, für Frieden und Freude aufeinander angewiesen sind.

Als Millionen Menschen auf der ganzen Welt am 15. Februar 2003 für den Frieden auf die Straße gingen, marschierten sie für Solidarität statt Herrschaft als Grundlage der Sicherheit und Freiheit der Menschen.

Freiheit in einer lebendigen Kultur beruht auf Verbundenheit und gegenseitiger Abhängigkeit oder Interdependenz. Eine explizite Deklaration gegenseitiger Abhängigkeit hat die Gruppe Democracy Collaborative verfasst. Diese Organisation für demokratische Erneuerung entstand an der University of Maryland unter dem Mitvorsitz des Politikwissenschaftlers Benjamin Barber. Ihre Declaration of Interdependence ist Ausdruck einer jungen Bewegung für den Frieden, welche unsere Vielfalt und unsere menschliche Gemeinsamkeit schützen will.

Erklärung gegenseitiger Abhängigkeit

»Wir, die Menschen dieser Welt, erklären hiermit unsere gegenseitige Abhängigkeit als Einzelpersonen und als Mitglieder von spezifischen Gemeinden und Nationen. Wir verstehen uns als Bürger unserer Zivilgesellschaft: als bürgerlich, zivil und zivilisiert. Wir bevorzugen nicht einseitig die Güter und Interessen unserer nationalen und regionalen Heimaten, sondern wir akzeptieren unsere Verantwortung für das gemeinsame Wohlergehen und die Freiheit der ganzen Menschheit.

Wir verpflichten uns deshalb, uns nach Kräften direkt vor Ort und durch die Nationen und Gemeinden, deren Bürger wir sind, einzusetzen:

- Für Gerechtigkeit und Gleichheit für alle. Wir wollen den Menschenrechten jeder Person auf dieser Erde eine feste Basis geben und sicherstellen, dass auch der letzte unter uns dieselben Freiheiten hat wie die Berühmten und Mächtigen;
- Für eine sichere und nachhaltige globale Umwelt für alle. Dies ist die Grundbedingung für das menschliche Überleben. Die Kosten dafür sollen den gegenwärtigen Anteilen der Völker am Reichtum dieser Welt entsprechen;
- Für die Kinder, unsere gemeinsame Zukunft. Sie brauchen spezielle Aufmerksamkeit und speziellen Schutz. Wir wollen unsere Gemeinschaftsgüter teilen, speziell die, von denen Gesundheit und Bildung abhängen;
- Für demokratische Regierungsformen und Rechte. Wir wollen eine bürgernahe politische Steuerung, mit der wir unsere gemeinsamen Rechte sichern und unsere gemeinsamen Ziele erreichen können;
- Für demokratische Strukturen und Institutionen, welche unsere menschlichen Gemeinsamkeiten ausdrücken und schützen; und gleichzeitig
- Für Freiräume, in welchen unsere verschiedenartigen religiösen, ethnischen und kulturellen Identitäten blühen können und wir unsere gleichwertigen aber

verschiedenartigen Leben in Würde leben, geschützt vor politischer, wirtschaftlicher und kultureller Hegemonie jeglicher Art.« (www.civworld.org/declaration.cfm)

4. Erd-Demokratie in Aktion

In den letzten drei Jahrzehnten habe ich meine Erdfamilie verteidigt und als Erdenbürgerin am Aufbau einer Erd-Demokratie gearbeitet. Ich habe versucht, mein Wissen in die Tat umzusetzen; ich habe mich bemüht, das Lokale mit dem Globalen zu verbinden. Wenn wir Gräben überwinden, schaffen wir gemeinsam neue Möglichkeiten und erzeugen eine Post-Globalisierungswelt. Ich habe mich entschlossen, meine Energie in die Verwirklichung der Erd-Demokratie zu stecken und zwar in Bereichen, die für unser Überleben unerlässlich sind. Darum konzentriere ich mich auf Saatgut, Nahrung und Wasser. Eine Erd-Demokratie in Aktion fordert Freiheiten und Rechte für alle Menschen und alle Lebewesen. Durch alltägliche Aktionen zu alltäglichen Themen schaffen wir lebendige Wirtschaftssysteme, lebendige Demokratien und lebendige Kulturen. Vielfalt, Bündnisse, Zusammenarbeit und Hartnäckigkeit sind unsere Stärken. Engagement, Unterstützung und Solidarität sind unsere Methoden. Gerechtigkeit, menschliche Freiheit, Würde und ökologisches Überleben sind unsere Ziele. Wir fordern eine Welt zurück, die sich gefährlich nah am Abgrund bewegt. Wir werden nicht aus Arroganz oder Gewissheit aktiv, sondern bleiben bescheiden und lassen Ungewissheit zu. Es ist unser Geben, das zählt – nicht unser Erfolg. Aber im selbstlosen Geben sind wir siegreich. Und durch die alltäglichen Taten weben wir das Netz des Lebens neu.

Am 8. März 2005, dem Internationalen Frauentag, errangen wir nach einem 10-jährigen Rechtsstreit mit dem Europäischen Patentamt einen großen Sieg in einem Fall von Biopiraterie. Das US-amerikanische Landwirtschaftsministerium und die Firma W. R. Grace behaupteten gemeinsam, die Nutzung des Neembaums *(Azadirichta indica)* zur Bekämpfung von Schädlingen und Krankheiten in der Agrikultur »erfunden« zu haben. Aufgrund ihres Antrages wurde vom Europäischen Patentamt das Patent Nummer 436257 gewährt.

Neem oder *azad darakht* – der persische Name bedeutet »freier Baum« – wird in Indien seit über 2000 Jahren als natürliches Pestizid und als Medizin eingesetzt. Als Antwort auf die Katastrophe von 1984 in Bhopal startete ich eine Kampagne mit dem Slogan: »Keine Bhopals mehr, pflanzt einen Neembaum.« Ein Jahrzehnt später stellten wir fest, dass der freie Baum für uns nicht mehr frei zugänglich war, weil die Firma W. R. Grace behauptete, die Nutzung von Neem erfunden zu haben. Wir starteten eine Kampagne gegen die Neem-Biopiraterie und mehr als 100 000 Menschen machten mit. Noch ein Jahrzehnt später hatten wir Erfolg! Das Europäische Patentamt zog das Patent zurück.

Unser Erfolg bei der Bekämpfung der Ansprüche der US-Regierung und der US-Konzerne auf traditionelles Wissen und Biodiversität war möglich, weil wir Forschung mit Aktion verbanden; wir mobilisierten und organisierten Bewegungen auf lokaler Ebene. Drei Frauen arbeiteten in globaler Solidarität zusammen – Magda Aelvoet, die ehemalige Vorsitzende der Grünen im Europaparlament; Linda Bullard, ehemalige Präsidentin der Internationalen Vereinigung der Organisationen für biologische Landwirtschaft (International Federation of Organic Agriculture Movements – IFOAM); und ich selber. Wir drei blieben 10 Jahre an dem Fall, ohne die Hoffnung zu verlieren. Unser Rechtsanwalt, Prof. Dr. Fritz Dolder, Professor für geistiges Eigentum an der Rechtsfakultät der Universität Basel, gab sein Bestes, ohne das für Patentanwälte übliche Honorar zu verlangen.

Der Neem-Sieg wirft Licht auf die schädlichsten Aspekte der herrschenden Globalisierungsregeln – das WTO-Abkommen über handelsbezogene Rechte des geistigen Eigentums. TRIPS erlaubt globalen Unternehmen, alles und jedes zu patentieren – Lebensformen, Saatgut, Pflanzen, Arzneimittel und traditionelles Wissen. Patente müssen drei Kriterien erfüllen: Neuheit *(novelty)*, Nicht-Offensichtlichkeit *(non-obviousness)* und Nützlichkeit *(utility)*. »Neuheit« verlangt explizit, dass die Erfindung nicht Teil von bereits existierendem Wissen ist; »Nicht-Offensichtlichkeit« heißt, dass jemand mit demselben Fachwissen nicht den gleichen, also offensichtlichen nächsten Schritt machen würde. Die »Nützlichkeit« verlangt gewerbliche Anwendbarkeit. Die meisten Patente, welche auf der Aneignung von indigenem Wissen basieren, verletzen diese Kriterien. Sie reichen von direkter Piraterie bis zum für die »Neuerfindung« unerheblichen Herumbasteln am ursprünglichen Material, alles Schritte, die für jede Person mit Fachwissen und Fachausbildung offensichtlich sind. Weil ein Patent ein exklusives Recht auf eine Erfindung gewährt, sind Patente auf Leben und traditionelles Wissen doppelt so schlimm. Solche Patente beruhen nicht auf Erfindungen; sie dienen als Instrumente, um die Armen von der Befriedigung ihrer eigenen Bedürfnisse abzuhalten, und ihre biologische Vielfalt und ihr Wissen zu nutzen.

Patente auf Saatgut lassen nicht bloß Monopole auf genetisch manipuliertem Saatgut zu, sie erlauben auch die Patentierung traditioneller Sorten und Eigenschaften, welche von den Bauern jahrtausendelang genutzt wurden. Diese Biopiraterie kann an den Beispielen Reis und Weizen illustriert werden.

Basmati-Biopiraterie

Der indische Subkontinent ist der größte Produzent und Exporteur des extrafeinen aromatischen Basmati-Reises. Indien erntet jährlich 650 000 Tonnen Basmati. Basmati macht zwischen 10 und 15 Prozent des indischen Reisanbaus aus. Basmati und anderer Reis werden weltweit in mehr als 80 Länder exportiert. Basmati-Exporte belaufen sich auf 488 700 Tonnen und bringen 280 Millionen Dollar ein. Der Export von anderen Reissorten betrug 1996/97 1,9 Millionen Tonnen und brachte 450 Millionen Dollar ein. Die Hauptimporteure des indischen Basmati sind der Nahe Osten (65 Prozent), Europa (20 Prozent) und die USA (10 bis 15 Prozent). In der Europäischen Union erreichte der Basmati-Reis einen Preis von 850 Dollar pro Tonne, der pakistanische Basmati 700 Dollar und der aromatische Reis aus Thailand 500 Dollar pro Tonne; der indische Basmati-Reis ist der teuerste Reis, der in die EU importiert wird (RFSTE 1999, 1).

Basmati wird seit Jahrhunderten auf dem Subkontinent angebaut, wie wir aus alten Texten, der Volkskunde und der Dichtung wissen. Einer der frühesten Hinweise auf Basmati findet sich im berühmten Epos *Heer Ranjha* des Dichters Varis Sha von 1766. Diese natürlich parfümierte Reissorte wurde von den Adligen geschätzt und eifersüchtig gehütet und von den Fremden heiß begehrt. Die Sorte wurde von den

Bäuerinnen und Bauern in jahrhundertelanger Beobachtung, durch Versuche und durch Selektion gezüchtet; die Bauern haben zahlreiche Varianten des Reises hervorgebracht, um den verschiedenen ökologischen Bedingungen, den Kochgewohnheiten und den Geschmacksrichtungen gerecht zu werden. Es gibt in Indien 27 verbürgte Varianten des Basmati. Die überlegene Qualität des Basmati ist vor allem den Bemühungen der Bäuerinnen und Bauern des Subkontinents zuzuschreiben.

Am 2. September 1997 wurde der Firma RiceTec in Texas das Patent Nummer 5 663 484 auf Basmati-Reissorten gewährt. Das Patent für diese »Erfindung« ist ausnehmend breit angelegt. Es deckt die genetischen Linien des Basmati ab und schließt auch Gene der Sorten ein, die von den Bauern entwickelt wurden. So umfasst es automatisch die Sorten der Bauern und erlaubt RiceTec, von diesen Bauern für die selbst oder von ihren Vorfahren entwickelten Reissorten Nutzungsgebühren zu verlangen.

Der Reis der RiceTec, welcher unter Markennamen wie Kasmati, Texmati und Jasmati gehandelt wird, besitzt die gleichen Eigenschaften – Langkorn, ausgeprägtes Aroma, hoher Ertrag und niedrige Pflanzen – wie unsere traditionellen indischen Varianten. RiceTec-Reis ist aus dem Basmati abgeleitet; er ist nicht »neuartig« und sollte deshalb nicht patentiert werden können. Dank einer vier Jahre dauernden Kampagne konnten wir die meisten Patentansprüche von RiceTec auf Basmati abwenden.

Bija Satyaghara – ziviler Ungehorsam

Weizen spielt eine wichtige Rolle im Leben der meisten Inderinnen und Inder. In vielen Gebieten Indiens war Weizen über Jahrtausende die wichtigste Nutzpflanze. Indien ist der zweitgrößte Weizenproduzent (73,5 Millionen Tonnen) nach China. 25 Millionen Hektar Weizen werden in Indien angebaut. Weizen ist ein Grundnahrungsmittel für die meisten Inder; darüber hinaus ist Weizen auch eng mit religiösen Traditionen und Festen verbunden. Jede traditionelle Sorte hat ihre eigene religiöse und kulturelle Bedeutung. Die verschiedenen Weizensorten, die Verwendung verschiedener Weizenrituale und die medizinischen sowie therapeutischen Eigenschaften von Weizen sind alle bereits in alten indischen Texten und heiligen Schriften gut dokumentiert.

Monsantos Patent, das beim Europäischen Patentamt angemeldet wurde, behauptet, Weizenpflanzen »erfunden« zu haben, welche von einer traditionellen indischen Sorte namens Nap Hal abgeleitet worden seien. Doch es gibt keinen indischen Weizen namens Nap Hal. In Hindi bedeutet der Name »das, was keine Frucht trägt« und könnte einen passenden Namen für Monsantos Terminator-Saatgut abgeben. »Nap Hal« ist offensichtlich eine Verzerrung von »Nepal«, da die Weizensorten nahe der nepalesischen Grenze gesammelt worden sind.

Im Februar 2004 hatten das Forschungsinstitut RFSTE und Greenpeace Klage gegen Monsantos Biopiraterie eingereicht. Im September des gleichen Jahres wurde Monsantos Patent zurückgezogen. Diese Siege heißen nicht, dass unsere Arbeit getan ist. Konzerne werden weiterhin Lebensformen patentieren und traditionelles Wissen stehlen. Sie werden auch weiter den Ländern ungerechte und unmoralische Gesetze zu Saatgut und Patenten aufzwingen.

Die neuen Gesetze zum geistigen Eigentum (IPR) schaffen Saatgutmonopole und Monopole über genetische Pflanzenressourcen. Saatgutaufbewahrung und Saatguttausch – die grundlegenden Freiheiten eines Bauern – werden neu definiert. In den verschiedenen Ländern wird Saatgut verschieden behandelt und eingesetzt. Die Einführung der IPR hindert die Bauern an der eigenen Saatgutproduktion. Josef Albrecht zum Beispiel, ein Ökobauer aus Deutschland, war nicht zufrieden mit dem kommerziell erhältlichen Saatgut. Er entwickelte seine eigenen ökologischen Weizensorten. Zehn weitere Biobauern aus benachbarten Dörfern verwendeten ebenfalls sein Saatgut. Daraufhin wurde Albrecht von der Regierung gebüßt, weil er mit Saatgut ohne Zertifikat handelte. Albrecht hat gegen diese Strafe und gegen das deutsche Saatgutgesetz Widerspruch eingelegt, weil er der Ansicht ist, dass es ihn daran hindert, frei seinem Beruf als Biobauer nachzugehen.

In Schottland gibt es eine ganze Anzahl von Bauern, die Saatkartoffeln anbauen und anderen Bauern Saatkartoffeln verkaufen. Bis in die 1990er-Jahre konnten sie ihr reproduktives Material frei an andere Saatgutkartoffel-Bauern, Händler oder Landwirte zu verkaufen. Danach erklärten die Inhaber der Pflanzenzüchtungsrechte den Verkauf von Saatgutkartoffeln von Bauern an andere Bauern für illegal. Die Saatgutindustrie begann, die Sorten und Preise für den Rückkauf von Saatkartoffel-Ernten festzulegen und verboten den einzelnen Pflanzern jeden anderweitigen Verkauf ihrer Saatkartoffeln. Bald begann das Agrobusiness, die Fläche und die Preise für Saatgutkartoffeln zu reduzieren. 1994 wurden Saatgutkartoffeln, die den schottischen Bauern abgekauft worden waren, englischen Bauern zum mehr als doppelten Preis weiterverkauft, während die beiden Bauerngruppen daran gehindert wurden, direkt miteinander zu verhandeln. Die Saatgutpflanzer unterschrieben eine Petition, in der sie sich über den Würgegriff der Großunternehmen beschwerten, und sie begannen, nicht bescheinigtes Saatgut direkt an die englischen Bauern zu verkaufen. Die Saatgutindustrie klagte, sie hätten durch diesen Direktverkauf von unlizenziertem Saatgut von Bauer zu Bauer über 4 Millionen Pfund (5,8 Millionen Euro) verloren. Im Februar 1995 entschied sich die Züchtervereinigung British Society for Plant Breeders, einen beispielhaften Prozess gegen einen Bauern, der Saatgut direkt verkauft hatte, anzustrengen. Der Bauer wurde gezwungen, 30000 Pfund (43000 Euro) als Kompensation für entgangene Lizenzgebühren zu bezahlen. Existierende Gesetze in Großbritannien und der Europäischen Union hindern so die Bauern am Austausch nicht nur von geschützten Sorten, sondern auch von allem unbescheinigten Saatgut.

In den USA ist der Saatguttausch unter Bauern ebenfalls illegal worden. Viele Jahre lang haben Dennis und Becky Winterboer einen schönen Teil ihres Einkommens auf ihrer 200-Hektar-Farm vom informellen Verkauf ihrer Ernten an andere Bauern für deren Aussaaten gewonnen. Die Firma Asgrow (ein Unternehmen, dessen Sojasaatgut geschützt ist) klagte gegen die Windboers wegen Verletzung der Asgrow-Eigentumsrechte. Die Winterboers argumentierten, dass sie innerhalb des Gesetzes gehandelt hätten, weil das Gesetz zum Schutz der Pflanzenvielfalt, der Plant Variety Act, das Recht auf Saatgutverkauf gewährt, solange Käufer und Verkäufer beide Bauern sind. 1994 wurde das Pflanzenschutzgesetz ergänzt, um das Vorrecht der Bauern, Saatgut zurückzuhalten und auszutauschen, zu eliminieren. Das absolute Monopol für die Saatgutindustrie wurde gefestigt.

Der irakische Erlass Order 81, welcher vom US-Besatzungschef Paul Bremer am 26. April 2004 verkündet und unterschrieben wurde, zwingt den irakischen Bauern Pflanzen- und Saatgutpatente auf (www.iraqcoalition.org/regulations/20040426_CPAORD_81_Patents_Law.pdf). 2002 schätzte die Welternährungsorganisation FAO, dass 97 Prozent der irakischen Bauern ihr eigenes Saatgut aufbewahren und wieder verwenden. Unter dem neuen Gesetz wird das Zurückhalten von Saatgut illegal.

Ähnliche Gesetze werden in Indien eingeführt. Das ganze Land wird getäuscht mit der Behauptung, dass es das Saatgutgesetz von 2004 brauche, um die Saatgutqualität zu garantieren. Dabei stellte bereits das Saatgutgesetz von 1996 die Prüfung und Zertifizierung von Saatgut sicher. Doch unter dem Druck der Weltbank führte Indien eine neue Saatgutpolitik ein, welche unser blühendes öffentliches Saatgutangebot zerstörte, das 20 Prozent des gesamten Saatgutumsatzes ausmachte. Trotz Protesten führte die Regierung Klauseln zur Patentierung von Leben und von Saatgut in das Patentrecht ein. Gleichzeitig trat das Saatgutgesetz in Kraft, welches die Bauern de facto hindern könnte, ihre traditionellen Sorten zu verwenden. Diese Gesetze könnten eine Saatgut-Diktatur festigen, die Biodiversität unserer Saaten und Ernten für immer zerstören und die Bauern aller Freiheit berauben.

80 Prozent allen Saatgutes in Indien wird immer noch von den Bauern selbst aufbereitet. Die einheimischen Sorten der Bauern sind die Basis der ökologischen Stabilität und der Nahrungssicherheit. Bauern an der Küste haben salzresistente Sorten entwickelt. Bauern aus Bihar oder Bengalen haben flutresistente Sorten entwickelt, Bauern aus Rajasthan und von der wasserarmen Deccan-Hochebene haben dürreresistente Sorten entwickelt. Hülsenfrüchte, Hirsen, Ölsaaten, Reis, Weizen und Gemüse bieten die vielfältige Basis

unserer Ernährungssicherheit. Das Saatgutgesetz hat die vielfältigen Nutzpflanzensorten der indigenen Bauern im Visier. Das Saatgutgesetz ist dazu gemacht, das freie Wirtschaften der Bauern mit ihren Saatgutvariationen »einzuhegen«. Wenn die Vorräte der Bauern einmal durch die zwangsweise Registrierung zerstört sind, wenn es illegal wird, unlizenzierte Sorten anzupflanzen, dann werden die Bauern abhängig vom Unternehmensmonopol des patentierten Saatgutes. Das Saatgutgesetz steht im Dienst des erweiterten Patentgesetzes, welches Patente auf Samen eingeführt hat.

Wenn sich Unternehmen und Regierungen verbünden, sind Nichtkooperation und ziviler Ungehorsam die einzigen Mittel, um unsere Freiheit zu verteidigen. Seit 1994 warnten wir, dass wir Widerstand leisten würden, falls Patente auf Saatgut eingeführt würden. So wie Gandhi den Marsch zum Meer, nach Dandi, organisierte, um die Salzgesetze der Engländer zu brechen, haben auch wir unsere Bija Satyagraha, unseren zivilen Ungehorsam gegen die Saatgutpatente, begonnen. Bauern im ganzen Land haben bei ihrer Distriktverwaltung öffentlich ihren Gehorsam aufgekündigt. Mehr als 5 Millionen Bauern haben gelobt, sie würden weiterhin Saatgut aufbewahren und austauschen und jedes Gesetz missachten, dass sie daran hindern will.

Anna Swaraj – Nahrungsdemokratie

Das globalisierte Nahrungssystem, angetrieben und kontrolliert vom Agrobusiness, schafft eine vierfache Krise. Da ist erstens die Krise der Nichtnachhaltigkeit aufgrund der Übernutzung von Boden und Wasser, der Zerstörung von Biodiversität und der Umweltvergiftung durch Pestizide und

Düngemittel. Zweitens gibt es die Krise, welcher die Kleinbauern und Kleinproduzenten gegenüberstehen. Die dritte
Krise ist der Hunger – einer Milliarde Menschen wird ihr
rechtmäßiger Anteil an den Produkten der Erde verweigert.
An vierter Stelle steht die Fettleibigkeit, die ebenfalls eine
Milliarde Menschen gefährdet; 400 000 Menschen sterben
jedes Jahr an durch Fettleibigkeit verursachten oder verschlimmerten Krankheiten. Diese vier Dimensionen unserer
Nahrungskrise werden durch die Industrialisierung der Nahrungsproduktion und durch die Globalisierung der Nah-
rungsverteilung verursacht. Die Krise ist gleichzeitig ökologisch, ökonomisch, kulturell und politisch.

Die Menschen haben die Ökologie auf unseren Planeten in
den letzten 10 000 Jahren wesentlich beeinflusst. Das letzte
halbe Jahrhundert war ein Experiment mit nichtnachhaltiger,
chemisch intensiver, wasserintensiver und kapitalintensiver
industrieller Agrikultur. Nun führt uns die Wirtschaftsglobalisierung Richtung Nahrungsfaschismus – sie bedroht die
Freiheit der Bauern und Konsumenten und zerstört die ökologischen, ökonomischen und kulturellen Grundlagen unserer Nahrung und unserer Landwirtschaft.

Die Konzerne sind gierig darauf, Superprofite aus jedem
einzelnen Glied der Nahrungskette herauszuholen – vom
Saatgut über die Produktion und die Verarbeitung bis zur
Verteilung. Doch ihrer Aggressivität stellen sich neue Bewegungen für Nahrungsdemokratie und Nahrungssouveränität
entgegen. Bija Swaraj, Saatgutsouveränität, ist das erste Glied
der Nahrungskette für die Freiheitsbewegung. Anna Swaraj,
Nahrungssouveränität sowohl auf der Produktions- wie auf
der Verbrauchsebene, ist das zweite Glied. Nahrungsdemokratie wird vom Lokalen zum Globalen hin entwickelt.

Neue Solidaritäten und neue Annäherungen öffnen Räume für die Nahrungsfreiheit; sie sprengen die Mauern der Diktatur, welche die Unternehmen mithilfe der WTO, der Weltbank und der nationalen Regierungen errichtet haben.

Nahrungsdemokratie und Nahrungssouveränität sprechen alle Dimensionen der Krise an. Wenn wir die Kontrolle über unsere Nahrungssysteme zurückerlangen, können wir mit weniger Ressourcen mehr Nahrung produzieren. Wir verbessern die Einkommen der Bauern und sichern ihren Lebensunterhalt, während wir gleichzeitig die Probleme des Hungers und der Fettleibigkeit lösen. Die Zukunft ist ungewiss, aber so viel wissen wir: eine bessere Landwirtschaft als die, welche uns die Konzerne anbieten, ist möglich.

Ein Gesetz für den Nahrungsfaschismus

Mit der Industrialisierung und der Globalisierung wird die Nahrungssicherheit zu einem immer größeren Problem. Auf globaler Ebene tauchen neue Krankheiten und virulente Formen alter Krankheiten auf, wo immer die Globalisierung die Intensivtierhaltung und die industrielle Landwirtschaft verbreitet. Krankheiten, Epidemien und Nahrungsrisiken sind das Resultat von Produktionsprozessen, die auf risikoreichen Inputs und Verarbeitungsmethoden basieren.

Die Technologien der Nahrungsproduktion haben in den letzten Jahrzehnten zwei große Änderungen durchgemacht. Der erste Änderungsschub war die Einführung der Chemikalien in die Landwirtschaft unter der Fahne der Grünen Revolution. Giftige Chemikalien, die man bei der Kriegsführung verwendete, wurden zu Friedenszeiten als Kunstdünger und Pestizide in der Agrikultur eingesetzt. Die Landwirtschaft und die Nahrungsproduktion wurden abhängig von »Massenvernichtungswaffen«. Die Bhopal-Katastrophe, bei welcher durch eine undichte Stelle in der Pestizidfabrik giftiges Gas austrat, tötete 1984 Tausende und hat seither weitere 30 000 Menschen das Leben gekostet. Es ist das tragischste Mahnmal dafür, wie Landwirtschaft von Technologien abhängig geworden ist, die ursprünglich zum Töten erfunden worden sind.

Die Gentechnik wird neue Nahrungsrisiken mit sich bringen. In Großbritannien waren mehr als 2 Millionen Kühe mit dem Rinderwahnsinn (Bovine Spongiforme Encephalopathie BSE) infiziert. Im August 2002 gab es bereits 133 Todesopfer der Creutzfeldt-Jakob-Krankheit, dem menschlichen Pendant zu BSE. Das Schweinefieber in Asien führte zur Tötung von Millionen von Schweinen. Eine neu auftauchende Form des Nipah-Virus tötete 100 Arbeiter auf Schweinefarmen, steckte 150 mit nicht tödlicher Hirnhautentzündung (Encephalitis) an und führte zur Notschlachtung von Millionen von Schweinen beim Versuch, die Krankheit unter Kontrolle zu halten. Die Vogelgrippe hat bereits zu Todesfällen von Menschen und zur Tötung von Millionen von Enten und Hühnern geführt. Die Epidemie hat sich auf viele Länder verbreitet. Die Krankheit ist von Hühnern auf Menschen übergegangen und hat zuerst in Vietnam und Thailand Menschen getötet. Die Gesetze, die als Antwort auf Nahrungsrisiken entworfen werden, sind so gestaltet, dass sie die globale Produktion im großen Maßstab fördern und sich auf die lokale Produktion gegenteilig auswirken.

Diese globalisierungsfreundlichen Ziele sind auch die Grundlage des gesundheitspolizeilichen SPS-Abkommens (Sanitary und Phytosanitary Agreement) der Welthandelsorganisation. In Indien wurde im August 1998 mit der Begründung der größeren Nahrungssicherheit und Hygiene eine neue Verpackungsregelung für Speiseöle eingeführt; diese Vorschrift verbot Senföle und den Verkauf von offenem Speiseöl. Dieses Gesetz zusammen mit dem von der WTO vorgeschriebenen Beseitigung von Importbeschränkungen überschwemmte den indischen Markt mit Ölen von genetisch manipulierten Sojabohnen. Indien hatte zuvor die Kokosnuss, die Erdnuss, Leinen, Senf, Sonnenblumen und Sesam zu Speiseöl verarbeitet. Die hauptsächliche Folge der Aufhebung der Importbeschränkungen war die Zerstörung der Biodiversität unserer Ölsaaten und der Vielfalt unserer Speiseöle und Esskultur.

Die Maßnahmen bewirkten aber auch eine Zerstörung der wirtschaftlichen Demokratie und der wirtschaftlichen Freiheit, Öle mit lokal verfügbaren Ressourcen und angepasst an lokale Esskulturen lokal herzustellen. Weil der Ölgehalt der einheimischen Ölsaaten hoch ist, können sie in den einzelnen Haushalten oder in den Gemeinden verarbeitet werden, und zwar mit umweltfreundlichen, dezentralisierten und allen zugänglichen Technologien.

Der ganze Prozess der Ölgewinnung aus Sojabohnen hingegen wird von Konzernen kontrolliert. Monsanto kontrolliert das Saatgut dank seinen Patenten und seinem Besitz an Saatgutkonzernen. Cargill, Continental und andere Handelsgiganten kontrollieren den Handel und die Verarbeitung auf internationaler Ebene. Wegen des niedrigen Ölgehalts der Sojabohne ist die Extraktion schwierig und aufwändig und auch umweltverschmutzend und ungesund.

Senföl und unsere einheimischen Ölsorten symbolisieren Freiheit für die Natur, für unsere Bauern, unsere vielfältige Esskultur und stehen für die Rechte der armen Konsumenten. Sojabohnenöl symbolisiert die Konzentration der Macht und die Kolonialisierung von Natur, Kulturen, Bauern und Konsumenten. Die Manipulation der Ölpreise und die Beschränkungen der Verarbeitung und des Verkaufs von einheimischen Ölsaaten zwingen die Inder zum Konsum von Sojaöl und stärken so nochmals die Monokultur und das monopolistische System. In Zukunft werden die Bauern aufgrund des Patentrechts gezwungen sein, Lizenzgebühren für ihr Saatgut zu zahlen, und geraten so noch tiefer in die Armut.

Freihandel und Wirtschaftsglobalisierung sind als ökonomische Freiheit für alle vorgestellt worden. Doch wie die Fälle der Senfölkrise und der Sojabohnenimporte zeigen, beruht der so genannte freie Handel auf der Zerstörung der Freiheit der kleinen Produzenten, der kleinen Verarbeiter und der armen Konsumenten. Die Rhetorik des Freihandels besagt, dass die Regierung sich nicht einmischen soll. Doch die Entscheidung, den freien Import von Sojabohnen zu erlauben, und die Verabschiedung des Verpackungsgesetzes zeigen, dass die Regierung ein Hauptakteur bei der Verschiebung der Produktion von kleinen dezentralisierten Systemen zu großen zentralisierten Systemen unter Monopolkontrolle ist.

Der Staat ist in Wirklichkeit das Rückgrat der Freihandelsordnung. Statt die Großunternehmen zu regulieren, lässt er ihnen freien Lauf und erklärt kleine Produzenten und verschiedene Kulturen als illegal. Die ungleiche Behandlung der Kleinen und der Großen wird auch in der Regulierung der Nahrungssicherheit offensichtlich. Während die Regierung das Verbot der Senföle sofort durchsetzte, hat sie nichts getan, um das Dumping mit den giftigen, genetisch manipulierten Sojabohnen zu verhindern. Die verfälschten Produkte der globalen Akteure werden durch die Regierungen in Indien, den USA und in aller Welt eher geschützt als geahndet.

Die schärfsten politischen Konflikte – jene zwischen Freiheit und Sklaverei, Demokratie und Diktatur, Vielfalt und Monokultur – werden über einfache Handlungen wie den Kauf von Speiseölen oder das Kochen von Nahrung ausgetragen: Liegt die Zukunft von Indiens Speiseölkultur im Senföl und in anderen Speiseölsaaten oder wird sie Teil der globalisierten Sojabohnen-Monokultur mit verborgenen Risiken?

Das Moratorium der Europäischen Union gegen die Zulassung genetisch veränderter Saaten und Nahrung widerspiegelt die Abneigung der Bevölkerung gegen Ernährungszwänge. Es ist ein Maßstab dafür, was Erd-Demokratie erreichen kann. Auf Verlangen des Volkes setzte Europa 1998 das Genehmigungsverfahren für GV-Saaten aus. Diese Aktion brachte folgende Erfolge:

– Die indirekten Auswirkungen des Anbaus von herbizidresistenten GV-Saaten auf die übrigen Tiere und Pflanzen der landwirtschaftlichen Nutzfläche wurden berücksichtigt. GV-Zuckerrüben und GV-Futterrüben und Frühlingsraps, von denen man weiß, dass sie für Wildtiere schädlich sind, dürfen in Europa nicht kommerziell angebaut werden.

– Forderungen nach Überwachung der Auswirkungen auf Umwelt und Menschen wurden gestellt, ungeachtet der Behauptung des Agrobusiness, es gebe keinen »Beweis für Schädlichkeit«.

– Konsumentinnen und Konsumenten können wählen, ob sie GV-Nahrung kaufen wollen, denn die Nahrungsmittel sind gemäß neuem Gesetz entsprechend gekennzeichnet.

– Es ist Vorschrift, dass der Vertriebsweg von GV-Nahrungsmitteln verfolgt werden kann. Wenn negative Auswirkungen auftreten, ist es möglich, ein Produkt schnell und einfach vom Markt zurückzuziehen. Seit dem Rinderwahnsinn ist diese Verfolgbarkeit ein Grundstein der europäischen Nahrungssicherheit.

Am 13. Mai 2003 haben die USA zusammen mit Kanada und Argentinien Europas Moratorium für GV-Saaten und -Nahrungsmittel angefochten. Der Fall ist noch hängig. Die Kläger argumentierten, dass ihre GV-Produkte auf unfaire Weise diskriminiert würden. Sie stellten die Anwendung des Vorbeugeprinzips bei der Entscheidungsfindung in Sachen GV-Saaten in Frage. Diese Verhandlung vor der WTO diente auch dazu, das Vorbeugeprinzip, das Bestandteil der europäischen Beschlussfassung ist, ein weiteres Mal anzugreifen.

Die gesetzliche Regulierung der EU stützt ihre Auflagen für Importeure auf die internationalen Handelsverpflichtungen und die Vorschriften des Cartagena-Protokolls zur Biosicherheit ab. Die EU-Vorschriften für die Zulassung genetisch veränderter Organismen (GVO) steht im Einklang mit den WTO-Regeln: Sie sind klar, transparent und nicht diskriminierend. Es gibt deshalb nichts, was die WTO untersuchen müsste.

Viele Länder schauen sich nun die EU an, um ihre eigene Politik zu entwickeln. Die USA fürchten, dass andere Länder Vorgehen zur Regelung von GVO und GV-Nahrung wählen werden, die denen der EU gleichen. Ein gutes Beispiel sind die GV-Gesetze der Schweiz, welche am 1. Januar 2004 in Kraft traten. Sie sind strenger als die gegenwärtigen Gesetze in der EU, was die Haftung und die Koexistenz mit Nicht-GV-Kulturen angeht. Diese Gesetzgebung, welche auf dem Vorbeugeprinzip und dem Verursacherprinzip beruht, zielt darauf ab, die Gesundheit und die Sicherheit von Mensch, Tier und der Umwelt zu schützen. Auch sollen die biologische Vielfalt und die Fruchtbarkeit des Bodens erhalten und den Konsumenten die Wahlfreiheit garantiert werden.

Trotz des EU-Moratorium für GVO hat es auch in Europa Angriffe auf die Nahrungssouveränität gegeben, unter anderem durch die Einführung von Nahrungssicherheitsgesetzen, die kleine Produzenten und traditionelle Nahrungsmittel bedrohen. So konnte zum Beispiel erst eine Kampagne der Slow-Food-Bewegung die italienische Regierung dazu bewegen, ein Gesetz abzuändern, das noch die kleinsten Nahrungshersteller zu pseudohygienischen Standards verpflichtet hätte, die Nahrungsgiganten wie dem Kraft-Foods-Konzern angemessen sind.

Vielfältige Gesetze für eine vielfältige Nahrungswirtschaft

Lokale, natürliche, biologisch angebaute und verarbeitete Nahrungsmittel sind nicht dasselbe wie chemisch verarbeitete Nahrungsmittel (die nochmals verschieden sind von genetisch veränderter Nahrung). Unterschiedliche Lebensmittel haben unterschiedliche Sicherheitsrisiken und brauchen unterschiedliche Sicherheitsgesetze und Verwaltungssysteme. Darum kennt Europa verschiedene Standards für biologische, für industrielle und für genetisch veränderte Nahrung. Die Ökostandards werden durch die Ökobewegungen gesetzt, während die Standards für die Gentechnik auf europäischer Stufe durch neuartige Nahrungsgesetze geregelt werden. Dazu kommt die Bewegung zum Schutz der kulturellen Vielfalt von Nahrung durch »einzigartige« und »typische« Nahrungsstandards, welche zerstört werden, wenn man industrielle Standards auf lokale und nicht industrielle, gewachsene Nahrung anwendet. Standards für diese Art Nahrung sollten auf einheimischem Wissen und auf gemeinschaftlicher Kontrolle basieren, nicht auf industrieller »Wissenschaft«, welche durch zentrale Regierungen kontrolliert und durch Nahrungsgiganten wie Cargill, ConAgra, Lever, Nestlé und Philip Morris oder durch Gengiganten wie Monsanto manipuliert werden.

Indien braucht wie Europa verschiedene Gesetze auf verschiedener Ebene für verschiedene Nahrungssysteme.

– Ein Gesetz für die biologische Verarbeitung von lokaler, natürlicher Nahrung im kleinen Maßstab, welches von Gramsabhas, Panchayats und lokalen Gemeinschaften kontrolliert wird. (Die Gramshaba ist die Dorfgemeinschaft als Ganzes, wenn sie sich zur Entscheidungsfindung trifft; *gram* heißt »Dorf« und *sangha* heißt »Zusammenkunft«. Der Panchayat ist ein Verband von üblicherweise fünf Dörfern.) In den Städten könnte man die Vorgänge durch Lizenzierung von lokalen Sozialinstitutionen regeln, durch urbane Panchayats und lokale Stadtverwaltungen. Gemeinschaftskontrolle durch Partizipation der Bevölkerung ist eine wirkliche Garantie für Sicherheit.

– Ein Gesetz für die industrielle Verarbeitung – welches bereits existiert, nämlich das Gesetz zur Verhinderung der Fälschung von Nahrungsmitteln (Prevention of Food Adulteration Law). Dieses Gesetz könnte an die neuen Nahrungsrisiken angepasst werden.

– Ein Gesetz für GV-Nahrung, welches den Import, die Kennzeichnung, die Trennung, die Verfolgbarkeit usw. regelt. Das ist das neue Gesetz, das die Konsumenten brauchen. Dieses Gesetz sollte von der Zentralregierung entworfen werden, aber die Einzelstaaten und die lokalen Gemeinden sollten die Freiheit haben, striktere Standards einzuführen. Falls eine Region GV-frei sein will, sollte das

unter dem Prinzip der dezentralisierten Demokratie zugelassen werden.

Wir können nicht zulassen, dass ein pauschales Nahrungsmit-
telgesetz jeden kleinen *dhabawala,* jeden Imbissstandinhaber,
und jeden Straßenverkäufer kriminalisiert. Eine solche Gesetzgebung führte zur schlimmsten Form von Gebühren-
dschungel und Inspektionen und würde einen Nahrungsfaschismus mit einer Nahrungsmafia im Dienste der globalen
Konzerne begründen. Sie würde unsere Nahrungsfreiheit
zerstören, unseren Lebensunterhalt, unsere Nahrungssicherheit und unsere Nahrungsvielfalt. 99 Prozent von Indiens
Nahrung wird lokal verarbeitet, lokal konsumiert und lokal
verkauft. Unser Nahrungswissen basiert auf der traditionellen indischen Heilkunst Ayurveda, nicht auf einer redukti-
onistischen Wissenschaft, welche ungesunde Nahrung als sicher behandelt. Die Zentralregierung sollte nicht versuchen,
jede einzelne Imbissstube zu reglementieren. Diese *dhabas*
sind nicht für Fettleibigkeit, Diabetes, Krebs und Herzkrank-
heiten in unserer Gesellschaft verantwortlich. Sie versorgen
Millionen von arbeitenden Menschen mit sicherem, er-
schwinglichem *dal* (Hülsenfrüchteeintopf) und mit *roti*
(Brote, oft zu Currygerichten serviert).

Unterschiedliche Nahrungssysteme verlangen eine unterschiedliche Handhabung ihrer Sicherheit. Es ergibt keinen
Sinn, alle Arten von Nahrung in den gleichen Topf zu werfen –
biologisch angebaute, industrielle und genetisch veränderte
Lebensmittel gehören nicht in dieselbe Kategorie. Wie die
Nahrung hergestellt wird, ist bestimmend für ihre Qualität,
ihren Nährwert und ihre Sicherheit. Hausgebackenenes Brot
ist nicht dasselbe wie Industriebackware. Es sind nicht »gleiche Produkte« (like products), um bei der WTO-Terminolo-

gie zu bleiben. Es sind unterschiedliche Produkte was ihren ökologischen Gehalt und ihre Auswirkung auf die Gesundheit betrifft. Ein Huhn aus Batteriehaltung ist nicht dasselbe wie ein Huhn mit freiem Auslauf, sowohl in Bezug auf den Tierschutz als auch in Bezug auf Nahrungsqualität und Nahrungssicherheit. GV-Mais ist nicht derselbe wie biologisch angebauter Mais. Der Erstere enthält Marker-Gene für Antibiotika-Resistenz, Virusträger und Gene, die Giftstoffe produzieren. Bt-Mais braucht für die Sicherheit andere Kontrollsysteme als der biologische Mais, ebenso wie industrielle Landwirtschaft eine andere Regelung braucht als ein Hof mit frei laufenden Hühnern.

Unterschiedliche Produktionsweisen und Prozesse brauchen Gesetze und eine Wissenschaft, die für sie genau richtig sind. Chemische Verarbeitung braucht Chemielaboratorien und Chemiker, GVO braucht genetische Identifizierungsgesetze, biologischer Anbau braucht indigene Wissenschaft und Kontrolle durch die Gemeinschaft. Die Antwort der Regierung auf die Senföl-Vergiftung 1998 war die Forderung, dass jede Ghani (Ölpresse) ein Laboratorium und einen Chemiker haben und ihr Öl verpacken müsse. Diese Antwort war dem Maßstab und den Methoden der Produktion nicht angemessen. Eine Million Ghanis wurden geschlossen und 20 000 kleine Ölverarbeiter wurden kriminalisiert aufgrund des unangemessenen Gesetzes, das Tür und Tor öffnete für den Import von Sojaöl. Wir können die Zerstörung, die durch solche Pseudosicherheitsgesetze im Speiseölsektor losgetreten wurde, in anderen Sektoren unserer indigenen Nahrungswirtschaft und Nahrungskultur nicht nochmals zulassen.

Wir können nicht sichere durch unsichere Systeme ersetzen mithilfe manipulierter Gesetze und Regeln, die dem

Agrobusiness dienen und ihm freie Hand lassen bei der Verbreitung von Nahrungsrisiken und Krankheit. Wir können nicht unsere vielfältige Nahrung zerstören und sie durch ungesunde, risikoreiche Industrienahrung ersetzen. Wir dürfen nicht den globalen Handel deregulieren und die einheimische Produktion überregulieren. Wir müssen durch zentralisierte Strukturen Regeln für die Chemiezusätze und die GVO aufstellen; die lokalen einheimischen Nahrungssysteme hingegen müssen wir durch lokale, demokratische, dezentralisierte und partizipatorische Prozesse regeln.

Der Entwurf der indischen Regierung für ein pauschales Lebensmittelgesetz enthält den Passus, die Lebensmittelbehörde werde internationale Standards berücksichtigen. Im Fall der GVO gibt es aber keine internationalen Standards. Es gibt die europäischen Gesetze über neuartige Lebensmittel und neuartige Lebensmittelzutaten, so genannte Novel Foods. Und es gibt die totale Freigabe der USA. Indien muss Gesetze für seine eigenen Gegebenheiten schaffen. Diese Gesetze müssen der Ebene und dem Inhalt, den sie behandeln, angepasst sein. Ein einziges Gesetz für alle Nahrungssysteme bevorzugt die großen industrialisierten und kommerzialisierten Betriebe und benachteiligt die kleinen, lokalen, vielfältigen.

Unsere Küchen und *dhabas,* unsere Hütten- und Familienbetriebe werden in dieselbe Kategorie geworfen wie Nestlé, Cargill, ConAgra und andere gewaltige superindustrialisierte Unternehmen. Einheimischer und lokaler Verbrauch und sogar die gemeinnützige Ausgabe von Essen wird in die gleiche Kategorie gestellt, wie die Importe der risikoreichen GVO. Dies ist kein wissenschaftlich begründetes, zeitgemäßes System. Es ist ein veraltetes, krudes und repressives System, welches von einem Wirtschaftsstaat aufgestellt wird, um 99 Prozent der indigenen Nahrungsverarbeitung zu zerstören. Und damit werden auch Millionen von Lebensunterhalten und Millionen von unterschiedlichen gastronomischen Traditionen zerstört – das alles, damit das globale Agrobusiness unsere gesamte Nahrungswirtschaft kontrollieren kann.

Das Recht auf Information

Coca-Cola und Pepsi verstecken sich hinter Verordnungen zum Geschäftsgeheimnis, um die Offenlegung der Zutaten ihrer Süßgetränke am zuständigen Gericht in Rajasthan zu verhindern. Auch die Union Carbid versteckte sich damals hinter Handelsgeheimnissen, als der Konzern sich weigerte, genauere Auskunft über das Gasleck in Bhopal zu geben und so zuließ, dass Tausende starben und Millionen verkrüppelt wurden. Nahrung und Gesundheit sind zu wichtig, als dass sie der wirtschaftlichen Geheimhaltung geopfert werden dürften. Das Recht auf Information muss die Basis jedes Nahrungssicherheitsgesetzes sein.

Wir müssen aus den Fehlern des industrialisierten Nahrungssystems lernen. Diese Systeme haben den Rinderwahnsinn hervorgebracht und eine Epidemie von Fettleibigkeit und Diabetes entfesselt. In den Gesetzen zur Nahrungssicherheit werden diese Systeme jedoch nicht als »Nahrungsrisiken« aufgeführt, obwohl sie unsere Gesundheit gefährden. Ein modernes Nahrungsgesetz würde anerkennen, dass unsere dezentralisierte Nahrungswirtschaft Ernährung, Sicherheit, Kultur und Lebensgrundlagen gleichzeitig bereichert. Wir brauchen Gesetze, welche unsere vielfältigen lokalen Esskulturen von der krankmachenden homogenen zentralisierten industriellen Nahrungskultur des Westens schützen. Unsere Biodiversität und unsere kulturelle Vielfalt der Nahrung bringen die blühenden ortsgebundenen Nahrungsökonomien hervor; in unserer sachkundigen und kenntnisreichen Nahrungsverarbeitung liegt die Zukunft der Nahrung. Wir dürfen nicht zulassen, dass uns ein Gesetz, dass durch die globalen Nahrungsgiganten manipuliert und durch machthungrige Bürokraten gefördert wurde, unsere Nahrungsfreiheit und Nahrungssouveränität wegnimmt. Wir brauchen keine Pseudosicherheitsstandards, welche dem globalen Geschäft dienen und unsere reiche Nahrungskultur zerstören. Wir brauchen in der Zivilgesellschaft partizipatorische, demokratische Systeme, um unsere Nahrungssysteme zu bereichern, die Gesundheit und Ernährung zu fördern und die Nahrungssicherheit zu garantieren. Delhi muss die Monsantos und die Cargills kontrollieren, nicht unsere *dhabas* und Küchen. Die Regierung soll das Agrobusiness regulieren. Wir werden uns selber als Gemeinde und Zivilgesellschaft regulieren. Wir wollen nicht durch Gesetze des Nahrungsfaschismus regiert werden. Wir werden Gesetze für unsere Nahrungsfreiheit formulieren. Dies ist unsere Nahrungssouveränität. Dies ist unsere Anna Swaraj.

Terra Madre: Eine Fest der lebendigen Wirtschaft

In einer Welt, die von Angst und Fragmentierung, Ausschluss und Verzweiflung beherrscht wird, fand in Turin, Italien, im Oktober 2004 ein magisches Treffen von Lebensmittelgemeinschaften – Terra Madre – statt. Slow Food, die Bewegung, welche die Kultur, das heißt Herstellung und Verzehr von gutem, gesundem, vielfältigem Essen ins Zentrum der sozialen, politischen und wirtschaftlichen Veränderung gerückt hat, brachte 500 Mitglieder aus 1200 Essgemeinschaften in 130 Ländern zusammen. Trotz ihrer Vielfalt und Unterschiede waren alle miteinander verbunden: verbunden durch die Erde, unsere Mutter, Terra Madre; verbunden durch Nahrung, den eigentlichen Stoff des Lebens; und verbunden durch unsere Humanität, welche den Bauern dem Prinzen ebenbürtig macht.

Terra Madre war eine Zusammenkunft von Kleinproduzentinnen und Kleinproduzenten, die sich weigern, einfach zu verschwinden aus einer Welt, in der die Globalisierung die Vielfalt der Spezies und der Kulturen, die Kleinproduzenten, die lokalen Wirtschaftsformen und das indigene Wissen bereits abgeschrieben hat. Die Kleinbauern und die lokalen Nahrungsgemeinschaften weigern sich nicht bloß abzutreten, sie sind entschlossen, eine Zukunft jenseits der Globalisierung zu gestalten. Wie Giovanni Alemanno, der italienische Minister für Agrar- und Forstpolitik in seiner einleitenden Rede zu Terra Madre sagte: »Neu und wirklich revolutionär an Terra Madre ist, dass das Treffen sich auf die Nahrungsgemeinschaften konzentrierrt, welche am wenigsten anfällig für den industriellen Prozess sind – und daher herausragend, was die Authentizität und Qualität ihrer Produkte betrifft. Damit werden die kleinen Nahrungsproduzenten ins Rampenlicht gestellt.«

In den letzten Jahrzehnten wurde die Produktion, Verarbeitung und Verteilung von Nahrung den Frauen, Kleinbauern und Kleinproduzenten aus den Händen genommen und durch globale Großunternehmen wie Cargill, Monsanto, Philip Morris und Nestlé monopolisiert. Überall werden Kleinunternehmer vertrieben und entwurzelt durch den unfairen Wettbewerb von Seiten des schwer subventionierten

Agrobusiness. Die Antiglobalisierungsbewegung hat sich auf die Ungerechtigkeit der globalen Handelsregeln konzentriert, welche die Bauern in Schuld und Selbstmord treiben. Beim Terra-Madre-Treffen versammelten sich Kleinproduzenten nicht bloß, um die Schatten der Wirtschaftsglobalisierung zu verfluchen, sondern auch um die kleinen dezentral und biodivers Produzierenden ins Licht zu stellen und auch im Zentrum der Aufmerksamkeit zu behalten.

Die dynamische Energie von Terra Madre stammte von der Vitalität und Widerstandskraft der Produzierenden, welche nie aufgehört hatten, ihre vielfältigen Saaten zu hegen und zu pflegen, ihre vielfältigen Kulturen zu leben, ihre vielfältigen Sprachen zu sprechen und ihre vielfältigen Esstraditionen zu feiern. Da gab es eine Gemeinschaft von Produzenten von Mango-Trockenfrüchten; entomophage Frauen aus Ouagadougou, Burkina Faso (Frauen, die essbare Insekten sammeln, verarbeiten und verkaufen); die Baobab-Gemeinschaft aus Atacora, Benin; Basilikumanbauer; Vertreter der ligurischen Küche; nomadische Hirten aus Indien und Kirgbity; Schafzüchter aus Zentralasien; Jasminreispflanzer aus Thailand; Basmatireispflanzer aus Indien (die letzten beiden Gruppen waren beide Opfer von RiceTec). Die Welt der Terra Madre spiegelte die wirkliche Welt der Menschen wieder – die Vielfalt bot ein wahres Fest für die Sinne. Die Gemeinschaften tauschten mit Stolz und Freude und in Würde ihre Landwirtschafts- und Nahrungs-Traditionen aus. Dies war nicht die Welt der WTO, wo es bloß das Agrobusiness gibt, wo Agrarhandel gleichbedeutend ist mit Soja, Mais, Reis, Weizen und Raps; wo einem einzigen Konzern (Monsanto) 94 Prozent aller GVO auf der Welt gehören; und wo die meiste Nahrung, die angebaut wird, nicht von den Menschen gegessen wird, sondern von Millionen von industriell gehaltenen Tieren. In der Welt von Terra Madre produzieren kleine Betriebe mit geringerem Ressourcenverbrauch mehr als die Industriefarmen. Die Biodiversität schützt die Gesundheit des Bodens und die Gesundheit der Menschen. Qualität, Geschmack und Nährwert sind die Kriterien für die Herstellung und Verarbeitung der Nahrung, nicht vergiftete Rekordmengen und Superprofite für das Agrobusiness.

Vielfalt liefert uns die Grundlage, um unser Nahrungssystem zu ändern – Vielfalt der Saaten, Vielfalt der Nahrung, Vielfalt der Kulturen. Vielfalt ist sowohl Widerstand gegen die Monokulturen als auch kreative Alternative. Auf unserer Einzigartigkeit und Unterschiedlichkeit aufzubauen, ist unsere Stärke, eine Stärke, die wir nur dann verlieren, wenn wir uns selber aufgeben.

Ein anderes Paradigma für Nahrung

Terra Madre bot eine Gelegenheit und eine Plattform, um ein anderes Paradigma für Nahrung zu formulieren. Während der Eröffnungszeremonie forderte Carlo Petrini, der Begründer von Slow Food, alle auf, die Rechte, das Wissen und die Kreativität der Kleinproduzenten auf der ganzen Welt zu verteidigen. Er rief auch dazu auf, den Abstand zwischen Produktion und Konsum zu verringern. »Lasst uns Co-Produzierende werden«, sagte er. Konsumieren heißt zerstören. Darum gab man der Tuberkulose auch den Namen Konsumption. Wenn wir essen, nehmen wir bereits an der Produktion teil. Indem wir biologisch essen, sagen wir nein zu den Giften und unterstützen den Biolandwirt. Wenn wir GVO zurückweisen, stimmen wir für die Kleinbauern und für das Recht der Menschen auf Information und Gesundheit. Wenn wir lokal essen, nehmen wir dem Agrobusiness Macht und Profite weg und stärken unsere lokale Lebensmittelgemeinschaft. Essende sind also auch Co-Produzierende. Einmal, weil ihre Beziehung zu den Kleinproduzenten ein wichtiges Glied bei der Schaffung eines nachhaltigen, gerechten und gesunden Nahrungssystems ist. Und dann sind wir auch, was wir essen: Indem wir unsere Nahrung auswählen, wählen wir auch unsere Persönlichkeit.

Die Industrialisierung und Globalisierung unserer Nahrungssysteme trennt uns: Nord–Süd, Produzierende–Konsumierende, reich–arm. Die wichtigste Ursache dieser Trennung und Aufspaltung ist der Mythos des »billigen« Essens; der Mythos, dass industrielle Nahrungssysteme mehr Nahrung produzieren und also nötig sind, um die Armut zu beenden. Kleine biodiverse biologische Betriebe haben jedoch einen höheren Ertrag als große industrielle Monokulturen.

Wie Prinz Charles aus Großbritannien anlässlich der Schlusszeremonie von Terra Madre sagte: »Eines der Argumente, das die ›agrikulturellen Industrialisten‹ vorbringen ist, dass wir allein mit einer Intensivierung fähig sein werden, die gewachsene Weltbevölkerung zu ernähren. Aber verbesserte biologische Praktiken haben die Ernten maßgeblich erhöht – ohne nennenswerte Investitionen und oft unter dem missbilligenden Blick der offiziellen Stellen. Eine neue Studie der Welternährungsorganisation FAO zeigte, dass die Kartoffelernte in Bolivien von 4 auf 15 Tonnen pro Hektar gestiegen ist. In Kuba haben sich die Gemüseerträge in den biologischen städtischen Gärten fast verdoppelt. In Äthiopien, welches vor 20 Jahren eine so schreckliche Hungersnot durchmachte, stiegen die Erträge von Süßkartoffeln von 6 auf 30 Tonnen pro Hektar. In Kenia haben sich die Maiserträge von 2,25 auf 9 Tonnen pro Hektar erhöht. Und in Pakistan vergrößerten sich die Mangoernten von 7,5 auf 22 Tonnen pro Hektar.«

Anlässlich der Eröffnung des Treffens lenkte ich die Aufmerksamkeit auf die Tatsache, dass globalisierte, industrialisierte Nahrung nicht billig ist. Sie ist zu teuer für die Erde, für die Bauern und für unsere Gesundheit. Die Erde kann all die Bürden nicht mehr länger tragen: Grundwasserentzug, Pestizidrückstände, Artenschwund und Destabilisierung des Klimas. Bauern können die Bürde der Schuldenlast nicht mehr tragen, die in der industrialisierten Landwirtschaft unvermeidlich ist.

Die 30 000 Selbstmorde von Bauern in Indien innert eines Jahrzehnts sind Symptome einer tiefen Krise des herrschenden Modells für Landwirtschaft und Nahrungsmittelproduktion. Dieses System verweigert das Recht auf gesunde Nahrung sowohl derjenigen Milliarde von Menschen, die hungern als auch derjenigen Milliarde, die an Fettleibigkeit leiden. Das System ist unfähig, sichere, kulturell angepasste, schmackhafte, qualitativ hoch stehende Nahrung zu produzieren. Und es ist unfähig, genug Nahrung für alle zu produzieren, weil es Land, Wasser und Energie verschwendet. Die industrialisierte Landwirtschaft braucht zehnmal mehr Energie als sie produziert, und zehnmal mehr Wasser als die biologische Landwirtschaft. Sie ist also zehnmal weniger effizient. Die Arbeitseffizienz ist ebenfalls ein Mythos; alle Forscher, Pestizidproduzenten, Gentechniker, Lastwagenfahrer und Soldaten, die in Kriegen um Öl involviert sind, sind Teile des industriellen Nahrungsproduktionssystems. Wenn all diese Leute in der nichtnachhaltigen Nahrungsproduktion mitgezählt würden, würde die Arbeitseffizienz der Industrienahrung ebenfalls tiefer sein als die der biologisch angebauten

Lebensmittel. Wenn die Agrikultur zum Krieg wird und wenn Massenvernichtungswaffen innerbetriebliche Landwirtschaftsinpute ersetzen, wird die Nahrung zur Unnahrung. Handel, der auf falschen Preisen und unfairem Austausch beruht, ist nicht Handel, sondern Ausbeutung.

Die Industrienahrung ist billig, nicht weil sie effizient ist – sei es in Bezug auf Ressourcen oder Energie –, sondern weil sie durch Subventionen gestützt wird und alle Kosten externalisiert: die Kriege, die Krankheiten, die Umweltzerstörung, der kulturelle Zerfall und die soziale Desintegration.

Terra Madre war ein Fest der ehrlichen Agrikultur, in der die Preise nicht lügen und die weder das Land noch die Landwirte ausbeutet. Terra Madre war ein Fest für unsere Praxis der lebendigen Wirtschaft, in welcher wir mit dem Erdwurm und der Spinne, mit der Mycorrhiza und mit den Pilzen zusammenarbeiten. Wir sind alle verbunden durch das Netz des Lebens, und es ist die Nahrung, die dieses Netz knüpft. Wie uns die uralte Schrift *Taitreya Upanishad* sagt: »Aus der Nahrung kommen alle Kreaturen. [...] Lebewesen werden aus der Nahrung geboren, wenn sie geboren sind, leben sie von der Nahrung, wenn sie sterben, gehen sie in die Nahrung zurück.«

In Indien schaffen wir Nahrungsdemokratie durch Freiheitsfarmen, Freiheitsdörfer und Freiheitszonen. Biologische Betriebe, die frei von Chemikalien und Giftstoffen sind und Landwirtschaftszonen, die ohne unternehmenskontrolliertes – das heißt gentechnisch verändertes – und patentiertes Saatgut auskommen, schaffen eine Nahrungsdemokratie von unten, die sich der Nahrungsdiktatur von oben entgegenstellt.

Nahrungsdemokratie

Die Prinzipien der Nahrungsdemokratie und der Nahrungsfreiheit werden von Menschen aus verschiedenen Kulturen
geteilt, wie das *Manifest über die Zukunft der Nahrung (Manifesto on the Future of Food)* zeigt. Dieses Manifest entstand
im Juli 2003 in Zusammenarbeit der Internationalen Komm-
mission für die Zukunft von Nahrung und Agrikultur, der ich
vorsitze, mit der Regierung der Provinz Toskana. Im Vorwort
heißt es:

> »Das Manifest beabsichtigt eine Synthese der Arbeit
> und der Ideen von Hunderten von Organisationen aus
> der ganzen Welt und von Tausenden von Einzelpersonen,
> welche aktiv den gegenwärtigen Trend zur Globalisierung
> und Industrialisierung der Nahrung durchbrechen und
> umdrehen möchten.
>
> Das Manifest schließt eine Kritik der gefährlichen Ent-
> wicklungen mit ein. Seine wichtigste Funktion ist aber,
> praktische Visionen, Ideen und Programme zu entwi-
> ckeln, die sicherstellen, dass Nahrung und Landwirtschaft
> sozial und ökologisch nachhaltiger und zugänglicher wer-
> den. Das Manifest stellt Nahrungsqualität, Nahrungs-
> sicherheit und Gesundheit über wirtschaftlichen Profit.
>
> Wir hoffen, dass dieses Manifest als Katalysator dienen
> wird, der die Bewegung für eine nachhaltige Landwirt-
> schaft, Nahrungssouveränität, Biodiversität und agrikul-
> turelle Vielfalt eint und stärkt und dass es dadurch zur Be-
> seitigung von Hunger und Armut auf der Welt beiträgt.«
> *(Manifesto* 2005, 7–8)

Das Manifest listet die Herausforderungen und Ziele einer
wünschbaren Nahrungszukunft auf und beleuchtet dann

einige »lebendige Alternativen zur industriellen Landwirtschaft«:

> »Auf jedem Kontinent entdecken lokale Gemeinschaften die verheerenden Auswirkungen der unternehmensgesteuerten Nahrungs- und Landwirtschaftssysteme, welche die Agrikultur zu einer Rohstoffindustrie und die Nahrung zu einem großen Gesundheitsrisiko gemacht haben. Bewegungen sind am Entstehen, viele mit Parallelen oder Verbindungen über die Grenzen hinweg, welche die historischen Beziehungen zwischen Essen, Landwirtschaft und Gemeinschaftsleben neu knüpfen. Diese Bewegungen geben der Nahrung und der Nahrungsproduktion ihren verdienten Platz in Kultur und Natur – nach einer verheerenden Entfremdung, die eine seltene Verirrung in der menschlichen Geschichte darstellt.

Wir können hier die Erfolge bloß skizzieren, welche diese Bewegungen in den letzten Jahrzehnten aufzuweisen hatten. Die Tatsache, dass nur wenige dieser Veränderungen hätten vorausgesagt werden können, sollte allen zu denken geben, die meinen, die industrielle Landwirtschaft sei der unvermeidliche Weg in die Zukunft. Veränderung – sogar schnelle Veränderung – ist möglich. Ja, sie ist im Gang. Im Folgenden ein Blick auf ein paar Bereiche, in denen sich die Voraussetzungen rasch ändern:

Demokratisierung des Zugangs zu Land

Obwohl man seit langem weiß, dass der Zugang der Armen der Welt zu Land ein Schlüsselelement für die Beseitigung von Hunger und Elend ist, glaubten viele, dass eine Landreform politisch unmöglich sei. Das war etwa in Brasilien der Fall, wo weniger als 2 Prozent der Landbesitzer die Hälfte des bebaubaren Bodens besaßen (das meiste davon ließen sie veröden) und wo sogar zahlenmäßig kleine Zusammenkünfte gesetzlich verboten waren und Ansätze zur Veränderung mit Gewalt bekämpft wurden. Doch heute ist dieser Staat in Bezug auf die Demokratisierung des Zugangs zu Land führend. Während der letzten 20 Jahre hat die brasilianische Landlosenbewegung, das Movimento Dos Trabalhadores Rurais Sem Terra (MST), auf einer Fläche von 6 Millionen Hektar, verteilt über das ganze Land, eine Viertelmillion vormals landloser Familien angesiedelt. Die Landlosenbewegung hat sich eine Bestimmung in der neuen Verfassung zu Nutze gemacht, die die Regierung beauftragt, ungenutztes Land neu zu verteilen. Es brauchte disziplinierten zivilen Ungehorsam, um die Erfüllung dieses Auftrages durchzusetzen.

Die beinahe 3000 neuen Dörfer der MST schaffen Tausende von neuen Geschäften und Schulen. Die Vorteile der Landreform lassen sich am Jahreseinkommen der neuen MST-Siedler messen, welches fast viermal so groß ist wie der Minimallohn. Im Durchschnitt verdienen Landarbeiter immer noch bloß 70 Prozent des Minimums. Die Säuglingssterblichkeit unter den Landreformfamilien fiel auf die Hälfte des nationalen Durchschnitts. Schätzungen über die Kosten für die Beschaffung von Arbeitsplätzen belaufen sich im kommerziellen Sektor Brasiliens auf das Zwanzigfache der Mittel, die es braucht, um eine arbeitslose Familie im Zuge der Landreform auf dem Land anzusiedeln. Die Demokratisierung des Zuganges zum Land funktioniert.

Demokratisierung des Zugangs zu Kredit

Die Banken vertraten lange die Ansicht, dass arme Menschen schlechte Kreditrisiken darstellten. Aber dieses Hindernis ist am Verschwinden. In Bangladesh schuf die Grameen Bank vor 20 Jahren ein ländliches Kreditsystem, welches nicht auf Eigentumssicherheiten beruhte, sondern auf der gegenseitigen Verantwortlichkeit einer kleinen Gruppe. Grameens Programm der Mikrokreditdarlehen an 2,5 Millionen arme Dorfbewohner, vor allem Frauen, wurde in 58 Ländern übernommen. Die Rückzahlungsrate, die diejenige bei traditionellen Banken bei weitem übertrifft, zeigt, dass die Demokratisierung des Zugangs zur Kapitalressourcen machbar ist.

Vernetzung von Stadt und Land, Konsumierenden und Produzierenden

Auf jedem Kontinent werden praktische Schritte unternommen, um die lokale Produktion für den lokalen Konsum zugänglich zu machen. »Kaufe lokal«-Kampagnen sprechen die Konsumenten in Europa, in den USA und anderswo an. Eine Neuerung ist die Bewegung für den gemeinschaftlich getragenen Ackerbau, die so genannte Community Supported Agriculture (CSA), in welcher Bauern und Konsumenten sich verbünden und die Risiken teilen. Die Konsumenten kaufen zu Beginn der Saison eine »Aktie«, die sie zum Bezug von Produkten ab »ihrem« Bauernhof berechtigt. CSA entstand Mitte der 1960er-Jahre in Deutschland, in der Schweiz und in Japan. Vor 17 Jahren gab es noch keinen CSA in den USA; heute sind es mehr als 3000 Gemeinschaften, welche Tausende von Familien bedienen. Das Beispiel der

USA hat eine CSA-Bewegung in England angeregt, welches die Unterstützung von lokalen Behörden gewonnen hat. Ähnliche Bewegungen sind gleichzeitig in Japan und anderswo entstanden.

Andere neu entstehende Bewegungen sind die städtischen und ländlichen Bauernmärkte, welche allein in den USA in den letzten 8 Jahren um 79 Prozent gewachsen sind. Diese Märkte ermöglichen es den Bauern, ohne teuren Zwischenhandel direkt an ihre Kundschaft zu verkaufen. Auch kleine Gärten sprießen überall – von den Küchengärten in Kenia zu Schulgärten in Kalifornien, wo Kinder ihre eigenen Mahlzeiten pflanzen und ernten.« *(Manifesto* 2005, 24–27)

Jal Swaraj: Wasserdemokratie

Wasser ist Leben. Ohne Wasserdemokratie kann es keine lebendige Demokratie geben.

Die Biosphäre ist deshalb eine Biosphäre, weil sie eine Hydrosphäre ist. Der hydrologische Kreislauf des Planeten ist ein Wasserdemokratie-System, das Wasser an alle Spezies, vom Regenwald im Amazonas bis zum Wüstenleben in der Sahara verteilt. Die Natur verteilt das Wasser nicht gleichförmig, sondern gerecht. Gleichförmigkeit würde bedeuten, dass jede Region auf dem Planeten den gleichen Niederschlag hätte, die gleiche Menge und die gleiche Verteilung von Wasser. Es würde bedeuten, dass überall auf dem Planeten die gleichen Pflanzen wüchsen und die gleichen Spezies zu finden wären. Aber der Planet schafft und erhält Vielfalt, und diese Vielfalt entsteht aufgrund der unterschiedlichen Wassersysteme. Doch innerhalb jedes Ökosystems, in jeder klimatischen Zone, wird Wasser gerecht verteilt – alle Spezies bekommen ihren Teil Wasser. Die Natur unterscheidet nicht zwischen dem Bedürfnis einer Mikrobe und einem Säugetier, zwischen Pflanzen und Menschen. Und als Gattung haben alle Menschen dieselben Grundbedürfnisse in Bezug auf Wasser.

Die Globalisierung untergräbt die Wasserdemokratie des Planeten durch die Übernutzung des Grundwassers, die Umleitung und Ableitung von Flüssen und die Privatisierung des öffentlich zugänglichen Angebots. Seit ich *Der Kampf ums Blaue Gold* geschrieben habe, sind die Projekte, die Politik und die Prozesse der Wasserprivatisierung viel offensichtlicher geworden und die Bewegungen für Wasserdemokratie zahlreicher. Ich habe über Coca-Cola, Pepsi und deren Übergriff auf das Wasser geschrieben. In ganz Indien sind Bewegungen entstanden, welche diesem Diebstahl und den giftigen Produkten Widerstand leisten. Ich habe über die Dämme geschrieben. Es gibt neue Pläne, die Flüsse Indiens umzuleiten. Das Großprojekt soll alle wichtigen Flusssysteme des Subkontinents vernetzen. Bereits entstehen Bewegungen, die sich diesen Plänen widersetzen. Ich habe über die durch die Weltbank geförderte Privatisierung geschrieben. Wir sind mitten im Widerstand gegen die Privatisierung der Wasserversorgung von Delhi. Indiens Kämpfe für Wasserdemokratie werden überall auf der Welt wiederholt. Ob es um Übernutzung des Wassers durch die Cola-Giganten geht, ob um Flussumleitungsprojekte oder Privatisierung der städtischen Versorgung, in jedem Fall wird der wirtschaftliche Übergriff auf das Wasser durch einen Unternehmerstaat erleichtert – ein Staat, der die Macht zentralisiert, föderalistische Strukturen und

Verfassungsgrundsätze zerstört, sich grundlegende gesell-schaftliche Rechte aneignet und diese aushöhlt.

Der Kampf der Wasserdemokratie gegen die Wirtschafts-giganten wird auch zum Kampf gegen zentralisierte Staaten. Ohne zentralisierte Staatskontrolle ist die Privatisierung nicht möglich. Der Markt herrscht mithilfe von autoritären, bürger-feindlichen, undemokratischen Staaten. Darum ist Erd-De-mokratie samt ihrem Teilbereich Wasserdemokratie gleichzei-tig eine Vertiefung der Demokratie und eine Verteidigung der echt demokratischen Strukturen. Sie fordert die Allmenden und die gesellschaftlichen Rechte zurück und verteidigt gleich-zeitig die vorhandenen Gemeingüter und öffentlichen Dienste.

Frauen gegen Coca-Cola

Einigen wenigen Frauen in einem kleinen Dorf in Kerala ist es gelungen, einen Coca-Cola-Betrieb zu schließen. »Wenn du Coca-Cola trinkst, trinkst du das Blut des Volkes«, sagte My-lamma, die Frau, die die Bewegung gegen Coca-Cola in Pla-chimada startete an der Woman and Water Conference 2004.

Das Coca-Cola-Werk in Plachimada sollte jeden Tag 1 224 000 Flaschen Coca-Cola abfüllen. Dafür hatte die ört-liche Regierung, der Panchayat, im März 2000 eine be-schränkte Lizenz für eine motorgetriebene Wasserpumpe er-teilt. Doch das Unternehmen begann, illegal Millionen von Litern sauberen Wassers zu pumpen. Gemäß Angaben der lo-kalen Bevölkerung pumpte Coca-Cola 1,5 Millionen Liter pro Tag. Der Wasserspiegel sank, er fiel von 45 auf 150 Meter unter die Erdoberfläche. Die Dorfräte und die Bauern be-klagten sich, dass die Wasserspeicherung und die Wasserver-sorgung unter der wahllosen Installation von Bohrbrunnen für die Grundwassergewinnung leiden würden. Das werde schwerwiegende Auswirkungen auf die Ernten haben. Die Brunnen gefährdeten auch die traditionellen Trinkwasserstellen, die Teiche und Wasserbecken, Wasserwege und Kanäle. Als die Firma die Forderungen des Panchayat nicht beachtete, wurde die Lizenz kurzerhand zurückgezogen. Coca-Cola hatte zuvor erfolglos versucht, den Vorsitzenden des Panchayat, A. Krsihnan, mit 300 Millionen Rupien (rund 6 Millionen Euro) zu bestechen.

Nicht nur stahl Coca-Cola das Wasser der lokalen Bevölkerung, das Unternehmen verschmutzte auch das wenige Wasser, das übrig blieb. Die Firma deponierte vor ihrem Werk Restmüll, der während der Regenzeit in die Reisfelder, in die Kanäle und Quellen floss und ein schweres Gesundheitsrisiko darstellte. Durch das Absinken des Grundwasserspiegels versiegten 260 Brunnen, die von den Behörden zur Trinkwasserversorgung und für die Landwirtschaft gebohrt worden waren. Coca-Cola pumpte zu allem hinzu noch verschmutztes Wasser in die trockenen Bohrbrunnen auf dem Fabrikgelände. 2003 informierte ein Gesundheitsbeamter die Leute von Plachimada, dass ihr Wasser nicht mehr getrunken werden könne. Die Frauen, die wussten, dass ihr Wasser giftig war, gingen ohnehin bereits kilometerweit, um Wasser zu holen. Coca-Cola verursachte Wasserknappheit in einem wasserreichen Gebiet.

Die Frauen von Plachimada wollten diese Wasserpiraterie nicht zulassen. 2002 organisierten sie ein *dharna*, einen Sitzstreik vor den Toren von Coca-Cola. Um ein Jahr Agitation zu feiern setzte ich mich 2003 am Earth Day (22. April) zu ihnen. Am 21. September 2003 stellte eine riesige Kundgebung Coca-Cola ein Ultimatum. Und im Januar 2004 brachte eine Welt-Wasserkonferenz globale Aktivisten wie den französischen Bauernführer José Bové und die kanadische Schriftstellerin und Aktivistin Maude Barlow nach Plachimada, um die lokalen Gruppen zu unterstützen. Eine Bewegung, die von ein paar Frauen des autochthonen Stammes der Adavasi begonnen worden war, löste eine nationale und globale Welle der Solidarität und Unterstützung aus.

Die lokale Panchayat-Verwaltung kündigte Coca-Cola, wozu sie ein verfassungsmäßiges Recht hatte. Auch strengte die Behörde von Perumatty im Namen des Volkes beim Obersten Gericht von Kerala einen Prozess gegen Coca-Cola an. Das Gericht stützte die Forderungen der Frauen und in einem Urteil vom 16. Dezember 2003 wies der Richter Balakrishnana Nair Coca-Cola an, die Übergriffe auf Plachimadas Wasser zu stoppen. Der Entscheid von Richter Nair besagte: »Die Public Trust Doctrine, das Nutznießerrecht, das die Beziehung zur natürlichen Umwelt regelt, beruht auf dem Prinzip, dass gewisse Ressourcen wie Luft, das Meer, Wasser und Wälder für die Bevölkerung einen so wichtigen Wert darstellen, dass es ungerechtfertigt wäre, sie zum Privateigentum zu machen. Die erwähnten Ressourcen sind ein Geschenk der Natur, sie sollen allen unabhängig von ihrer gesellschaftlichen Stellung zugänglich gemacht werden. Das Nutznießerrecht schreibt vor, die Ressourcen für den Bedarf der Öffentlichkeit und zum Schutz des Gemeinwohls offen zu halten und keine eingeschränkte Nutzung, sei es als Privateigentum oder zu kommerziellen Zwecken, zu erlauben. [...]

Unser Rechtssystem – das auf dem englischen Gewohnheitsrecht *(common law)* beruht – beinhaltet auch diesen Grundsatz des Schutzes des Gemeinwohls als Teil der Rechtssprechung. Der Staat ist der treuhänderische Verwalter aller natürlichen Ressourcen, welche ihrem Wesen nach für die Nutzung und das Wohl der Öffentlichkeit gedacht sind. Die Bevölkerung als Ganzes ist Nutznießerin der Meeresküste, des fließenden Wassers, der Luft, der Wälder und des ökologisch gefährdeten Bodens. Der Staat als Treuhänder hat die gesetzliche Verpflichtung, die natürlichen Ressourcen zu schützen. Diese Ressourcen, welche zum allgemeinen Gebrauch bestimmt sind, können nicht in Privateigentum umgewandelt werden.« (Nair 2003, 23)

Am 17. Februar 2004 ordnete der oberste Minister von Kerala unter dem Druck einer wachsenden Bewegung und einer durch die Dürre verschlimmerten Wasserkrise die Schließung des Coca-Cola-Werkes an. Der Sieg der Bewegung von Plachimada war das Resultat von breiten Bündnissen und mehrfachen Strategien. Die lokale Bewegung der Frauen in Plachimada bewirkte die Verankerung der Gemeinschaftsrechte im Wassergesetz. Und sie regte auch Bewegungen gegen die anderen 87 Coca-Cola und Pepsi-Werke an, in denen Wasser übernutzt und verschmutzt wird.

Die Erklärung von Plachimada

»Wasser ist die Grundlage des Lebens; es ist ein Geschenk der Natur; es gehört allen Lebewesen auf der Erde.

Wasser ist kein Privatbesitz. Es ist ein Allgemeingut, das alle zum Leben brauchen.

Wasser ist ein grundlegendes Menschenrecht. Es muss geschützt, bewahrt und verwaltet werden. Es ist unsere Pflicht, Wassermangel und Wasserverschmutzung zu vermeiden und das Wasser für die nächsten Generationen zu erhalten.

Wasser ist keine Ware. Wir sollten uns allen kriminellen Versuchen, Wasser zu vermarkten, zu privatisieren und zu kommerzialisieren widersetzen. Nur so können wir das grundlegende und unveräußerliche Recht auf Wasser für die Menschen auf der ganzen Welt sichern.

Jede Wasserpolitik sollte in diesem Bewusstsein formuliert werden.

Das Recht auf Schutz, Nutzung und Verwaltung von Wasser ist vollständig der lokalen Gemeinde zu übertragen. Das ist die Basis der Wasserdemokratie. Jeder Versuch, dieses Recht abzuschwächen oder zu verweigern, ist ein Verbrechen.

Die Herstellung und Vermarktung der giftigen Produkte der Coca-Cola- und Pepsi-Cola-Unternehmen führen zur totalen Zerstörung und Verschmutzung. Sie gefährden auch die Existenz der lokalen Gemeinschaften.

Der Widerstand, der in Plachimada, Puduchery und an anderen Orten der Welt aufkam, ist ein Symbol unseres mutigen Kampfes gegen die teuflischen Unternehmensbanden, die unser Wasser rauben.

Wir sind solidarisch mit dem Kampf der Adivasi, welche Widerstand gegen die Folter der abscheulichen kommerziellen Kräfte in Plachimada aufgebaut haben, und rufen die Menschen in aller Welt auf, die Produkte von Coca-Cola und Pepsi-Cola zu boykottieren. Coca-Cola und Pepsi: Raus aus Indien!‹«

Plachimada belebte den lokalen Widerstand auf der ganzen Welt. Im Mai 2004 trafen sich in Delhi Gruppen aus ganz Indien, welche sich gegen die Wasserausbeutung wehrten. Sie koordinierten ihre Aktionen in einer Boykottkampagne »Coca-Cola, Pepsi Quit India«.

Jedes der Cola-Werke ist ein potenzielles Plachimada.

Coca-Cola eröffnete 1999 einen Betrieb in Kaladere, Jaipur, der Hauptstadt der Provinz Rajasthan. Der Wasserspiegel ist seither von 12 auf 40 Meter gesunken, Brunnen sind versiegt, Handpumpen unnütz geworden. Es kam deswegen zu Protesten gegen Coca-Cola. In einem viel beachteten Prozess verbot das Hohe Gericht von Rajasthan den Cola-Giganten den Verkauf ihrer Getränke, weil sie sich weigerten eine Liste der Inhaltsstoffe zu veröffentlichen. Die Rechtshilfeorganisation Center for Public Interest Litigation hatte durch ihren Anwalt Prashant Bhushan eine Klageschrift eingereicht, welche die volle Offenlegung der Zutaten verlangte, und zwar auf der Basis der Giftrisiken der Getränke. Coca-Cola und Pepsi klagten beim Obersten Gericht Indiens gegen den Entscheid von Rajasthan. Doch das Oberste Gericht wies die Klage ab und forderte ebenfalls, das Produktionsverfahren offen zu legen. Damit bleiben die Softdrinks in dieser Region zunächst verboten.

Am 2. Dezember 2004, dem 20. Jahrestag der Bhopal-Tragödie, stellte eine große Konferenz zum Thema »Entgiftung« die Verbindung her zwischen dem giftigen Leck in der Pestizidfabrik der Union Carbide im Jahr 1984, der andauernden Verbreitung von Giftstoffen in der Landwirtschaft durch Pestizide, Herbizide und GVO und den Giftstoffen in den von Coca-Cola und Pepsi verkauften Süßgetränken, die, wie die Bauern gezeigt haben, selber als Pestizide wirksam sind.

In Mehdiganj, 20 Kilometer außerhalb der heiligen Stadt Varanasi im nordindischen Uttar Pradesh, protestiert die Dorfbevölkerung gegen das Coca-Cola-Werk. Der Wasserspiegel ist um 12 Meter gefallen und die Felder rund ums Werk sind verschmutzt. Am 10. Mai 2003 haben 100 Menschen demonstriert und Jagrupa Devi, eine ältere Frau, musste mit einer blutigen Kopfverletzung ins Spital transportiert werden. Am 10. September 2003 protestierten 500 Menschen; 14 wurden verletzt und 76 wurden verhaftet. Im Oktober 2003 wurde wegen Wasserraubs Klage gegen Coca-Cola eingereicht. Am 20. Januar 2005 blockierten Tausende von Menschen die Coca-Cola- und Pepsi-Werke in ganz Indien und forderten die Cola-Giganten auf, den Wasserraub zu stoppen. Hunderte von Schulen und Universitäten erklärten sich zu »Coke- und Pepsi-freien Zonen«.

Beim Aufbau der Erd-Demokratie ist es wichtig, zuerst für seine eigene Freiheit tätig zu werden. Rechte entstehen aus der Übernahme von Verantwortung. Freiheit wächst, wenn man frei lebt.

Wasserdemokratie in Delhi schaffen

Die indische Hauptstadt Delhi ist über Jahrhunderte hinweg vom Fluss Yamuna gespiesen worden. Ein Dichter aus dem 16. Jahrhundert, Sant Vallabhacharya, schrieb die *Yamunastakam* als Lob auf diesen Fluss:

> »Ich verbeuge mich freudig vor Yamuna, der Quelle aller spirituellen Fähigkeiten.
> Du bist reich gesegnet mit zahllosen Sandkörnern, die glänzen von der Berührung des lotusfüßigen Krishna.
> Dein Wasser duftet angenehm von den wohlriechenden Blüten der frischen Blumen, die in den blühenden Wäldern an deinen Ufern wachsen.
> Du hast die Schönheit von Krishna, Cupidos Vater, welcher von Göttern und Dämonen verehrt wird.
> Du stürzt hernieder vom Kalindagebirge und deine Wasser sind hell vom weißen Schaum.

Begierig nach Liebe strömst du weiter, auf und ab durch das Flussgestein.

Deine erregten wogenden Bewegungen schaffen Melodien und Lieder, und es ist, als ob du auf einer Sänfte der Liebe dich wiegst.

Ehre sei dir, Yamuna, Tochter der Sonne, welche die Liebe für Krishna vermehrt.

Du bist herabgestiegen, um die Erde zu reinigen.

Papageien, Pfaue, Schwäne und andere Vögel dienen dir mit ihren Söhnen wie gute Freunde.

Deine Wellen sind wie bereifte Arme und deine Ufer wie schöne Hüften, geschmückt mit glitzerndem Sand statt perlmuttbesetztem Geschmeide.

Ich verbeuge mich vor dir, vierte Geliebte von Krishna.

Unendlich ist deine Güte und du bist gepriesen von Shiva, Brahma und anderen Göttern.« (Sinha 2003, 37)

Zwei Jahrzehnte der Industrialisierung haben aus dem Yamuna-Fluss ein giftiges Abwasser gemacht. Statt die Verschmutzung zu stoppen, hat die Weltbank den durch die Verschmutzung entstandenen Wassermangel genutzt, um die Regierung von Delhi zur Privatisierung der Wasserversorgung zu drängen; auch soll jetzt Wasser vom Tehri-Stausee am Ganges geholt werden, aus Hunderten von Kilometern Entfernung. Ein privatisiertes Wasserwerk, das für eine Milliarde Rupien hätte gebaut werden können, kostete die öffentliche Hand 7 Milliarden.

Im Zentrum der Privatisierung von Delhis Wasserversorgung steht die Trinkwasseraufbereitungsanlage von Sonia Vihar. Dieser Betrieb, der am 21. Juni 2002 eröffnet wurde, kostete 1,8 Milliarden Rupien und hat eine Kapazität von 635

Millionen Liter pro Tag; das Wasserwerk wurde nach dem Geschäftsmodell BOT (Build Operate Transfer) erstellt; in den ersten 10 Jahren wird den privaten Bauherren der größte Teil der ganzen Verantwortung für Bau und Betrieb überlassen. Der Vertrag zwischen dem Delhi Jar Board, der für die Wasserversorgung zuständigen Behörde Indiens, und dem französischen Konzern ONDEO Degrémont (eine Tochterfirma von Suez-Lyonnaise des Eaux, dem Wassergiganten der Welt) sollte der Stadt sauberes Trinkwasser garantieren.

Das Wasser für die Suez-Degrémont-Anlage stammt aus dem Tehri-Stausee und wird durch den Oberen Ganges-Kanal nach Muradnagar in West Uttar Pradesh und von hier durch eine riesige Pipeline nach Delhi geleitet. Der Obere Ganges-Kanal, der in Haridwar beginnt und das heilige Wasser des Ganges via Muradnagar nach Kanpur trägt, ist die hauptsächliche Wasserquelle der Region.

Suez bringt keine privaten ausländischen Investitionen ins Land. Der Konzern eignet sich öffentliche indische Investitionen an. Die Partnerschaften zwischen öffentlicher Hand und privaten Unternehmen, so genannte Public Private Partnerships, sind in Wirklichkeit private Aneignungen von öffentlichen Investitionen. Aber die finanziellen Kosten des Projekts sind nicht einmal die höchsten. Die wirklich hohen Kosten sind die sozialen und ökologischen.

Der Ganges wird also durch die ökologischen Auswirkungen des Dammbaus und die Ableitung von Wasser von einem Fluss des Lebens in einen Fluss des Todes umgewandelt. Der Tehri-Damm im äußeren Himalaja, im Tehri-Garhwal-Distrikt von Uttaranchal soll der fünfthöchste Damm der Welt werden. Er wird 260,5 Meter hoch sein, eine Seefläche von 45 Quadratkilometern haben und sich über weite Teile des Bhagirathi- und des Bhilangana-Tales erstrecken. Der Damm wird 4200 Hektar des fruchtbarsten flachen Bodens in diesen Tälern überschwemmen, ohne dass die Region irgendwelchen Nutzen davon hätte.

Dazu kommt, dass die Gegend erdbebengefährdet ist und der riesige Tehri-Damm genau in einer seismischen Störungszone liegt. Zwischen 1816 und 1991 gab es im Garhwalgebiet 17 Erdbeben; zuletzt etwa 1991 in Uttarkashi und 1998 in Chamoli. Die Internationale Kommission für große Staudämme erklärte, der geplante Standort für den Damm sei »extrem risikoreich«.

Wenn der Damm wegen eines Erdbebens bricht – oder aus einem anderen Grund, zum Beispiel wegen eines Erdrutsches – wird die Verwüstung unvorstellbar sein. Das riesige Reservoir wird in 22 Minuten geleert werden. Innerhalb einer Stunde wird die Stadt Rishikesh unter 260 Metern Wasser verschwinden. In den nächsten 23 Minuten wird Haridwar unter 232 Metern Wasser versinken. Bijnor, Meerut, Hapur und Bulandshahar werden innert 12 Stunden unter Wasser sein (Singh / Banerjee 2002, 18). Der Damm ist potenziell eine Gefahr für große Teile von Nordwestindien, und große Flächen der Ganges-Ebene sind von der Verwüstung bedroht (Shiva / Jalees 2005).

Bereits jetzt steigt der Schlick schneller als das gestaute Wasser. Man schätzt, der Damm werde wegen der großen Ablagerungen höchstens eine Lebensdauer von 30 Jahren haben. Der Tehri-Damm wird Schlick stauen, nicht Wasser und er wird Fluten schaffen, statt sie zu verhindern.

Auch die Ableitung von Flusswasser ist eine Katastrophe. Die weitgehende Trockenlegung des Ganges im Hochsommer 2003 war ein Experiment – eine Vivisektion unserer lebendigen Flüsse und unserer lebendigen Kulturen. Angeblich geschah es, um die *ghats* (heilige Badestellen der Hindus) von Haridwar zu reinigen; aber eigentlich ging es darum, zu prüfen, wie viel Gewalt wir als Gesellschaft als stumme Zeugen unserer eigenen Zerstörung tolerieren. Die Bevölkerung von Uttaranchal, Uttar Pradesh und Delhi kann dieses Experiment nun zu ihren Gunsten nutzen; sie kann sicherstellen, dass unsere Leben spendenden Flüsse nicht als Ware kommerzialisiert, sondern gemeinschaftlich, gerecht und nachhaltig genutzt werden.

Die Bewohner von Tehri können für die Entwurzelung ihres Lebens nie entschädigt werden. Die Frauen halten immer noch ihren Sitzstreik und weigern sich zu gehen, obwohl die Regierung Baufirmen beauftragt hat, ihre Häuser abzubrechen, um die Leute zum Wegzug zwingen. Alle lokalen Wasserentwicklungsprojekte im Auffangbereich des Dammes wurden gestrichen mit der Begründung, dass die Regierung kein Geld habe, außerdem müsse jeder Tropfen Ganges-Wasser in den Stausee fließen. An die 100 Frauen sollen im Pratar-Nagar-Gebiet wegen Wassermangels Selbstmord begangen haben, obwohl der Ganges unterhalb ihrer Dörfer durchfließt. Wie eine der Frauen erklärte: »Die Ganga war unsere Mutter, jetzt ist der Fluss unser Friedhof.« Die Privatisierung verweigert der lokalen Bevölkerung ihre Wasserrechte und den Zugang zu Wasser.

Am 1. Dezember 2004 wurden in Delhi die Wassergebühren erhöht. Die Regierung erklärte, die Erhöhung sei nötig, um die Kosten für Betrieb und Unterhalt der Wasserversorgung zu decken. Doch die Gebührenerhöhung ist zehnmal mehr als das, was die Versorgung wirklich kostet. Die Erhöhung soll das Terrain für die Privatisierung von Delhis

Wasserversorgung vorbereiten und den zukünftigen privaten Betreibern Superprofite sichern. Die Gebühren vor einer Privatisierung zu erhöhen ist Teil der Weltbankpolitik. Als Vorbereitung für eine volle Privatisierung erhöht die Public Private Partnership die Gebühren für öffentliche Dienstleistungen, um einen »wirtschaftlichen Betrieb zu unterstützen«, das heißt, um die Gewinnmargen zu sichern. Dienstleistungs- und Verwaltungsverträge können eingeführt werden, während die Regierung die Gebühren erhöht. Die Gebührenerhöhung ist keine demokratische oder notwendige Entscheidung. Sie wurde von der Weltbank gefällt. Die Wasserbehörde von Delhi zitierte zur Rechtfertigung der Gebührenerhöhung aus einer Studie, welche die Wirtschaftsberatungsgesellschaft Pricewaterhouse Coopers unter Aufsicht der Weltbank verfasst hatte, und dazu aus einem technischen Papier der Weltbank über die Festsetzung von Wasserpreisen (World Bank 1997).

Delhis Budget für den Betrieb und Unterhalt der Wasserversorgung beträgt jährlich 3,44 Milliarden Rupien. Der staatliche Betreiber hat 2,7 Milliarden Rupien Einnahmeverluste wiedergutmachen können, die er wegen Lecks und Diebstahl erlitten hatte. Eine Konferenz über »Public Public Partnership«, also über kommunale Zusammenarbeit, zeigte, dass Öffentlichkeit und Gemeinden durch die Vermeidung von Lecks und Diebstahl weitere 5 Milliarden Rupien zurückholen könnten. Wenn durch das direkte Engagement der Leute Lecks und Diebstähle vermieden werden, kann die öffentliche Versorgung sowohl die Verfügbarkeit von Wasser als auch die Einnahmen erhöhen. Diese 7 bis 8 Millionen Rückgewinnung ist zweimal mehr, als es braucht, um das Wassersystem zu betreiben und zu unterhalten.

Doch die Gebührenerhöhung wird einen Gewinn von 30 Milliarden Rupien bringen, zehnmal mehr als benötigt, und einen Profit von über 26,66 Milliarden Rupien abwerfen. Dieses Geld geht an die Unternehmen, die nur darauf warten, sich Delhis Wasserversorgung zu schnappen. Überdies ist noch eine zehnprozentige Spezialerhöhung in die Gebührenrestrukturierung eingebaut, was den Gewinn für die Wasserprivaten innert 7 Jahren verdoppeln wird. Dieser Profit wird nicht durch bessere Leistungen erkauft, sondern indem die finanzielle Last für die Bevölkerung verdoppelt wird.

Begriffsänderungen verbergen wichtige Abgabeerhöhungen. Schulen und die Landwirtschaft werden neu als Industrie definiert. *Piaos,* freie öffentliche Wasserstände, welche ein Herzstück der großzügigen indischen Wasserkultur bilden, müssen nun auch für ihr Wasser zahlen. Wie können sie so den Durstigen gratis Wasser geben? Kremationsanlagen, Tempel, Heime für Behinderte und Waisenhäuser, welche bisher pauschal 30 Rupien zahlten, werden jetzt mehrere tausend Rupien zahlen müssen. Diese finanziell unterdotierten sozialen Institutionen können nicht zahlen. Doch die von der Weltbank geförderten Reformen befürworten ausdrücklich einen Wechsel vom sozialen hin zum kommerziellen Wert. Diese Weltsicht ist die Wurzel des Konfliktes zwischen der Wasserprivatisierung und der Wasserdemokratie.

Viele Privatisierungsmythen sind eingesetzt worden, um die Abgabenerhöhungen zu rechtfertigen. Der erste Mythos ist derjenige der vollen Kostendeckung. Die Logik der Privaten besagt, die Wassergebühren müssten erhöht werden, damit die ganzen Kosten der Wasserversorgung gedeckt würden. Wenn man sich den Betrieb genau anschaut, beinhaltet die Gebührenerhöhung eine »zehnfache Kostendeckung«.

Und wie wir gesehen haben, investieren die privaten Betreiber nicht. Investitionen werden von der öffentlichen Hand getätigt; das war sowohl historisch beim Aufbau der Wassersysteme so, als auch unter den Bedingungen der Weltbank-Darlehen, welche die Privatisierung erzwingen. Die Privatbetreiber haben keinerlei Investition getätigt, aber sie werden von einer Billion Rupien (rund 20 Millionen Euro) aus öffentlichen Investitionen profitieren. Wenn man deshalb die ganzen Kosten in Rechnung zieht, hat die Öffentlichkeit die Investitionen getätigt, und die Wasserversorgung muss unbedingt als Allgemeingut in öffentlicher Hand bleiben.

Der zweite Mythos der Wasserprivatisierung verspricht, die Dienstleistungen an die Armen zu verbessern. Doch Delhis neues Wasser aus dem Sonia-Vihar-Werk wird in die reichen Quartiere im Süden fließen, nicht in die Slums. Auch die Behauptung, die Armen würden als »Überlebenshilfe« 40 Liter Wasser im Tag gratis erhalten, stimmt nicht. In der neuen Abgabestruktur werden von jedermann 40 Rupien Pauschalgebühr verlangt, sogar in den Slums, wo die Häuser keine Wasseranschlüsse haben.

Ein dritter Mythos macht glauben, erhöhte Gebühren führten zu niedrigerem Verbrauch. Dieser Mythos folgt aus einer anderen unbelegten Annahme: Dass Wasserverschwendung da stattfinde, wo das Wasser nicht zum Marktpreis verkauft wird. Frauen, die 15 Kilometer gehen, um Wasser zu holen, verschwenden keinen Tropfen, auch wenn sie ihr Wasser nicht durch Markttransaktionen erstehen. Und die Reichen können trotz erhöhten Gebühren Wasser verschwenden, weil die Erhöhung im Vergleich zu ihrem Einkommen unbedeutend ist. Die Privatisierung belohnt die Verschwendung. Das Angebot, den reichen Quartieren Wasser rund um die Uhr anzubieten, ist eine Aufforderung zur Verschwendung. Dieses Wasser wird nicht bloß auf Kosten der armen Bevölkerung in Delhi, sondern auch anderer Regionen abgezogen.

Delhis wachsender Wasserverbrauch hat bereits zu Ableitungen von Wasser aus anderen Regionen geführt. Delhi bezieht heute 455 Millionen Liter vom Ganges. Zusammen mit dem Bedarf des Sonia-Vihar-Werkes, welches 635 Millionen Liter schluckt, werden also jeden Tag 1090 Millionen Liter aus dem Ganges abgeführt. Weitere Ableitungen von 3 Milliarden Kubikmeter Wasser vom Ganges sind im Flussverbindungsprojekt von Sharda und Yamuna vorgesehen. Delhi verlangt außerdem 180 Millionen Liter täglich vom Dhakra-Damm im Pandschab. Wasser wird dazu vom Renuka-Damm am Fluss Giri (1,25 Milliarden Kubikmeter täglich) und vom Keshau-Damm am Fluss Tons (610 Millionen Kubikmeter pro Tag) nach Delhi abgeleitet.

Die Ableitungen werden kolossale ökologische und soziale Kosten haben. Am 13. Juni 2005 wurden fünf Bauern erschossen, die gegen die Ableitung des Wassers vom Bisalpur-Damm in die Stadt Jaipur, ein Projekt der Asiatischen Entwicklungsbank, protestierten. Die gigantische Ableitung von Wasser durch die Reichen in Delhi könnte größere Wasserkriege auslösen.

Eine Wasserdemokratie aufbauen heißt Bündnisse aufbauen. Als am 2. Juni 2002 eine Werbung für die Einweihung des Sonia-Vihar-Werkes der Firma Suez erschien, begann ich Bürgergruppen in Delhi und Volksbewegungen entlang dem Ganges zu kontaktieren. Jede dieser Gruppierungen half, den Rahmen des Kampfes gegen die Privatisierung zu bestimmen und jedes Anliegen wurde wichtig für den Widerstand. Die

100 000 Menschen, die durch das Tehri-Projekt vertrieben wurden, waren verbunden mit den Millionen von Indern, die die Ganga für heilig halten, die wiederum fühlten sich verbunden mit den Bauern, deren Boden und Wasser für die Großprojekte enteignet würden. Millionen unterschrieben »Unsere Mutter Ganga steht nicht zum Verkauf«. Am Weltwassertag 2003 machten wir eine *jal swaraj yatra*, eine Wasserdemokratie-Reise zum Ganges, und wir organisierten verschiedene Pilgerfahrten an den Fluss, um die lebendige Kultur der heiligen Ganga zu erneuern. Eine Million Menschen wurden erreicht; 150 000 unterschrieben auf einem 100 Meter langen »Fluss« aus Tuch, um gegen die Privatisierung zu protestieren. Die Regierungen von Uttaranchal (dem Standort des Tehri-Dammes) und von Uttar Pradesh (von wo Wasser abgeleitet werden soll) weigerten sich, dem Suez-Werk in Delhi Wasser zu liefern.

Wir brauchen keine Privatisierung und keine Flussableitungen, um das Wasserproblem von Delhi zu lösen. Wir haben gezeigt, dass mit einer gerechten Verteilung und einer Kombination aus Umweltschutz, Recycling und reduziertem Verbrauch der Wasserbedarf der Großstadt lokal gedeckt werden kann. Wir brauchen Demokratie und Umweltschutz. Die Anfänge für eine Wasserdemokratie-Bewegung in Delhi sind gemacht. Nun müssen wir sie unterstützen, um das Wasser als Allmende und Gemeingut zurückzugewinnen.

Bürgerfront für Wasserdemokratie

»Die Bürger von Delhi verpflichten sich zum Schutz und zu einer gerechten Nutzung unserer knappen, aber wertvollen Wasserressourcen.

Wir verpflichten uns außerdem, das grundlegende

Recht auf Wasser zu verteidigen, welches allein durch ein öffentliches System garantiert werden kann, welches Wasser als öffentliches Gut und wichtige Dienstleistung behandelt. Unser Recht auf Wasser begründet unser Versprechen, das Wasser für alle zugänglich zu halten.

Wir verurteilen die antidemokratische, ungerechtfertigte Gebührenerhöhung, die durch die Regierung von Delhi am 30. November 2004 angekündigt worden ist. Sie ist eine Vorbereitung auf die Privatisierung.

Bürger haben Modelle für öffentlich-öffentliche Partnerschaften angeboten, um Verschwendung und Kosten zu vermindern und sicheres, sauberes, erschwingliches Wasser für alle zu liefern.

Die Gebührenerhöhung, welche vom Delhi Jal Board nach dem Diktat der Weltbank vorgenommen wurde, wird die Verschwendung bei den Reichen fördern und die Armen zusätzlich belasten. Diese ›Rationalisierung‹ passt vielleicht zur Rationalität der Weltbank, die den letzten Tropfen Wasser privatisieren und kommerzialisieren will. Doch das geht gegen unsere Kultur und unsere verfassungsmäßigen Rechte.

Die Regierung und die Weltbank ebnen für multinationale Unternehmen wie die Suez den Weg zur Kontrolle über unser Wasser. Der Vertrag für das Sonia-Vihar-Werk wurde bereits an Suez-Degrémont vergeben. Mit der Gebührenerhöhung wird ein profitabler ›Wassermarkt‹ für die Multis geschaffen.

Als ganz neue Bürgerallianz, die aus Stadtbewohnern, Umweltschützern, religiösen Gruppen, Gesundheitsbewegungen und Angestellten der Wasserwerke zusammengesetzt ist, wollen wir weiterhin konstruktiv zusammenarbeiten bei der Verteidigung von ›Wasser zum Leben, nicht für Profit‹. Wir werden nicht zulassen, dass man uns das Wasser entführt. Wir lassen uns unsere demokratischen Rechte nicht nehmen. Wir wollen nicht, dass das fundamentale Recht auf Zugang zu Wasser geschwächt wird.

Zu diesem Zweck haben wir am 1. Dezember 2004 als Antwort auf die Ankündigung der Gebührenerhöhung die Citizens Front for Water Democracy (›Bürgerfront für Wasserdemokratie‹) gegründet.«

Flussumleitung: das Traumprojekt der Wasserpiraten

Frei fließende Flüsse sind frei in dem Sinn, dass sie keine Kapitalinvestitionen brauchen, nicht eingedämmt sind, und dass ihr Wasser für alle frei zugänglich ist. Wasser, welches in Dämme und Kanäle eingeschlossen wird, ist gefangenes Wasser. Es kann privatisiert, kommerzialisiert, gekauft, verkauft und von den Mächtigen kontrolliert werden. Das große, 200 Milliarden Rupien teure Flussverbindungsprojekt Indiens (River Linking Project), welches zum Teil von der Weltbank unterstützt wird, ist ein Schlüsselvorhaben für die Privatisierung des Wassers und die Einhegung der indischen Wasser-Allmende.

Das River Linking Project besteht aus zwei großen Teilen: dem Himalaja-Projekt und dem Halbinsel-Projekt. Der Himalaja-Teil besteht aus 14 Flussverbindungen und kostet schätzungsweise 3,75 Billionen Rupien; der Halbinsel-Teil hat 16 Verbindungen und kostet 1,85 Billionen Rupien.

Der Himalaja-Teil

Verbindung Kosi–Mechi

Verbindung Kosi–Ghaghra

Verbindung Gandak–Ganga

Verbindung Ghaghra–Yamuna

Verbindung Sarda–Yamuna

Verbindung Yamuna–Rajasthan

Verbindung Rajasthan–Sabarmati

Verbindung Chunar–Sone Barrage

Verbindung Sone Dam–südliche Zubringer der Gangesverbindung

Verbindung Brahmaputra–Ganga (Manas-Sankosh Tista–Ganga)

Verbindung Brahmaputra–Ganga (Jogighopa Tista–Farakka)

Verbindung Farakka–Sunderbans

Verbindung Ganga–Damodar–Sundernarekha

Verbindung Subernarekha–Mahanadi

Der Halbinsel-Teil

Verbindung Mahanadi (Manibhadra)–Godavari (Dowlaiswaram)

Verbindung Godavari (Polavarm)–Krishna (Vijayawada)

Verbindung Godavari (Inchampalli)–Krishna (Nagarjunasagar)

Verbindung Godavari (Inchampalli Low Dam)–Krishna (Nagarjunasagar Tail Pond)

Verbindung Krishna (Nagarjunasagar)–Pennar (Somasila)

Verbindung Krishna (Srisailam)–Pennar

Verbindung Krishna (Almatti)–Pennar

Verbindung Pennar (Somasila)–Cauvery (Grand Anicut)

Verbindung Cauvery (Kattalai)–Vaigai (Gundar)

Verbindung Parbati–Kalishindh–Chambal

Verbindung Damanganga–Pinjal
Verbindung Par-Tapi–Narmada
Verbindung Ken–Betwa
Verbindung Pamba–Achankovil–Vaippar
Verbidnung Netrreavati–Hemavati
Verbindung Bedti–Varda

Sogar die geschätzten Mindestkosten von 5,6 Billionen Rupien entsprechen einem Viertel des jährlichen Bruttoinlandproduktes Indiens. Sie sind zweieinhalb Mal so hoch wie die jährlichen Steuereinnahmen oder zweimal so viel wie die Fremdwährungsreserven. Die Kosten dieses Projekts sind gemäß einer ökonomischen Studie der Regierung von 2001/2002 höher als Indiens ganze Bruttoersparnisse, und 12 Milliarden Dollar höher als Indiens insgesamt ausstehende Auslandschuld (Shiva / Jalees 2004, 1). Woher soll Kapital in dieser Größenordnung kommen?

Die einzige Möglichkeit wären Finanzmittel aus internationalen Quellen. Eine solche Finanzierung würde eine Schuld von etwa 112 Dollar für jeden Inder bedeuten – das sind 20 Prozent des durchschnittlichen jährlichen Einkommens. Die jährliche Zinslast würde zwischen 200 und 300 Milliarden Rupien betragen. Es stellt sich auch die Frage, wie dieses Darlehen zurückbezahlt werden könnte und was für Garantien zu seiner Sicherung nötig sind (Shiva / Jalees 2004, 2).

Auslandschulden dieser Größenordnung würden auch zukünftige Regierungen von finanziellem Druck aus dem Ausland abhängiger machen. Das sind bedrohliche Aussichten. Was, wenn das Projekt mit großem Trara gestartet wird und Dutzende von Millionen investiert werden, und dann, sobald die finanziellen Folgen klar sind, eine zukünftige Regierung das Vorhaben aufgeben muss? Milliarden von Kubikmetern ausgebaggerter Erde würden zurückbleiben und die Landschaft auf Jahrhunderte hinaus verschandeln. In diesem Szenario bliebe als einzige Alternative die Übergabe des Projekts – und die gesamten Wasserressourcen des Landes – an multinationale Konzerne.

Die Research Foundation for Science, Technology and Ecology (RFSTE) hat die erste Flussverbindung – Ken–Betwa –, welche durch die Weltbank finanziert wird, untersucht. Zum Flussverbindungsprojekt Ken–Betwa gehört der Bau eines 73 Meter hohen Dammes am Ken in Bundelkhand, an der Grenze zwischen dem Chhattarpur und dem Panna Distrikt, und ein 231 Kilometer langer Kanal, welcher den Ken und den Betwa verbinden wird. 75 Prozent der geschätzten Kosten von 20 Milliarden Rupien werden in den nächsten 25 Jahren von den lokalen Bauern durch irgendwelche Steuern eingetrieben werden. Darum propagiert die Regierung Saaten, welche viel Wasser brauchen, und erhöht dann die Wassersteuern (Shiva / Mishra 2004, 1–6).

50 Quadratkilometer des Panna-Tiger-Nationalparks würde durch dieses Flussverbindungsprojekt unter Wasser gesetzt. Dieser Nationalpark, durch welchen der Ken fließt, ist die natürliche Umgebung für 10 bedrohte Arten, welche im indischen Naturschutzgesetz Wildlife Protection Act von 1972 aufgeführt sind. Dieses Verbinden und Umleiten von Wasserwegen wird nicht nur diese Tierarten beeinträchtigen, sondern auch die Vegetation, da Hunderttausende von Bäumen gefällt würden.

Das Projekt umfasst insgesamt fünf Dämme – einer am Ken und vier am Fluss Betwa –, welche etwa 18 Dörfer überschwemmen würden. Alle fünf Dämme sollen im Waldschutzgebiet gebaut werden. Die vier Dämme am Betwa würden etwa 800 Hektar Wald ersäufen.

Die indische Regierung will etwa 1 Milliarde Kubikmeter Wasser zum Betwa umleiten, doch die für Bewässerung zuständigen Behörden in Uttar Pradesh und Madhya Pradesh meinen, dass der Ken nicht so viel Wasser hat. Das Ziel der Regierung, Wasser von so genannten Überschussgebieten in wasserarme Gegenden umzuleiten, kann nicht realisiert werden. Dazu kommt: Da der Ken kein überschüssiges Wasser hat und der Betwa genug Wasser, würde dieser Eingriff in beiden Flussgebieten die Dürre oder die Überflutung verstärken.

Rein rechnerisch scheint der Plan aufzugehen – Wasser, das gespeichert wurde, wird zurückgegeben. Doch in Wirklichkeit wird das Wasser während der Dürrezeit entzogen und fließt während Überschwemmungen zurück und verschlimmert so beide Extremzustände. Die Studie des RFSTE zeigt: Der Versuch, den Verbindungskanal zu füllen, würde die Dürre in 40 Dörfern verschärfen, was 75 000 Hektar Land im Distrikt von Banda betreffen würde, und 200 Dörfer überschwemmen, was 400 000 Hektar Land im Distrikt von Hamirpur verwüsten würde. Doch auch so noch würde der Kanal im Sommer während vier Monaten trocken bleiben. Einzigartige Fischarten, welche man in ganz Indien unter dem Namen des Teiches oder Sees kennt, in dem sie leben, würden verloren gehen. 5000 Fischer in Chhattarpur und 15 000 in Tikamgarh, deren Einkommen von der Fischerei abhängt, wären von schweren Hungersnöten bedroht.

Auf Druck der Wasserdemokratie-Bewegung im Bundelkhand-Gebiet weigerte sich die Regierung von Uttar Pradesh, Wasser vom Fluss Ken abzuleiten, und die Bevölkerung des Ken-Beckens will dem Flussverbindungsprojekt entschieden Widerstand leisten. Jedes Dorf im ganzen Flussbecken hat eine Resolution verabschiedet, die das Wasser zum Allgemeingut erklärt. Jeder Wasserplan und jedes Wasserprojekt müsse die Rechte der Gemeinden respektieren.

Der Ken–Betwa-Verbindungskanal würde durch Gebiete mit 500 Jahre alten Bewässerungssystemen führen. Ein Distrikt, der einen neuen Bewässerungskanal erhalten würde, ist Tikamgarh; aber dieses Bauwerk würde durch die Teiche führen, die von den Königen der Chandela- beziehungsweise der Bundela-Dynastien gebaut wurden. Außerdem ist Tikamgarh bereits heute eines der am besten bewässerten landwirtschaftlichen Gebiete in ganz Bundelkhand.

Am 23. Juni 2003 organisierten wir in Orchha ein Wasserparlament, um die Kampagne für Nichtzusammenarbeit gegen das Flussverbindungsprojekt zu lancieren. Die ganze Gegend wurde vom Geist der Wasserdemokratie angesteckt. Ein Aktivist vor Ort sagte zu mir: »Sie haben Irak mit Bomben zerstört. Aber Patente auf Saatgut und Ableitungen von Flüssen sind auch Waffen, die uns zerstören. Darum müssen wir Widerstand leisten.« Abseits vom grellen Licht der globalen Medien machen ganz gewöhnliche Menschen Geschichte. Sie rufen nicht zur Bewaffnung auf, um ein brutales Imperium zu bekämpfen, sondern sie nehmen ihr Leben selbst in die Hand – ihre Ressourcen, ihre Kulturen, ihre Wirtschaft. Sie besiegen das Imperium, indem sie ihm den Rücken zukehren, seine Instrumente und seine Logik abweisen, seine Fesseln und seine Diktatur abwerfen.

Freiheit wird in unseren Dörfern neu geboren, sie wächst aus unserer Mitte. Die Fackel der Freiheit wird vom Volk in friedlicher Zusammenarbeit getragen. Militärkräfte können uns keinen Frieden bringen. Das konnten sie noch nie.

Der Weltbank-Ökonom David Pearce ist der Meinung, dass die Ökonomisierung unseres rasch verschwindenden Naturreichtums den wirksamsten Ressourcenschutz darstellt. Selbst er musste kürzlich an einer Diskussion zugeben, dass die ökologische Krise schlimm ist und sich ständig verschlimmert. Doch Pearce tritt weiterhin für die Privatisierung des Wassers, die Kommerzialisierung des Lebens und die Globalisierung der Landwirtschaft ein. »Große Probleme brauchen große Lösungen«, sagt er (Pearce 2006).

Doch wie Gandhi in seinem Leben zeigte, und wie wir es auch in der Erd-Demokratie erleben, braucht es in Zeiten der Diktatur und der totalitären Herrschaft gerade kleine Antworten, weil die großen Strukturen und Prozesse von den herrschenden Mächten kontrolliert werden. Das Kleine wird mächtig beim Aufbau von lebendigen Kulturen und lebendigen Demokratien, weil Millionen kleine Siege feiern können. Das Großangelegte stellt sich als wenig ergiebig heraus, wenn es um Alternativen für die Einzelnen geht. Und das Kleine wirkt großartig bei der Entfesselung der Energien der Menschen.

Gandhi fällte das Britische Imperium nicht mit Kanonen und Armeen, die denen der imperialen Kräfte ebenbürtig gewesen wären. Er tat es mit einer Prise Salz und einem Spinnrad. Als die Engländer die Salzsteuer einführte, organisierten wir den Marsch ans Meer nach Dandi. Wir sammelten Salz und sagten: »Die Natur gibt uns das gratis. Wir brauchen es für unser Überleben. Wir werden weiterhin unser eigenes Salz herstellen. Wir werden den Salzgesetzen nicht gehorchen.« Als die indische Textilindustrie durch die Engländer zerstört wurde, rief Gandhi nicht zur Industrialisierung von Indiens Textilproduktion auf. Er holte ein Spinnrad hervor. Und er sagte: »Alles, was Millionen von Menschen gemeinsam tun können, birgt Macht.« Das Spinnrad wurde zum Symbol dieser Macht.

Für uns sind das Saatgut, unsere Flüsse, unsere tägliche Nahrung die Orte, an denen wir unsere wirtschaftliche, politische und kulturelle Freiheit zurückfordern. Denn dies sind die Orte, die das Wirtschaftsimperium in unserem Leben besetzt. Wir wissen, dass die Schaffung von lebendigen Wirtschaftsformen mit Selbstverwaltung, von lebendigen Demokratien mit Selbstbestimmung auch heißt, dass wir die Pflicht haben und den Mut aufbringen müssen, die ungerechten Gesetze zu missachten, welche Selbstregierung, Selbstversorgung und Selbstbestimmung illegal machen. Bauern werden zu Wirtschaftssklaven gemacht, wenn das Zurückhalten von Saatgut illegal wird. Die Armen werden durch Privatisierungsverträge auf den Wassermarkt gezwungen. Wir alle werden durch Gesetze, welche die lokale Produktion und Verarbeitung zerstören, in einen Nahrungsfaschismus gedrängt.

Wenn wir diese illegalen und illegitimen Gesetze, Strukturen und Regeln akzeptieren, verlieren wir unsere Freiheit – unsere lebendigen Kulturen und Demokratien. Wie Gandhi uns gelehrt hat, kann Freiheit nur dann erlangt werden, wenn wir die Zusammenarbeit mit ungerechten und unmoralischen Gesetzen verweigern. Der Kampf für die Wahrheit – nach den Prinzipien des zivilen Ungehorsams, der Gewaltlosigkeit und der Nichtzusammenarbeit – ist nicht nur unser Recht als freie Bürger von freien Ländern. Es ist auch unsere Pflicht als Bürgerinnen und Bürger der Erde.

Die Wirtschaftsglobalisierung und der Militarismus gehen Hand in Hand. Und beide werden uns durch Propaganda und in einem Krieg gegen die Wahrheit als Rezepte für unsere Sicherheit angeboten. Auch Monsanto muss einen Krieg gegen die Wahrheit führen, um uns unnötiges, unzuverlässiges und genetisch verändertes Saatgut anzudrehen. Coca-Cola muss der Wahrheit den Krieg erklären, um unser Wasser zu stehlen. Die US-Regierung muss der Wahrheit den Krieg erklären, um uns im Namen der »Inneren Sicherheit« unsere Bürgerrechte wegzunehmen. Die Weltbank schließlich erklärt der Wahrheit den Krieg, um die armen Länder und die armen Menschen in die Verschuldung zu führen. Mit Paul Wolfowitz als neu gewähltem Präsidenten der Weltbank wird das gemeinsame Programm der ökonomischen und imperialen Kriegsführung noch offensichtlicher.

Um frei zu bleiben zu einer Zeit, in der durch Lügen und Propaganda die Sklaverei angepriesen wird, müssen wir die Satyagraha, den Kampf für die Wahrheit, auf die Ideen und Technologien ausdehnen, mit denen unsere Köpfe und Gedanken kolonialisiert werden.

Erd-Demokratie bietet eine neue Freiheit des Handelns, aber auch eine neue Freiheit des Denkens – wir können Heimatschutz als Schutz unserer realen Heimat, der Erde begreifen. Oder Sicherheit als reale Sicherheit verstehen, nämlich als ökologische Sicherheit, welche die Erde bietet und als soziale Sicherheit, welche wir durch Gemeinschaften, öffentliche Systeme und geteilten Reichtum schaffen.

Erd-Demokratie lenkt die Weltsicht von der Beherrschung durch Märkte, Militär, Monokulturen und mechanistischen Reduktionismus weg und hin zu einer friedlichen Mit-Schöpfung und Mit-Evolution der vielfältigen Lebewesen, welche durch das gemeinsame Band des Lebens verbunden sind.

Sowohl die Ausbeutung des Lebens durch eine Ökonomie des Mangels wie auch die Terrorherrschaft durch eine Politik der Unsicherheit, der Abgrenzung und der Trennung werden eingesetzt, um uns zu beherrschen. Erd-Demokratie erlaubt uns, den künstlich geschaffenen Mangel und die manipulierten und fabrizierten Unsicherheiten zu überwinden, weil wir Verbindungen und Zusammenhänge sehen und erfahren. Wir beginnen den Zusammenhang zwischen Wirtschaftsunternehmen und Wirtschaftsstaaten zu sehen, die Zusammenhänge zwischen wirtschaftlichen Kriegen und militärischen Kriegen, die Verbindungen zwischen den Profiten der Konzerne und der Armut des Volkes, die Verbindungen zwischen der Wirtschaftsglobalisierung und dem religiösen Fundamentalismus. Wir beginnen auch zu sehen, welche Verbindungen wir zur Erde und zueinander haben. Wenn wir die Verbindungen zwischen den Mächtigen offen legen, können wir wirksame Strategien entwickeln, um tote Demokratien in lebendige zu verwandeln. Unsere ökologische und soziale Verbundenheit befähigt uns, lebendige Wirtschaftsformen und lebendige Kulturen zu schaffen. Dabei bauen wir eine Solidarität auf, welche die Bündnisse der Mächtigen durchbrechen wird. Wir sind arm, unsicher und unfrei, solange wir vereinzelt sind, gefangen, voneinander getrennt und blind für unser vielfältiges Potenzial als Bürgerinnen und Bürger der Erde. Wir haben die Möglichkeit, uns kreativ am Aufbau von Alternativen zu beteiligen; Alternativen zu den Systemen, die auf totale Kontrolle und grenzenlose Profite aus sind.

Erd-Demokratie erlaubt uns, unsere Scheuklappen abzulegen und andere Möglichkeiten zu sehen und zu schaffen. Das Projekt der multinationalen Wirtschaftsherrschaft löscht nicht bloß unsere fundamentalen Freiheiten aus. Die Globalisierung droht gar die Lebensgrundlagen von Menschen und anderen Lebenwesen zu vernichten. In unserer mörderischen Zeit bedeutet Freiheit zuerst und zuvorderst die Freiheit, am Leben zu bleiben. In diesem epischen Kampf des Lebens gegen die lebensfeindlichen Kräfte leisten die Bewegungen für soziale und ökonomische Gerechtigkeit, für ökologische Nachhaltigkeit, für Frieden, Demokratie und kulturelle Freiheit alle ihre verschiedenartigen, aber wichtigen Beiträge. Die Diktatur ist heute nicht mehr auf einzelne Bereiche beschränkt. Sie schließt das wirtschaftliche, politische und kulturelle Leben in jeder Gesellschaft und jedem Land mit ein. Freiheit kann daher auch nicht mehr länger stückweise erkämpft und verteidigt werden. Erd-Demokratie befähigt uns, unteilbare und vielfältige Freiheiten zu schaffen und zu verteidigen, indem wir unsere jeweils spezifischen Konflikte austragen – mit dem uns je eigenen Engagement. Imperialismus hat immer schon globale Reichweite angestrebt. Doch die sozialen Bewegungen haben heute planetarische Reichweite und eine planetarische Einschließlichkeit. Wir haben erst begonnen, unser Potenzial für Veränderung und Befreiung anzuzapfen. Dies ist nicht das Ende der Geschichte, sondern ein neuer Anfang.

Literatur

Alvares, Claude, 1973, »Deadly Development«, in: *Development Forum* 11, Nr. 7:3

Baden-Powell, Baden H., 1892, *Land Systems of British India: Being a Manual of the Land-Tenures and of the Systems of Land-Revenue Administration Prevalent in the Several Provinces,* Clarendon Press, Oxford

Bahro, Rudolf, 1984, *From Red to Green,* Verso, London

Barnet, Richard, 1982, *Die mageren Jahre. Zukunft ohne Überfluss,* Ullstein, Frankfurt a.M.

Berthelot, Jacques, 2002, »The Basic Concepts Used for Agricultural Policies are Tricky. Import Protection is the Least Protectionist Way of Supporting Farmers (1st Part)«, *Solidarité,* 2. Weltsozialforum, Porto Alegre (31. Januar–5. Februar 2002)

Cavanagh, John/Mander, Jerry (Hrsg.), 2004, *Alternatives to Economic Globalisation,* Berret-Koehler, San Francisco

Chapman, Steve, online, *Takings Exception: Maverick Legal Scholar Richard Epstein on Property, Discrimination, and the Limits of State Action,* Reasononline, http://reason.com/9504/epstein.apr.shtml

Chua, Amy, 2004, *World on Fire: How Exporting Free Market Democracy Breeds Ethnic Hatred and Global Instability,* Anchor Books, New York

Dalai Lama, 1992, *The Global Community and the Need for Universal Responsibility,* Wisdom Publications, Boston

Deb, Debal, 2004, *Industrial vs Ecological Agruculture,* Navdanya, Delhi

Dharampal, Gandhian, 1999, *Despoliation and Defaming of India,* Other India Press, Goa

Dowd, Maureen, 2004, »Slapping the Other Cheek«, in: *New York Times* (14. November 2004)

Drèze, Jean / Murthi, Mamta, 2000, *Fertility, Education and Development,* Suntory Center, LSE (Januar 2000)

Economic Times, o. A., 2004, »Late Rains to Boost Bumper Foodgrain Production«, in: *Economic Times* (16. November 2004)

Famine Inquiry Commission, 1944, *The Famine Inquiry Commission Report on Bengal,* Neudruck 1984, Usha, Neu-Delhi

Fife, Daniel, 1971, »Killing the Goose«, in: *Environment 13,* Nr. 3 (April 1971)

Fox, Matthew, 1996, *Revolution der Arbeit: damit alle sinnvoll leben und arbeiten können,* Kösel, München

Frost, Robert, 2003, *Promises to keep: poems – Gedichte,* Langewiesche-Brandt, Ebenhausen bei München

Gandhi, Mohandas Karamchand (Mahatma), 1928, »Economic Constitution«, in: *Young India* (15. November 1928)

Gandhi, Mohandas Karamchand (Mahatma), 1938, *Hind Swaraj,* Navjivan Publishing House, Ahmedabad (Indien)

Gandhi, Mohandas Karamchand (Mahatma), 1940, »Equal Distribution«, in: *Harijan* (25. August 1940)

Gandhi, Mohandas Karamchand (Mahatma), 1949, *Food Shortage and Agriculture,* Navjivan Publishing House, Ahmedabad (Indien)

Goldsmith, Edward, 2004, *How to Feed People Under a Regime of Climate Change,* Ecologist, London

Gopalan, Sarala / Shiva, Mira (Hrsg.), 2000, *National Profile on Women, Health and Development,* Voluntary Health Association of India / World Health Organisation (April 2000), Neu-Delhi

Guardian, 2003, »Bush says God chose him to lead his nation«, in: *The Guardian* (2. November 2003), online: http://observer.guardian.co.uk/international/story/0,6903,1075950,00.html

Hardin, Garret, 1974, »Lifeboat Ethics: The Case Against Helping the Poor«, in: *Bioscene 24*

Huntington, Samuel P., 1998, *Der Kampf der Kulturen: die Neugestaltung der Weltpolitik im 21. Jahrhundert,* Europa Verlag, München

Indian Express, AP, 1997, »Over 60 mn Women Have Fallen Victims to Sex Discrimination«, in: *The Indian Express* (24. Juli 1997)

Indian Express, o. A., 2004, »From Hindutva, Advani Takes One Little Leap, Says God Chose BJP«, in: *Indian Express* (27. November 2004)

Indian Irrigation Commission, 1904, *Report of the Indian Irrigation Commission,* Neudruck 1984, F. K. L. Mukhopadhyay, Kalkutta

Jodha, N.S., 1986, *Market Forces and the Erosion of Common Property Resources,* ICRISAT, Hyderabad

Joshi, Vijay, 2004, »Myths of India's Outsourcing Boon«, in: *Financial Times* (15. November 2004)

Kadir, Djelal, 1992, *Columbus and the Ends of the Earth,* University of California Press, Berkeley

Krebs, A. V., 2002, »The Corporate Reapers: Towards Total Globalization of our Food Supply«, in: Shiva, Vandana / Bedi, Gitanjali (Hrsg.), *Sustainable Agriculture and Food Security: The Impact of Globalisation,* Sage, Thousand Oaks (USA)

Kropotkin, Peter, online, *Mutual Aid: A Factor of Evolution,* www.calresco.org/texts/mutaid1.htm

Kyung Hae, Lee, 2003, *Korea Agrofood* (April 2003)

Lingam, Lakshmi, 1998, »Sex Determination Tests and Female Foeticide: Descrimination Before Birth«, in: Ders. (Hrsg.), *Understanding Women's Health: A Reader,* Kali for Women, Delhi

Lovins, Amory, 1975, *World Energy Strategies: Facts, Issues and Options,* Friends of the Earth, London

Mamdani, Mahmood, 1972, *The Myth of Population Control,* Monthly Review Press, New York

Manifesto, 2005, *Manifesto on the Future of Food and Principles of Earth Democracy,* International Coalition on the Future of Food and Agruculture, South End Press, Cambridge

Martin, Walt / Ott, Magde, *Albert Schweitzer: Reverence for Life* (unveröffentlichtes Manuskript)

McCann, Anthony, 2002, *Beyond the Commons: The Expansion of the Irish Music Rights Organisation, the Elimination of Uncertainty, and the Politics of Enclosure,* Dissertation, University of Limerick, Limerick

Ministry of Family and Health Welfare, 2003, »Missing Girls: A Case Study from Delhi«, in: Ministry of Family and Health Welfare / UNFPA (Hrsg.), *Missing Census of India,* Neu-Delhi

Mukherjee, Radha Kamal, 1967, *Economic History of India,* Kitab Mahal, Allahabad

Nair, Balakrishnan, 2003, Urteil vom 16. Dezember 2003, High Court of Kerala, WP(C), Nr. 34292 of 2003 (G), 23

Oxfam, 2002, *Boxing Match in Agricultural Trade: Will WTO Negotiations Knock Out the World's Poorest Farmers?,* Oxfam Briefing Paper Nr. 32, 19. November 2002

Papa, Shri Manila Graham Dog Dijet, o. J., *Basic Philosophy and Practices of Our Organization,* o. V.

Patel, Vibhuti, 2004, »Sex Selective Abortions: Pre-Birth Elimination of Girls«, in: *Health for the Millions Issue on »Population and Development«,* Voluntary Health Association of India (August–November 2004), Neu-Delhi

Pearce, David, 2006, in: Fischer, Ernst-Peter / Wiegand, Klaus (Hrsg.): *Die Zukunft der Erde,* Fischer, München

Philipose, Pamela, 2001, »Where is the Girl Child«, in: *Indian Express* (15. April 2001)

Qaim, Matin / Zilberman, David, 2003, »Yield Effects of Genetically Modified Crops in Developing Countries«, in: *Science,* Nr. 299/5608 (7. Februar 2003)

Rajalakshmi, T. K., 2002, »Crime Capital«, in: *Frontline 19,* Nr. 25 (7.–20. Dezember 2002)

Rapport, David J. / Lasley, Bill L. / Rolston, Dennis E., 2003, *Managing for Healthy Ecosystems,* CRC Press, Boca Raton (Florida)

Ravindra, P.R., 1986, *The Scarcer Half*, Center for Education and Documentation, Bombay

RFSTE, 1995, *Globalization and Democracy Report of RFSTE*, Research Foundation for Science, Technology and Ecology, Delhi

RFSTE, 1999, *Basmati Biopiracy*, Research Foundation for Science, Technology and Ecology, Delhi

Rifkin, Jeremy, 1991, *Biosphere Politics: A New Consciousness or a New Century*, Crown, New York

Sale, Kirkpatrick, 1995, *Rebels Against the Future: The Luddites and Their War on the Industrial Revolution: Lessons for the Computer Age*, Addison Wesley, Boston

Schlosser, Eric, 2002, *Fast Food Gesellschaft. Die dunkle Seite von McFood und Co.*, Riemann, München

Seattle, 1997, *Wir sind ein Teil der Erde. Die Rede des Häuptlings Seattle an den Präsidenten der Vereinigten Staaten von Amerika im Jahre 1855*, Walter, Zürich

Shiva, Mira / Bose, Ashish, 2003a, *Darkness at Noon*, Voluntary Health Association of India, Neu-Delhi

Shiva, Mira / Bose, Ashish, 2003b, *Missing: Mapping the Adverse Child Sex Ratio in India*, United Nations Population Fund (Oktober 2003), Delhi

Shiva, Vandana, 1988, *Violence of the Green Revolution*, Zed, London

Shiva, Vandana, 1989, *Das Geschlecht des Lebens: Frauen, Ökologie und Dritte Welt*, Rotbuch Verlag, Berlin

Shiva, Vandana, 1995a, *Towards People's Food Security*, Research Foundation for Science, Technology and Ecology, Delhi

Shiva, Vandana, 1995b, »Democracy in the Age of Globalisation«, Grundsatzrede an der National Conference on Grassroot Democracy and Threat to Survival: Agenda for Voluntary Associations and Panchayati Raj Institutions, Neu-Delhi, 21–22. Dezember 1995

Shiva, Vandana, 1998, *Globalization, Gandhi, and Swadeshi: What is Economic Freedom? Whose Economic Freedom?*, Research Foundation for Science, Technology and Ecology, Delhi

Shiva, Vandana, 2001a, *Biodiversität: Plädoyer für eine nachhaltige Entwicklung*, Haupt, Bern

Shiva, Vandana, 2001b, *Yoked to Death: Globalisation and Corporate Control of Agriculture*, Research Foundation for Science, Technology and Ecology, Delhi

Shiva, Vandana, 2002, *Biopiraterie: Kolonialismus des 21. Jahrhunderts*, Unrast, Münster

Shiva, Vandana, 2003, *Der Kampf um das blaue Gold*, Rotpunktverlag, Zürich

Shiva, Vandana, 2004a, *Geraubte Ernte*, Rotpunktverlag, Zürich

Shiva, Vandana, 2004b, Grundsatzrede an der Woman and Religion Conference,

Centre for Health and Social Policy, Chiang Mai, Thailand, 29. Februar–3. März 2004)

Shiva, Vandana / Holla Bhar, Rhada, 2001, *Sharing the Earth's Harvest. An Ecologial History of Food and Farming in India,* Bd. 2, Research Foundation for Science, Technology and Ecology, Delhi

Shiva, Vandana / Jalees, Kunwar, 2003, *The Mirage of Market Access: How Globalisation is Destroying Farmers Lives and Livelihoods,* Research Foundation for Science, Technology and Ecology, Delhi

Shiva, Vandana / Jalees, Kunwar, 2004, *The Impact of the River Linking Project,* Research Foundation for Science, Technology and Ecology, Delhi

Shiva, Vandana / Jalees, Kunwar, 2005, *Ganga: Common Heritage or Corporate Commodity,* Research Foundation for Science, Technology and Ecology, Delhi

Shiva, Vandana / Mishra, Gunran, 2004, *Ken-Betwa Link: A Social and Ecological Assessment,* Research Foundation for Science, Technology and Ecology, Delhi (unveröffentlichter Bericht)

Shiva, Vandana / Shiva, Mira, 1994, *Women, Population and Environment: A Report for the International Conference on Pupulation and Development, Cairo,* Research Foundation for Science, Technology and Ecology, Delhi

Shiva, Vandana et al., 1991, *Ecology and the Politics of Survival,* United Nations University and Sage Publishers, Neu-Delhi

Shiva, Vandana et al., 2002, *Corporate Hijack of Biodiversity: How WTO-Trips Rules Promote Corporate Hijack of People's Biodiversity and Knowledge,* Navdanya, Delhi; Verhandlungen am »EU–India Dialogue on Biosafety and Biotechnology« (1./2. April 2005 in Neu-Delhi)

Shiva, Vandana et al., 2003, *Corporate Hijack of Biodversity,* Research Foundation for Science, Technology and Ecology, Delhi

Shiva, Vandana et al., 2004, *Principles of Organic Farming,* Navdanya, Delhi

Singh, Charan, 1984, *Economic Nightmare in India,* National Publishing House, Neu-Delhi

Singh, Shekhar / Banerjee, Pranab, 2002, *Large Dams in India: Environment, Social, Economic Impacts,* Indian Institute of Public Administration, Delhi

Sinha, Sureshwar D., 2003, *Quenching Delhi's Thirst Locally: Rejuvenating the Yamuna and Reviving Local Water Sources,* Research Foundation for Science, Technology and Ecology, Delhi

Smith, Jeffrey M., 2003, *Seeds of Deception: Exposing Industry and Government Lies About the Genetically Engineered Food You are Eating,* Yes! Books, Fairfield

Timberlake, Lloyd, 1986, *Krisenkontinent Afrika. Der Umwelt-Bankrott, Ursachen und Abwendung,* Peter Hammer, Bonn-Wuppertal

Tolstoj, Lev, 1909, *Das Gesetz der Gewalt und das Gesetz der Liebe,* Caspari, Berlin

Tribal Research and Training Institute, 2002, *Malnutrition-Related Deaths of Tribal Children,* Tribal Research and Training Institute, Pune (Indien)

UBINIG, 1991, »New Shift in Depopulating Strategy«, *Depopulating Bangladesh: Essays on the Politics of Fertility,* online: www.hsph.harvard.edu/organizations/healthnet/sasia/depop/chap8.html

Uppal, J., 1984, *Bengal Famine of 1943: A Man-Made Tragedy,* Lucknow, Delhi

Veeresh Commitee, 2004, *Farmer Suicides in Karnataka: A Scientific Analysis,* Government of Karnataka, Bangalore

Wackernagel, Mathis / Rees, William, 1997, *Unser ökologischer Fußabdruck: wie der Mensch Einfluss auf die Umwelt nimmt,* Birkhäuser, Basel

Waters, Charlotte, 1928, *An Economic History of England 1066–1874,* Oxford University Press, London

Weizsäcker, Ernst von / Lovins, Amory / Lovins, Hunter, 1997, *Factor Four: Doubling Wealth, Halving Resource Use,* Earthscan, London

WHO, 2002, *Weltbericht Gewalt und Gesundheit,* Genf

World Bank, 1997, World Bank Paper Nr. 386

Vandana Shiva
Der Kampf um das blaue Gold
Ursachen und Folgen der
Wasserverknappung

Aus dem Englischen
von Bodo Schulze
216 Seiten, Broschur,
2. Auflage 2005
ISBN 10: 3-85869-251-4
ISBN 13: 978-3-85869-251-1
Fr. 30.–/Euro 17,50

Im mexikanischen Grenzland zu den USA ist sauberes Trinkwasser so knapp, dass Mütter ihren Babys zum Trinken Coca-
Cola und Pepsi geben – das Problem der Wasserverknappung
betrifft immer mehr Menschen direkt und breitet sich in
rasantem Tempo auf der ganzen Erde aus. Das »blaue Gold«
wird in seiner Bedeutung als Rohstoff dem Erdöl bald den
Rang ablaufen, bereits heute stehen hinter vielen so genannt
ethnischen oder religiösen Konflikten Kämpfe um die Nutzung
der knappen Wasserressourcen.

*»Shivas Rolle ist die der Mahnerin, die den blind Fort-
schrittsgläubigen den Spiegel vorhält und den Armen eine
Stimme verleiht. Als das ist sie unersetzlich. Dafür hat sie
1993 den alternativen Nobelpreis bekommen.«* DER BUND

Rotpunktverlag.

Vandana Shiva
Geraubte Ernte
Biodiversität und Ernährungspolitik

Aus dem Englischen
von Bodo Schulze
180 Seiten, Broschur, 2004
ISBN 10: 3-85869-284-0
ISBN 13: 978-3-85869-284-9
Fr. 28.–/Euro 16,50

»Das, was die industrielle Ökonomie als ›Wachstum‹ bezeichnet, ist in Wahrheit eine Art von Diebstahl – Diebstahl an der Natur oder Diebstahl an den Menschen.«
Die weltbekannte indische Umweltaktivistin Vandana Shiva nimmt in diesem Plädoyer klar Stellung zu den wesentlichen Fragen rund um die Themen Ernährung und Globalisierung, immer auch mit Blick auf die Situation der Frauen.

»Vandana Shiva hat den Alternativen Nobelpreis erhalten, und wie mir scheint, zu Recht, denn auch mit diesem Buch zwingt sie uns über Zusammenhänge nachzudenken, die dramatischer gar nicht sein könnten.« CONTRASTE

Rotpunktverlag.

Lisa Stadler, Uwe Hoering
Das Wasser-Monopoly

208 Seiten, Broschur, 2003
ISBN 10: 3-85869-264-6
ISBN 13: 978-3-85869-264-1
Fr. 34.–/Euro 19,80

Privatisierungen im Wassersektor sind keine Lösung für die globale Wasserkrise. Sobald Gewinn zum ausschlaggebenden Kriterium für Investitionen wird, ist die Versorgung in länd-lichen Regionen, städtischen Randgebieten und für ärmere Menschen in Gefahr.
Eine Einführung in das komplexe Thema des globalen Wasser- und Abwassergeschäfts.

»Ein empfehlenswertes Buch, das auch im Politik- und Sozialkundeunterricht an Schulen diskutiert werden sollte. Es ist flott geschrieben und ein seltenes Stück von solidem Aufklärungsjournalismus.« OEKOKOSMOS

Rotpunktverlag.

Peter Niggli
Nach der Globalisierung
Entwicklungspolitik im
21. Jahrhundert

Hrsg. von der Arbeitsgemeinschaft
Swissaid · Fastenopfer · Brot für
alle · Helvetas · Caritas · Heks

Vorwort von Bundesrätin
Micheline Calmy-Rey
140 Seiten, Broschur, 2004
ISBN 10: 3-85869-285-9
ISBN 13: 978-3-85869-285-6
Fr. 18.–/Euro 11,50

Peter Niggli warnt in seinem Essay vor der Illusion, man könne die wirtschaftliche Globalisierung durch soziale und ökologische Leitplanken zivilisieren. Demokratie und Selbstbestimmung sind mit voller ökonomischer Integration aller Länder nicht vereinbar. Der Autor fordert ein neues weltwirtschaftliches Regulationsregime, das den einzelnen Ländern mehr Spielraum für eigenständige Entwicklungsstrategien gibt und sie von der Zwangsjacke liberalisierter Finanzmärkte befreit.

»Dem Buch kann man wünschen, es verschaffe dem Anliegen der nachhaltigen Entwicklung wieder mehr Aufmerksamkeit.« Neue Zürcher Zeitung

Rotpunktverlag.